W0256287

Software-Management

Gerhard Versteegen (Hrsg.)

Software Management

Beherrschung des Lifecycles

Mit Beiträgen von
A. Chughtai, H. Dörnemann, R. Heinold,
R. Hubert, K. Salomon, O. Vogel

 Springer

Gerhard Versteegen
High Level Marketing Consulting
Säntisstraße 27
81825 München

Mit 106 Abbildungen
und 14 Tabellen

Die Deutsche Bibliothek - CIP-Einheitsaufnahme
Software-Management: Beherrschung des Lifecycles/ Hrsg.: Gerhard Versteegen.
Mit Beitr. von Arif Chughtai ... - Berlin; Heidelberg; New York; Barcelona; Hongkong;
London; Mailand; Paris; Tokio: Springer, 2002

ISSN 1439-5428
ISBN 978-3-540-42577-9   ISBN 978-3-642-56367-6 (eBook)
DOI 10.1007/978-3-642-56367-6

http://www.springer.de
© Springer-Verlag Berlin Heidelberg 2002
Ursprünglich erschienen bei Springer-Verlag Berlin Heidelberg GmbH 2002

Satz: Computer to film von pdf Daten der Firma Steingräber, Dossenheim
Umschlaggestaltung: KünkelLopka Werbeagentur, Heidelberg
Gedruckt auf säurefreiem Papier   SPIN 10850928 - 33/3142 XT - 5 4 3 2 1 0

Vorwort

Ziele dieses Buches

Neue Technologien sind seit langem von einer wesentlichen Eigenschaft geprägt: Sie unterliegen einem ständigen Wandel. Dieses Buch gibt eine Übersicht, wie heutzutage Softwareentwicklung vorgenommen werden kann, ohne dass man sich auf eine bestimmte Technologie von vornherein festlegt. Dabei liegt der Schwerpunkt auf einer methodischen Vorgehensweise.

Dies wird auch aus der Gliederung des Buches deutlich, jedes Kapitel geht auf eine bestimmte Phase innerhalb des Softwarelifecycles ein, angefangen beim Anforderungsmanagement bis hin zur Software-Wiederverwendung.

Des Weiteren soll dieses Buch auch die Zusammenhänge zwischen diesen Phasen aufzeigen und verdeutlichen, warum Softwareentwicklung mittlerweile nicht mehr der rein kreative Prozess einzelner Individuen ist, sondern eine ingenieurmäßig zu planende Teamaufgabe.

Wer dieses Buch lesen sollte

Dieses Buch richtet sich an alle Personen, die professionelle Softwareentwicklung betreiben oder künftig betreiben wollen. Es zeigt auf, wo derzeit die Schwächen im Software Engineering liegen und welche Lösungswege existieren.

Das Buch dient als ein Leitfaden für nahezu alle Rollen, die im Softwareentwicklungsprozess involviert sind. Ferner wird durch die Beschreibung einer vollständigen Werkzeugunterstützung ein konkreter Praxisbezug hergestellt. Daher sollte dieses Buch in keiner Evaluierungsabteilung fehlen.

Für Fragen und Anregungen freuen wir uns über jeden Kommentar, bitte nutzen Sie dazu eine der folgenden E-Mail-Adressen:

- Gerhard Versteegen: g.versteegen@hlmc.de
- Arif Chughtai: mail@arifchughtai.org
- Holger Dörnemann: Holger.Doernemann@rational.com
- Rainer Heinold: Rainer.Heinold@rational.com
- Richard Hubert: hubert@io-software.com
- Knut Salomon: Knut.Salomon@modulo3.de
- Oliver Vogel: mail@ovogel.de

Inhalte des Buches

Das erste Kapitel dieses Buches gibt eine Einführung in die Thematik der Softwareentwicklung und die Schwierigkeiten, die hier existieren. In den folgenden Kapiteln wird dann auf die unterschiedlichen Technologien eingegangen, die sich im Bereich Software Engineering etabliert haben oder auch gerade dabei sind, sich zu etablieren. Im Einzelnen sind dies:

- Anforderungsmanagement
- Nutzung von Vorgehensmodellen
- Risikomanagement
- Plattformunabhängige Softwareentwicklung
- Iterative Vorgehensweisen
- Software-Testen
- Konfigurationsmanagement
- Generierungsaspekte
- Änderungsmanagement
- Projektmanagement
- Software-Wiederverwendung

In Kapitel 13 wird dann eine umfassende Werkzeugumgebung vorgestellt, die alle diese Technologien unterstützt und somit zur professionellen Softwareentwicklung geeignet ist.

Inhaltsverzeichnis

1 Einführung

Gerhard Versteegen

1.1
Die Entwicklung der Softwareentwicklung

Viele unserer Leser werden sich höchstwahrscheinlich gar nicht mehr an die Zeiten zurückerinnern, als es noch keine Software gab. Entweder weil sie zu jung sind oder weil ein Leben ohne Software heutzutage nicht mehr vorstellbar ist. Ziel dieser Einführung ist es nicht, einen historischen Abriss von der Lochkarte bis zum Java-Applet zu geben, sondern vielmehr aufzuzeigen, welche Änderungen sich in der Softwareentwicklung ergeben haben.

Dass Software von Tag zu Tag mehr unser Leben bestimmt, ist eine unausweichliche Tatsache, die nicht zu leugnen ist – dass der Softwareentwicklung auch der entsprechende Stellenwert beigemessen wird, der dieser Bedeutung Rechnung trägt, ist jedoch zu bezweifeln. Das soll bedeuten, dass die Qualität der entwickelten Software nicht den Anforderungen entspricht. Diese Umstand wird besonders im sicherheitstechnischen Bereich kritisch.

Ursachen dafür gibt es viele, einige davon werden in diesem Buch behandelt und es wird auf mögliche Lösungswege eingegangen. Wichtigste Erkenntnis ist dabei, dass Softwareentwicklung sich über die Jahre hinweg zu einem geplanten Vorgehen entwickelt hat, das werkzeuggestützt und ingenieurmäßig abgewickelt wird. Sicherlich ist nach wie vor ein hohes Maß an Kreativität erforderlich, doch die Zeiten, wo Softwareentwicklung ein rein kreativer Prozess war, sind schon lange vorbei.

Software bestimmt unser Leben

1.2
Wichtige Treiber

1.2.1
Einführung

Die Softwareentwicklung hat im Laufe ihrer Entstehungsgeschichte eine Vielzahl von Hoch und Tiefs gehabt, die allesamt ihre Spuren hinterlassen haben. In den folgenden Abschnitten sollen die wesentlichen Treiber untersucht werden. Im Einzelnen werden die folgenden Aspekte behandelt:

- Die Entwicklung der Hardware
- Die zur Verfügung stehenden Softwareentwicklungswerkzeuge
- Die stetig steigenden Anforderungen der Industrie
- Die ebenfalls steigenden Anforderungen an die Benutzerfreundlichkeit

1.2.2
Hardware

Softwareentwicklung basiert auf einer bestimmten Hardware-konfiguration. Sobald sich die Hardware entscheidend verbesserte, implizierte das automatisch auch eine Innovation in der Software-entwicklung. Einer der wesentlichen Treiber war hier der drastische Verfall der Preise für Arbeitsspeicher. Waren noch vor ca. 10 Jahren Rechner mit 16 MB Arbeitsspeicher durchaus an der Tagesordnung, so gibt es heutzutage schon bei Elektrogeschäften wie Media Markt oder Saturn Rechner für den „Hausgebrauch" mit 1024 MB Arbeitsspeicher für unter 1.200 €. Sehr wahrscheinlich wird zu dem Zeitpunkt, wo dieses Buch erscheint, der Preis nochmals nach unten gegangen sein.

Eine erstaunliche Entwicklung ist in den letzten Monaten bei der Taktfrequenz der CPUs festzustellen. So war der Weg von 133 MHz bis zu 1 GHz ein Prozess, der sich über Jahre hinwegzog – der Schritt von 1 GHz zu 2 GHz hingegen war in wenigen Monaten vollzogen. Mittlerweile ist von 5 und mehr GHz die Rede.

Beides – sowohl die Größe des Arbeitsspeichers als auch die hohe Taktfrequenz – hatten natürlich erhebliche Auswirkungen auf die Softwareentwicklung. Sprachen wie Java würden ohne diese Entwicklung überhaupt nicht existieren. Auch Softwareentwicklungswerkzeuge könnten ohne diese Voraussetzungen nur bedingt zum Einsatz gebracht werden. Natürlich spielen schnellere Plattenzugriffszeiten sowie höhere Taktfrequenz der RAM-Bausteine ebenfalls eine Rolle.

1.2.3
Unterstützende Werkzeuge

Den größten Einfluss auf die Softwareentwicklung hatten und haben die unterstützenden Werkzeuge. So wurden zu Beginn der Softwareentwicklung Datenflussdiagramme mit speziellen Linealen, in denen die entsprechenden Formen eingestanzt waren, erstellt, die als Basis für die spätere Programmierung galten.

So primitiv diese Vorgehensweise klingen mag, aber es waren zumindest einige grundlegenden Regeln des Software Engineering enthalten:

- Es wird visuell modelliert, wenn auch nur auf dem Papier. Aber immerhin sind die ersten Ansätze vorhanden.
- Es liegt bereits eine Methode und somit eine Vorgehensweise vor (siehe auch Kapitel 3 über Vorgehensmodelle).
- Die erstellten Modelle sind „grenzenübergreifend" lesbar, sie sind auf Grund der Vereinheitlichung der Modelle international einsetzbar.

Die zweite Stufe der Software-Engineering-Werkzeuge – sofern man ein Lineal als solches bezeichnen möchte[1] – waren dann bereits einige grafische Editoren, die Vorstufe zu den CASE-Tools (CASE steht dabei für Computer Aided Software Engineering).

Mit den ersten CASE-Werkzeugen hatten sich dann bereits zwei Methoden für das Software Engineering etabliert:

- Die Strukturierte Analyse, zur Beschreibung der funktionalen Sicht nach Tom DeMarco
- Entity-Relationship-Modelle zur Beschreibung der Datensicht nach Chen

---

[1] Zumindest gab es hier keinerlei Probleme mit dem Return-on-Investment.

Diese beiden Methoden wurden von den ersten CASE-Tools unterstützt und ziemlich bald war es auch möglich, erste Coderümpfe sowie Datenbanktabellen, für die mittlerweile auch aktuell auf dem Markt erschienen relationalen Datenbanken, zu generieren. Parallel zu den beiden oben aufgeführten Methoden kamen ähnliche Methoden wie SADT (Strukturierte Analyse und Design Technique) auf den Markt, die sich jedoch lediglich als Eintagsfliegen entpuppten.

Doch hatten die damals erhältlichen Werkzeuge alle einen entscheidenden Nachteil – als Vorgehensmodell existierte das so genannte Wasserfallmodell (mehr dazu später). Dieses war für viele damalige Programmierer eine Art Kulturschock, schließlich verging eine gewisse Zeit, bis man mit der Analyse und dem Design fertig war und endlich mit der Programmierung beginnen konnte, also endlich etwas zum „Anfassen" sichtbar wurde.

Damit hatte die Stunde der 4GL-Werkzeuge (Fourth Generation Language) geschlagen. Hierbei handelte es sich um Werkzeuge, die aus der Datensicht heraus (zum Teil auch ablauffähigen Code) generierten. Sie waren besonders zum Prototyping geeignet, größere Projekte damit abzuwickeln hatte gewisse Tücken, da man zu schnell den Überblick verlor.

Zeitgleich waren jedoch auch die CASE-Tools stark in die Kritik geraten – doch mehr dazu später. Ein weiterer Aspekt im Bereich des Software Engineering wurde mittlerweile von Werkzeugen unterstützt: Das Konfigurationsmanagement (siehe Kapitel 8) und das Testen von Software (siehe Kapitel 7). Gerade Letzteres war immer mehr zum Problem geworden, da es damals noch üblich war, Software erst vollständig zu erstellen und erst im Anschluss zu testen.[2]

Ebenso waren Werkzeuge für die Dokumentationsgenerierung und das Anforderungsmanagement (siehe nächstes Kapitel) auf dem Markt. Gleichzeitig wurde die zu erstellende Software immer komplexer und auch nur noch unter professionellem Einsatz der zuvor aufgeführten Werkzeuge handhabbar.

1.2.4
Höhere Anforderungen aus der Industrie

Die zuvor schon bei der Hardware beschriebene rasante Entwicklung machte natürlich in anderen Bereichen auch nicht Halt. So ist zum Beispiel heutzutage in einem mittleren BMW mittlerweile mehr

---

[2] Sofern dazu noch Zeit war – meist war die Software erst 10 Minuten vor Auslieferung fertig gestellt und auf das Testen musste verzichtet werden. Aber dafür hatte man ja noch den Kunden.

Technik und Elektronik enthalten, als dies bei den ersten Weltraumraketen der Fall war.

Gerade der Automotive-Bereich erfordert damit immer mehr und immer komplexere Software. Auf der anderen Seite muss die Software auch immer zuverlässiger sein, umso mehr „Gewalt" sie über das Auto übernimmt. Der Bereich der Echtzeit kam im Laufe der Jahre auf und gehört derzeit zu den am meisten boomenden Sparten der Softwareentwicklung.

Gleiches ist auch bei der Medizintechnik festzustellen, alleine die Tatsache, dass unlängst eine Operation an einem in Europa liegenden Patienten von Ärzten aus den USA mit Hilfe eines satellitengesteuerten Roboters erfolgreich vorgenommen werden konnte, zeigt auf, dass hier eine gewaltige Entwicklung dank Software stattgefunden hat. Ebenso demonstriert dies aber auch, welche hohe Anforderungen an die Zuverlässigkeit der Software heutzutage gestellt werden.

Schon im Golfkrieg wurde deutlich, wie sehr sich im militärischen Bereich die Softwareentwicklung etabliert hat. In Afghanistan hat sich gezeigt, dass der Technologiefortschritt unaufhörlich weitergeht. Damit ist der kritischste Bereich also ebenfalls abhängig von Software. Fehler, die hier gemacht werden, haben unmittelbar Auswirkungen auf Menschenleben.

1.2.5
Höhere Anforderungen an die Benutzerfreundlichkeit

Denkt man an die ersten Computerprogramme, so fallen einem sicherlich noch die netten ASCII-Masken ein, die mühsam programmiert wurden. Doch reichte das in den meisten Fällen vollkommen aus. Benutzerfreundlichkeit war mehr oder weniger ein Fremdwort, schließlich benutzten damals nur einige wenige Spezialisten Softwareprogramme.

Doch mit der Erfindung des PC (für diejenigen, die es vergessen haben, PC steht für Personal Computer, also persönlicher Computer) hielt dieser Einzug in die Privathaushalte. Das bedeutete letztendlich, dass die zu entwickelnde Software nun nicht mehr nur noch von Spezialisten genutzt wurde, sondern zunehmend mehr auch vom ungeübten Otto-Normal-Verbraucher.

Damit hatten Computerprogramme ziemlich schnell ein völlig anderes Outfit, die grafischen Benutzeroberflächen wurden geboren und wiederum stieg die Komplexität einer Softwareapplikation und damit der Aufwand zur Erstellung und die Fehleranfälligkeit.

1.2.6
Fazit

Es wurden eine Reihe von Treibern beschrieben, die die Softwareentwicklung in den letzten Jahren geprägt haben. Sicherlich wären
hier noch weitere Punkte aufzuführen, wir haben uns jedoch auf die
wesentlichen Fakten beschränkt, die auch im weiteren Verlauf dieses
Buches von Bedeutung sein werden.

1.3
Erste Anzeichen der Softwarekrise

1.3.1
Offene Fragen

Es gibt wohl kaum ein Thema, das im Bereich der Softwareentwicklung heftiger, häufiger und auch kontroverser diskutiert wird, als die
so genannte Softwarekrise. Doch woran liegt das? Die folgenden
Fragen sollen auf den nächsten Seiten näher betrachtet werden:

- Existiert wirklich eine Softwarekrise, oder ist diese nur herbeigeredet?

- Gibt es einen Ausweg und wenn ja, welche ursächlichen Probleme müssen dazu bewältigt werden?

- Sind immer nur die Hersteller (also Entwickler) schuld oder auch
  andere (zum Beispiel Kunden)?

- Welchen Einfluss hat das Wachstum, das im vorherigen Abschnitt beschrieben wurde, auf die Softwarekrise, wächst die Krise Schritt für Schritt mit?

Diese Liste lässt sich durchaus fortsetzen und mit weiteren offenen
Fragen ergänzen. Letztendlich muss man bei der Beantwortung der
Fragen darauf achten, zwischen Fakten und Mutmaßungen zu unterscheiden. Ebenfalls sollte man sich darüber im Klaren sein, dass die
Ursachenfindung noch keinen Lösungsweg darstellt und wiederum
ein gefundener Lösungsweg nicht neue Aspekte der Softwarekrise
hervorrufen wird. Gerade dies ist in den letzten Jahren häufig zu be-
obachten gewesen.

1.3.2
Existenz der Softwarekrise

Die erste Frage, ob eine Softwarekrise überhaupt existiert oder ob sie nur herbeigeredet wurde, hat im Jahr 2001 einen völlig neuen Aspekt erhalten. So wurden die dramatischen Einbrüche an den Technologiebörsen – insbesondere an der NASDAQ – als ein weiterer „Meilenstein" der Softwarekrise gedeutet.

Auf der anderen Seite stellt sich berechtigterweise die Frage, ob eigentlich wirklich die Softwareentwicklung schlechter bzw. fehlerhafter geworden ist oder ob hier völlig andere Ursachen der Grund für den Börsencrash waren. Wie so oft liegt die Wahrheit in der Mitte. In den beiden Jahren vor dem Börsencrash war festzustellen, dass die meisten IT-Firmen zum Teil um bis zu 1.000% an den Börsen gestiegen waren. Dies hat die Unternehmen dazu verleitet, den Kunden etwas in den Hintergrund zu stellen und den weiteren Anstieg der Aktie in den Vordergrund. Dies hatte wiederum zur Folge, dass in erster Linie erfolgreiche Vertriebsmitarbeiter eingestellt wurden und weniger auf die qualitativ hochwertige Entwicklung der Software geachtet werden.[3]

Auch in den Jahren zuvor waren ähnliche Tendenzen festzustellen. Eines der ersten signifikanten Anzeichen einer Softwarekrise war kurz nach dem Aufkommen der ersten CASE-Tools festzustellen. Dies lag im Wesentlichen darin begründet, dass hier die Hersteller der CASE-Tools eine Euphoriewelle auf dem Markt ausnutzten, um ihre Produkte zu verkaufen – wie man solche Produkte sinnvoll anwendet, war nebensächlich. Damit war natürlich vorprogrammiert, dass der Einsatz der CASE-Tools nicht von Erfolg gekrönt war. Es fehlte das einzusetzende Vorgehensmodell (siehe Kapitel 3). Die hier aufkommende Softwarekrise hatte also ihre Gründe nicht in einer fehlerhaften Software, sondern darin, dass die Produkte nicht professionell einsetzbar waren, weil die „Bedienungsanleitung" fehlte. Die Habgier der Hersteller der CASE-Tools tat ihr Übriges.

Nachdem mit einem der ersten Vorgehensmodelle – dem Wasserfallmodell – eine Vorgehensweise zum Einsatz der CASE-Tools existierte, kam auch schon die nächste Softwarekrise. Diesmal lag sie wirklich in der Softwareentwicklung begründet, da das Wasserfallmodell sich nur für bestimmte Arten der Softwareentwicklung eignete (mehr dazu in Kapitel 3).

Welche Ursachen hatte der Börsencrash?

Euphoriewelle auf dem Markt wurde ausgenutzt

Erste Vorgehensmodelle

---

[3] Nachdem sich die Situation an den Börsen wieder normalisiert hat, kann ja jetzt wieder der Kunde und die Entwicklung der Software im Vordergrund stehen.

Kaum hatte man festgestellt, dass objektorientierte Methoden ein Ausweg aus der Softwarekrise sein könnten, gab es schon das nächste (hausgemachte) Problem: Es gab zu viele davon (Booch, OMT, OOSE usw.) Man hatte zwar das Problem einer Trennung von Daten- und Funktionssicht gelöst, doch es entwickelte sich ein handfester Methodenstreit, der für einige Jahre die Softwareentwicklung mehr oder weniger blockierte. Erst Rational Software konnte mit der UML (Unified Modeling Language) und später dem RUP (Rational Unified Process) diesen Methodenstreit beenden.

1.3.3
Weitere Ursachen der Softwarekrise

Es sind eine Reihe weiterer Ursachen für die Softwarekrise – oder sollte man besser sagen Softwarekrisen? – festzustellen, die als Mosaiksteine zu werten sind. So zum Beispiel:

Weitere Gründe für die Softwarekrise

- Mangelnde Kommunikation im Projekt
- Zu hohe Dokumentenorientierung
- Mangelhafte oder gar fehlende Qualitätssicherung
- Zu spät vorgenommene Integration
- Fehlende Ressourcen

Eine genauere Beschreibung dieser Ursachen ist dem ersten Buch dieser Reihe zu entnehmen [Verst00].

1.3.4
Wer hat Schuld?

Wie es bei Krisen immer so ist, man sucht einen Schuldigen, einen Verursacher. Bereits oben wurde darauf eingegangen, dass dies gar nicht so einfach ist und häufig eine Wechselwirkung stattfindet. Letztendlich läuft es darauf hinaus: Entwickler bzw. Entwicklungsteam oder Kunde! Wesentliche Ursachen dafür sind:

Wechselwirkung zwischen Kunde und Softwareentwickler

- unklar formulierte Anforderungen
- nicht verstandene Anforderungen
- falsch umgesetzte Anforderungen
- sich ändernde Anforderungen
- Nebeneffekte sich ändernder Anforderungen

- Fehlendes Konzept zur Behandlung von Anforderungen

Zusammenfassend kann man festhalten: Es liegt am Anforderungsmanagement, das im nächsten Kapitel genauer dargestellt werden soll.

1.3.5
Wachstumsaspekte

Das am Anfang dieses Kapitels beschriebene Wachstum in der IT-Branche hat ebenfalls erhebliche Auswirkungen auf die Softwarekrise. Vereinfacht ausgedrückt bedeutet das, die Softwareentwicklung konnte mit den anderen Technologiesprüngen nicht mithalten.

Dies beginnt zunächst bei den zur Verfügung stehenden Ressourcen. Es ist noch gar nicht so lange her, da waren Entwickler, die mit Java vertraut waren, absolute Mangelware auf dem Markt. Auf der anderen Seite war jedoch gefordert, dass die künftige Softwareentwicklung in Java durchgeführt werden sollte. Hektische Umschulungen der seit Januar 2000 in Massen zur Verfügung stehenden Cobol-Programmierer erbrachte nicht die gewünschten Fortschritte. Die frisch von den Hochschulen kommenden Java-Entwickler waren zwar mit der Sprache vertraut, verfügten jedoch über keinerlei Projekterfahrung. Die von Bundeskanzler Schröder eingeführte Greencard war auch kein Brüller, somit existierte zwar eine neue Technologie, die jedoch nicht hinreichend genutzt werden konnte.

Die Ressourcen ändern sich

Auch die ständigen Technologiesprünge in der Hardware – also immer höhere Taktfrequenz, immer schnellerer und billigerer Arbeitsspeicher, immer größere und schnellere Platten usw. – erlaubten zwar die Verwendung neuer (speicher- und performancefressender) Technologien, jedoch nur theoretisch. Denn letztendlich sah und sieht es so aus, dass Unternehmen mit mehreren hundert Entwicklern es sich wirtschaftlich nicht leisten können, alle paar Monate die gesamte Hardware auszutauschen. Somit war eine bizarre Situation entstanden: Die Hardware zur Nutzung neuer und besserer Technologien existierte zwar, doch sie wurde nicht genutzt!

Immer mehr Technologiesprünge

Dabei ist zu berücksichtigen, dass selbst wenn die jeweils neueste Hardware von den Softwareherstellern zum Einsatz gebracht wird, dies noch lange nicht beim Kunden der Fall ist, der die entwickelte Software dann einsetzen soll.

1.4
Werkzeuge und Software-Management

1.4.1
Einführung

Neue Werkzeuge oder neue Technologien

In der IT-Branche war über die letzten Jahre immer wieder das gleiche Verhaltensmuster, der Softwarekrise zu begegnen, festzustellen. Entweder wurden die zur Verfügung stehenden Softwareentwicklungswerkzeuge verbessert bzw. neue Werkzeuge erstellt oder es wurde eine neue Technologie eingeführt. Beide Verhaltensmuster ergänzen sich, da die neuen Technologien ja wiederum durch Werkzeuge unterstützt werden mussten.

Auf den folgenden Seiten soll auf diese beiden Reaktionen näher eingegangen werden. Sie stellen die Grundlage für die weiteren Inhalte dieses Buches dar. Es soll jedoch bereits an dieser Stelle darauf hingewiesen werden, dass neue Technologien und neue Werkzeuge nicht die Lösung der Softwarekrise sind, sie stellen jedoch die Voraussetzung zur Lösung der Softwarekrise dar.

1.4.2
Neue Technologien

1.4.2.1
Einführung

Unter neue Technologien werden in diesem Abschnitt ausschließlich Technologien des Software Engineering verstanden. Sie werden in der Literatur meist auch nicht als Technologien, sondern als Disziplinen bezeichnet. Im Einzelnen handelt es sich dabei um:

Disziplinen im Software Engineering

- Anforderungsmanagement
- Änderungsmanagement
- Prozessmanagement
- Visuelle Modellierung
- Risikomanagement
- Konfigurationsmanagement
- Projektmanagement

Alle diese Technologien haben sich im Laufe der letzten Jahre erheblich weiterentwickelt. Dabei wurden sie zum Teil erweitert, zum Teil aber auch völlig neu konzipiert. Im Folgenden sollen die einzelnen Technologien kurz angerissen werden, in den weiteren Kapiteln wird näher darauf eingegangen.

1.4.2.2
Anforderungsmanagement

Anforderungsmanagement wurde lange Zeit in Form eines textuellen Pflichtenheftes betrieben. Meist wurde in Prosaform festgehalten, welche Funktionalitäten die Software erfüllen soll und was bis wann von wem an wen ausgeliefert werden soll.

Mit zunehmender Komplexität der Software stellte sich heraus, dass Pflichtenhefte nicht das geeignete Werkzeug zur Ermittlung von Anforderungen (und schon gar nicht zur weiteren Verfolgung im Projektverlauf) sind. Kapitel 2 geht weiter auf das Anforderungsmanagement ein.

1.4.2.3
Änderungsmanagement

Wurden Anforderungen, wie zuvor beschrieben, im Pflichtenheft aufgenommen, so war es bei Änderungswünschen noch chaotischer. Hier fand meist eine Überarbeitung des Pflichtenheftes statt (oft in Form einer textuellen Ergänzung). Dadurch konnte zwar der Änderungswunsch an sich erfasst werden, jedoch nicht die Auswirkungen auf andere Teile der Softwareapplikation.

In Kapitel 8 wird zusätzlich zum Konfigurationsmanagement auch auf das Thema Änderungsmanagement eingegangen und erläutert, was sich hinter dem Begriff des Unified Change Management verbirgt.

1.4.2.4
Prozessmanagement

Ein heikles Thema bei der Softwareentwicklung war schon immer das Thema der Vorgehensmodelle. Im Wesentlichen sind hier die folgenden drei Modelle zu unterscheiden:

- Das Wasserfallmodell
- Das V-Modell
- Der Rational Unified Process

Auf alle drei Modelle wird in Kapitel 4 näher eingegangen, dabei werden sowohl ihre Stärken als auch Schwächen aufgezeigt.

1.4.2.5
Model Driven Architecture

Heutzutage ist nichts beständiger als der Wandel, besonders in der IT-Branche. Neue Technologien haben heutzutage eine Halbwertzeit von drei, maximal vier Jahren. Um zukunftsorientiert Software entwickeln zu können, sollte in der Softwareentwicklung so lange wie möglich technologieunabhängig vorgegangen werden.

Hierzu hat die Object Management Group (OMG) eine neue Standardisierungsinitiative gegründet, die sich Model Driven Architecture (MDA) nennt und sich bereits zu etablieren beginnt. In Kapitel 5 wird näher auf die Model Driven Architecture eingegangen.

1.4.2.6
Risikomanagement

Softwareentwicklung ist (besonders hinsichtlich ihrer Planung) immer mit Risiken behaftet. So können die zuvor beschriebenen Technologiewandel nur wenig berücksichtigt werden, vor allem bei Projekten mit mehrjähriger Laufzeit ein nicht zu vernachlässigender Risikofaktor.

Kapitel 4 geht auf das Thema Risikomanagement ein und stellt einen Ansatz vor, mit dem Risiken in den Griff zu bekommen sind. Dies bedeutet nicht, dass sie ausgeschaltet werden können, aber besser vorhersehbar und damit auch planbarer werden.

1.4.2.7
Konfigurationsmanagement

Unabhängig davon, ob eine Standardsoftware oder eine Individualsoftware entwickelt werden soll, Konfigurationsmanagement gewinnt zunehmend an Bedeutung. Dabei handelt es sich beim besten Willen nicht um eine neue Technologie, die ersten Produkte für das Konfigurationsmanagement gibt es schon seit etlichen Jahren.

Kapitel 8 führt in das Thema Konfigurationsmanagement ein. Dabei wird auch auf die Bedeutung hinsichtlich einer verteilten Entwicklung eingegangen. Ebenfalls wird erläutert, warum Konfigurationsmanagement eine prozessorientierte Vorgehensweise ist.

1.4.2.8
Projektmanagement

Das Projektmanagement thront sozusagen über allen bisher schon aufgeführten Technologien. Kapitel 11 beschreibt die einzelnen Inhalte des Projektmanagements und zeigt auf, welche Anforderungen an einen erfolgreichen Projektmanager zu stellen sind. Es ist offensichtlich, dass es sich um eine Art Universaltalent handeln muss.

Im Laufe des Projektes hat der Projektmanager die unterschiedlichsten Ansprechpartner, dies trifft sowohl auf den Kunden als auch auf das eigene Projektteam zu. Die beiden wichtigsten sind dabei der Anforderungsmanager und der Architekt.

Letztendlich ist das Projektmanagement dafür verantwortlich, dass das Projektteam den gesamten Softwarelifecycle im Griff hat. Die bisher beschriebenen Technologien sind dabei keiner konkreten (zeitlichen oder auch inhaltlichen) Phase zuordnen, sie sind vielmehr phasenübergreifend – ebenso wie das Projektmanagement.

1.4.2.9
Fazit

Es existieren mittlerweile eine Vielzahl von Technologien oder Disziplinen, die eigentlich eine professionelle und fehlerfreie Softwareentwicklung sicherstellen sollten. Zu berücksichtigen bleibt, dass die Technologien einerseits sich ständig weiterentwickeln und andererseits nicht als allein stehende Technologien betrachtet werden dürfen. Zu groß sind die Schnittstellen untereinander sowie die jeweiligen Einflüsse aufeinander.

1.4.3
Werkzeugunterstützung

Wie bereits oben angedeutet nutzt die beste Technologie nichts, sofern Sie nicht werkzeuggestützt durchgeführt wird. Dies wird besonders dadurch deutlich, wenn man sich die Schnittstellen betrachtet, die zwischen den einzelnen Technologien existieren.

So sind zum Beispiel bei einem Änderungsantrag automatisch auch die Test-Cases von der Änderung betroffen. Somit ist es erforderlich, dass die einzelnen Werkzeuge aufeinander abgestimmt sind – also über optimale Schnittstellen verfügen. In diesem Bereich hat sich in den letzten Jahren der Suite-Ansatz durchsetzen können.

Dieser Ansatz wird in Kapitel 13 ausführlich beschrieben und mit entsprechenden praktischen Beispielen anhand von Werkzeugen dem Leser näher erläutert.

1.5
Fazit

In diesem Kapitel wurde aufgezeigt, welche Einflüsse auf die Softwareentwicklung in den letzten Jahren eingewirkt haben. Ferner wurde darauf eingegangen, welche Ursachen die unterschiedlichen Softwarekrisen bisher hatten und welche Technologien bzw. Disziplinen des Software Engineering geeignet und erforderlich sind, um die Softwarekrise zu bewältigen.

Im Einzelnen sind dies die folgenden Technologien, auf die im weiteren Verlauf dieses Buches näher eingegangen werden soll:

Im weiteren Verlauf des Buches behandelte Technologien

- Anforderungsmanagement
- Änderungsmanagement
- Prozessmanagement
- Risikomanagement
- Konfigurationsmanagement
- Projektmanagement

Ferner bleibt festzuhalten, dass eine professionelle Umsetzung dieser Technologien nur mit geeigneten Werkzeugen vorgenommen werden kann.

2 Am Anfang stehen die Anforderungen

Gerhard Versteegen

2.1
Einführung

Immer wenn ein Stück Software entwickelt werden soll, existieren seitens eines Kunden gewisse Anforderungen, die diese Software erfüllen soll. Dabei kann es sich sowohl um einen internen als auch einen externen Kunden handeln. Die folgenden Regeln gelten hierbei:

- Je besser diese Anforderungen von der Software erfüllt werden, umso besser ist letztendlich auch die Akzeptanz der Software beim Kunden.

- Je besser diese Anforderungen formuliert werden, umso größer ist die Wahrscheinlichkeit, dass die Anforderungen auch in der Software richtig umgesetzt werden.

- Je eindeutiger die Anforderungen ausgedrückt werden, umso geringer ist die Gefahr, dass falsch verstandene Anforderungen in der Software umgesetzt werden.

Generelle Regeln für Anforderungen

In diesem Kapitel wird darauf eingegangen, wie ein professionelles Anforderungsmanagement aufgebaut und etabliert werden kann, welche Schritte dafür erforderlich sind und welche Rollen dabei geschaffen werden müssen. Doch was ist eigentlich eine Anforderung? Hier hilft eine Definition von Grady Booch weiter, andere Definitionen sind [Ver2001] zu entnehmen:

Eine Anforderung ist eine Voraussetzung oder eine Fähigkeit, die ein System erfüllen muss. Das aktive Management der Anforderungen umfasst drei Aktivitäten:

- Das Entdecken, Organisieren und Dokumentieren der vom System geforderten Funktionalität und Zusammenhänge

- Das Einschätzen der Änderungen dieser Anforderungen und das Einschätzen ihrer Auswirkungen

- Das Verfolgen und Dokumentieren der vorgenommenen Änderungen und der Entscheidungen

Im weiteren Verlauf dieses Kapitels wird untersucht, welche unterschiedlichen Arten von Anforderungen existieren und wie diese hinsichtlich der Erstellung einer Softwareapplikation auf der einen Seite zu erfassen und auf der anderen Seite umzusetzen sind.

Des Weiteren wird darauf eingegangen, welche Besonderheiten zu berücksichtigen sind, wenn Anforderungen mit Hilfe eines Werkzeuges erfasst werden sollen.

2.2
Unterschiedliche Arten von Anforderungen

2.2.1
Zeitliche Aspekte

Generell werden hinsichtlich der Zeit drei Arten von Anforderungen unterschieden:

- Anforderungen, die zu Beginn eines Projektes gestellt werden.

- Anforderungen, die im Laufe des Projektes gestellt werden, die allgemein auch als *Änderungswünsche*[4] bezeichnet werden können.

- Anforderungen, die nach der Übergabe des fertigen Produktes gestellt werden und die allgemein auch als *Fehlermeldungen* bezeichnet werden können. Dabei lassen sich hinsichtlich der Fehlermeldungen noch zwei unterschiedliche Klassen bilden:

- Fehlermeldungen, die während der Gewährleistungszeit eintreffen

---

[4] Hierauf wird in Kapitel 10 näher eingegangen.

- Fehlermeldungen, die nach Ablauf der Gewährleistungszeit eintreffen

Es ist offensichtlich, dass die Art von Anforderungen, bei denen es sich um Änderungswünsche handelt, wesentlich schwieriger zu handhaben sind, als dies bei der ersten bzw. letzteren Gruppe von Anforderungen der Fall ist. Man spricht dabei auch von Änderungsmanagement und nicht mehr von Anforderungsmanagement.

Abbildung 1 gibt eine erste Übersicht, wann die drei unterschiedlichen Anforderungstypen innerhalb eines Projekt-Lifecycles auftreten:

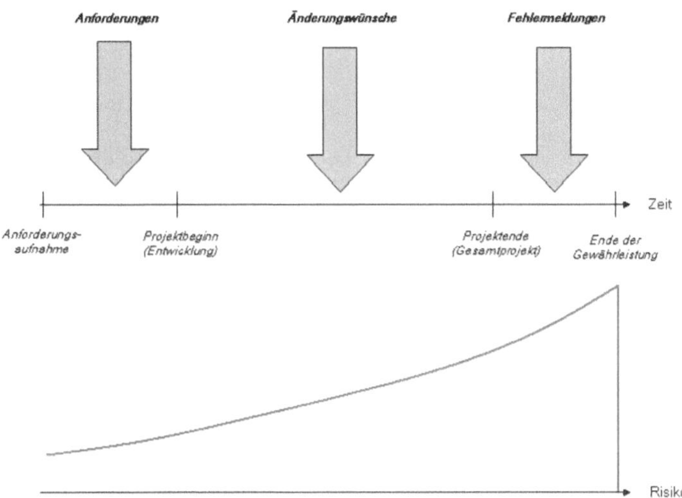

Abbildung 1: Der Unterschied zwischen Anforderungen, Änderungswünschen und Fehlermeldungen, gegenübergestellt dem Risiko für den Projektverlauf

Aus Abbildung 1 geht hervor, dass aus Sicht des Anforderungsmanagers vier wesentliche Meilensteine innerhalb eines Softwareentwicklungsprojektes zu unterscheiden sind:

Vier wesentliche Meilensteine

- Der Beginn der Anforderungsaufnahme. Hier werden Anforderungen aufgenommen, die Bestandteil einer Projektdefinition sind.

- Der eigentliche Projektbeginn der Implementierung, also der Zeitpunkt, zu dem mit der Umsetzung der Anforderungen begonnen wird. Anforderungen, die ab diesem Zeitpunkt auftauchen, werden auch als Änderungswünsche bezeichnet. Somit findet hier ein Wechsel vom Anforderungsmanagement zum Änderungsmanagement statt.

- Das Ende der Projektabwicklung, also der Zeitpunkt, zu dem eine lauffähige und getestete Software dem Kunden zur Verfügung gestellt wird. Anforderungen, die ab diesem Zeitpunkt gestellt werden, werden allgemein auch als „Fehlermeldungen" bezeichnet.

- Das Ende der Gewährleistungszeit, also ein Zeitpunkt, ab dem jegliche Anforderung nur noch gegen Bezahlung abgewickelt wird.[5] Zu diesem Zeitpunkt gestellte Anforderungen können auch als „Produkterweiterungen" bezeichnet werden.

Aus der obigen Abbildung geht ebenfalls hervor, in welchem Verhältnis sich das Risiko für das Gesamtprojekt bezüglich dem Zeitpunkt der jeweiligen Anforderung entwickelt:

*Je früher dem Anforderungsmanager Anforderungen
bekannt sind, desto geringer ist das Risiko.*

Anforderungen (Änderungen oder auch Fehlermeldungen) während der Gewährleistung sind erfahrungsgemäß mit dem größten Risiko behaftet, da sie ohne Berechnung vom Auftragnehmer erfüllt werden müssen.

2.2.2
Was zeichnet Anforderungen aus?

In der Softwareentwicklung sind generell zwei Arten von Anforderungen zu unterscheiden:

- Funktionale Anforderungen
- Nichtfunktionale Anforderungen

Bevor auf diese unterschiedlichen Anforderungstypen eingegangen wird, soll zunächst dargestellt werden, was eine Anforderung an sich auszeichnet.:

---

[5] Dies gilt natürlich nur aus Sicht des soeben abgewickelten Projektes. Will der Auftragnehmer Folgeprojekte beauftragt bekommen, tut er gut daran, die Anforderungen, die nach der Gewährleistungszeit eintreffen, nicht pauschal als separat zu bezahlende Anforderungen einzustufen, sondern mit Fingerspitzengefühl zu behandeln.

- Eine Anforderung wird geprägt von *einer* verantwortlichen Person auf Kundenseite, die die Anforderung offiziell freigibt. Die Anforderung an sich kann durchaus im Team formuliert werden, es darf jedoch nur einen Verantwortlichen geben.

- Die Anforderung muss messbare Kriterien enthalten, anhand derer festgestellt werden kann, ob sie erfüllt wurde oder nicht. Anforderungen wie: „Die Antwortzeiten müssen schnell sein" sind dabei nicht zulässig, es müssen klare und messbare Angaben enthalten sein. Im Idealfall werden mit dem Auftragnehmer diese Messkriterien im Vorfeld festgelegt.

2.2.3
Funktionale Anforderungen

Funktionale Anforderungen werden benutzt, um das Verhalten eines Systems durch Spezifikation der erwarteten Input- und Output-Bedingungen festzulegen. Hier geht es also ausschließlich darum, welche Funktionalität das zu erstellende Softwaresystem später einmal abdecken soll.

Funktionale Anforderungen werden in Form von Use-Case-Diagrammen dargestellt. Zur weiteren Detaillierung werden dann zum Beispiel Aktivitätsdiagramme verwendet. Aber auch Sequenzdiagramme oder Kollaborationsdiagramme können benutzt werden. Hier hilft die Unified Modeling Language und ihre Techniken zur detaillierten Aufnahme der funktionalen Anforderungen. Wird noch ein Anforderungsmanagementwerkzeug benutzt – wie zum Beispiel RequisitePro –, so kann sich der Systemanalytiker, dessen Aufgabe die Aufnahme der Anforderungen ist, ziemlich sicher sein, dass er eine nahezu 100%ige Abdeckung der Anforderungen vorgenommen hat.

Funktionale Anforderungen werden in Form von Use-Case-Diagrammen dargestellt

Im weiteren Projektverlauf werden diese Anforderungen sukzessive in Code umgesetzt, bis letztendlich das zu entwickelnde System fertig gestellt ist.

2.2.4
Nichtfunktionale Anforderungen

Nichtfunktionale Anforderungen betreffen – wie schon aus dem Namen ersichtlich wird – Anforderungen, die nichts mit der Funktionalität des zu erstellenden Systems zu tun haben. Darunter sind in erster Linie Anforderungen zu verstehen, die die Qualität des zu erstellenden Systems betreffen. Diese sind ebenso von Bedeutung

Anforderungen hinsichtlich der Qualität

wie die funktionalen Anforderungen, da sie erheblich zur Zufriedenheit des Kunden beitragen.

Unter nichtfunktionalen Anforderungen werden die folgenden Qualitätsattribute an ein System zusammengefasst:

* Anwenderfreundlichkeit

* Wartbarkeit

* Performance

* Zuverlässigkeit

Diese nichtfunktionalen Anforderungen sind wesentlich schwerer zu erfüllen als die funktionalen Anforderungen. Dies liegt in erster Linie daran, dass es keine eindeutigen Kriterien gibt, anhand derer sich nichtfunktionale Anforderungen messen lassen.

Damit ist die eingangs beschriebene optimale Formulierung einer Anforderung für nichtfunktionale Anforderungen nicht mehr zutreffend. Es bleibt jedoch festzuhalten, dass es die Aufgabe des Projektleiters sein muss, so viel funktionale Anforderungen wie möglich und so wenig nichtfunktionale Anforderungen wie nötig als Abnahmekriterien für das zu erstellende Softwaresystem festzulegen bzw. mit dem Auftraggeber zu vereinbaren.

2.2.5
Verhältnis zwischen funktionalen und nichtfunktionalen Anforderungen

Innerhalb eines Softwareentwicklungsprojektes ist es ratsam, auf ein ausgewogenes Verhältnis zwischen funktionalen und nichtfunktionalen Anforderungen zu achten. Umso mehr funktionale Anforderungen (also messbare Anforderungen) existieren, Umso größer ist die Wahrscheinlichkeit, eine reibungslose Abnahme durchführen zu können.

Im Gegensatz dazu stellen nichtfunktionale Anforderungen immer ein Risiko für die spätere Abnahme dar. Es ist durchaus möglich, dass im Projektverlauf eine nichtfunktionale Anforderung zu einer funktionalen Anforderung wird. So existieren am Anfang eines Projektes immer eine Vielzahl von Unbekannten, die die eigentliche Ursache für die Formulierung einer nichtfunktionalen Anforderung sind. Im Laufe des Projektes verschwinden diese Unbekannten jedoch, so dass die Möglichkeit besteht, hier die Anforderung näher zu spezifizieren.

2 Am Anfang stehen die Anforderungen

Generell gilt die prozentuale Faustregel, dass als Minimum 85% der Anforderungen funktional sein sollten.

2.3
Rollen im Anforderungsmanagement

2.3.1
Einführung

Noch vor wenigen Jahren war es durchaus an der Tagesordnung, dass die Aufnahme der Anforderungen des Kunden vom Projektleiter übernommen wurde. Bei halbwegs komplexen Projekten ist dies natürlich heutzutage nicht mehr möglich. Ein Projektleiter hat in den letzten Jahren ein völlig neues Betätigungsfeld erhalten, mehr dazu in Kapitel 11.

Somit war die Rolle des Anforderungsmanagers geboren, also eine Person, die sich ausschließlich mit den Anforderungen an die zu erstellende Software beschäftigt. In meinem letzten Buch [Ver2001] habe ich dargestellt, welche Eigenschaften ein solcher Anforderungsmanager haben sollte, um die ideale Besetzung dieser Rolle zu sein. Ergebnis: Ein guter Anforderungsmanager ist ein dreijähriges Kind. Hintergrund: Die vielen (und oft auch nervenden) Warum-Fragen von Kindern in diesem Alter.

Genau das ist es jedoch, was einen guten Anforderungsmanager auszeichnet. Er nimmt nichts als gegeben hin und hinterfragt alles. Der Gesamterfolg des Softwareprojektes hängt in starkem Maße von dem Erfolg des Anforderungsmanagers ab, daher ist er innerhalb des Projektes entsprechend einzusetzen. Im Idealfall ist er der Stellvertreter des Projektleiters, sofern es sich um ein Projekt handelt, das hinsichtlich der Anforderungen kritisch ist.[6]

Im Folgenden soll speziell auf die Rollen eingegangen werden, die im Rational Unified Process hinsichtlich des Anforderungsmanagements definiert werden.

Die Aufgaben des Projektleiters haben sich geändert

Alles hinterfragen

---

[6] Dies gilt natürlich nicht für alle Softwareprojekte, so ist es zum Beispiel bei Projekten, wo die Architektur der Software von entscheidender Bedeutung ist, sinnvoll, wenn der Softwarearchitekt stellvertretender Projektleiter ist.

2.3.2
Rollen im Rational Unified Process

2.3.2.1
Einführung

Der Rational Unified Process wird in Kapitel 3 näher erläutert, im Folgenden konzentrieren wir uns nur auf den Teilbereich des Anforderungsmanagements. Hierzu existiert im Rational Unified Process eine eigene Disziplin. Nachfolgend werden die einzelnen Rollen beschrieben, die im Anforderungsmanagement involviert sind.

2.3.2.2
Der Systemanalyst

Im Rational Unified Process existiert kein expliziter Anforderungsmanager, hier ist vom Systemanalysten die Rede. Dabei sind die Aufgaben, die der Systemanalyst durchzuführen hat, die gleichen, die einem Anforderungsmanager obliegen. Abbildung 2 gibt eine Übersicht, welche Aktivitäten vom Systemanalysten durchgeführt werden und welche Artefakte (Produkte) dabei produziert werden. Eine detaillierte Beschreibung ist dem Abschnitt 2.4 zu entnehmen.

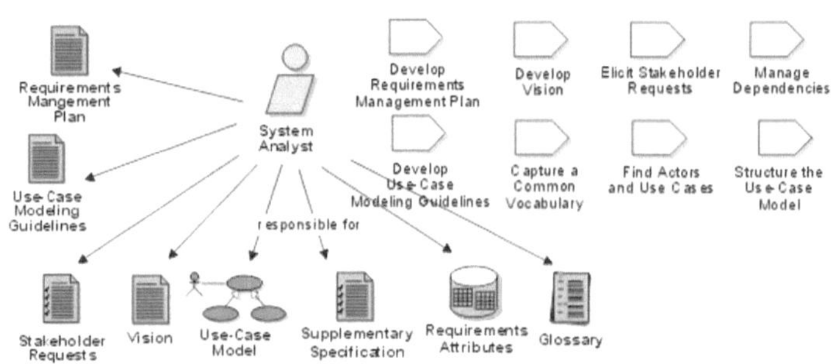

Abbildung 2:
Die Aufgaben
des System-
analysten

2.3.2.3
Der Requirements Specifier

Eine weitere Rolle im Anforderungsmanagement nimmt der Requirements Specifier ein, dargestellt in Abbildung 3. Er nimmt eine Verfeinerung der vom Systemanalysten erstellten Anforderungen vor und beschreibt diese mit Hilfe von Use-Cases.

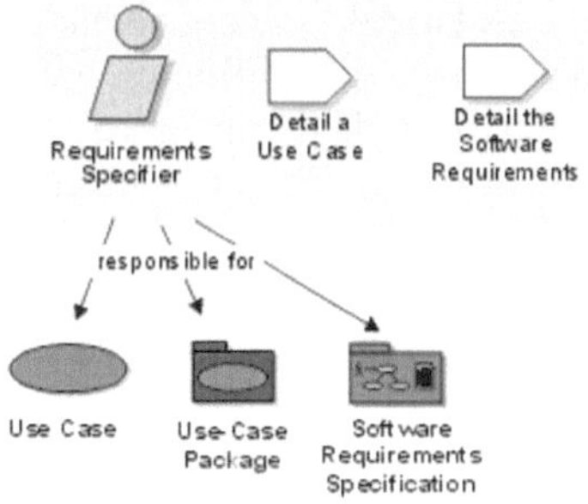

2.3.2.4
Der Requirements Reviewer

Der Requirements Reviewer ist eine so genannte Kontrollinstanz, die ein Review hinsichtlich der ermittelten Anforderungen vornimmt, wie in Abbildung 4 dargestellt.

2.4
Der Prozess des Anforderungsmanagements

2.4.1
Einführung

Besonders bei komplexen Projekten ist als Anforderungsmanagement ein sich aus mehreren Teilprozessen zusammengesetzter Gesamtprozess – im Rational Unified Process auch als Disziplin (früher Workflow) bezeichnet. Mehr dazu später.

Abgesehen von einem trivialen Softwareprojekt, ist es unmöglich, einen kompletten und ausreichenden Status der Systemanforderungen zu bekommen, bevor die Entwicklung begonnen hat. Die Erfahrung hat gezeigt, dass das Vorhandensein eines neuen oder sich ent-

wickelnden Softwareproduktes das Verständnis der Benutzer für die
Anforderungen an dieses Produkt ständig verändert.

Eine Anforderung ist nach der Definition von Grady Booch eine
Voraussetzung oder eine Fähigkeit, die eine Software erfüllen muss.
Das aktive Management der jeweiligen Anforderungen umfasst dabei die folgenden drei Aktivitäten:

- Das Entdecken, Organisieren und Dokumentieren der von der
  Software geforderten Funktionalität und Zusammenhänge
- Das Beurteilen der Änderungen an Anforderungen und das Einschätzen ihrer Auswirkungen
- Das Verfolgen und Dokumentieren der vorgenommenen Änderungen und der Entscheidungen, die diese Änderungen veranlassten

Ein professionelles Anforderungsmanagement bietet eine Reihe von
Vorteilen, so sorgt das Anforderungsmanagement für einen strukturierten Ansatz, mit dem Anforderungen sowohl:

- priorisiert,
- gefiltert und
- verfolgt

werden können. Ferner ist eine objektive Messung der Funktionalitäten und der Performance leichter möglich, ebenso wie Inkonsistenzen einfacher entdeckt werden können. Mit der entsprechenden
Werkzeugunterstützung ist es möglich, eine Sammlung von Systemanforderungen, Attributen und Nachverfolgungen mit automatischen
Beziehungen zu externen Dokumenten zu erhalten.

2.4.2
Anforderungsmanagement im Rational Unified Process

Im Rational Unified Process existiert, wie bereits eingangs erwähnt,
eine eigene Disziplin für das Anforderungsmanagement. Hierbei
handelt es sich um einen Ablauf von Aktivitäten, die wiederum von
verschiedenen Rollen durchgeführt werden und unterschiedliche Artefakte produzieren.

Abbildung 5 gibt eine Übersicht, welche einzelnen Aktivitäten im
Anforderungsmanagement durchgeführt werden.

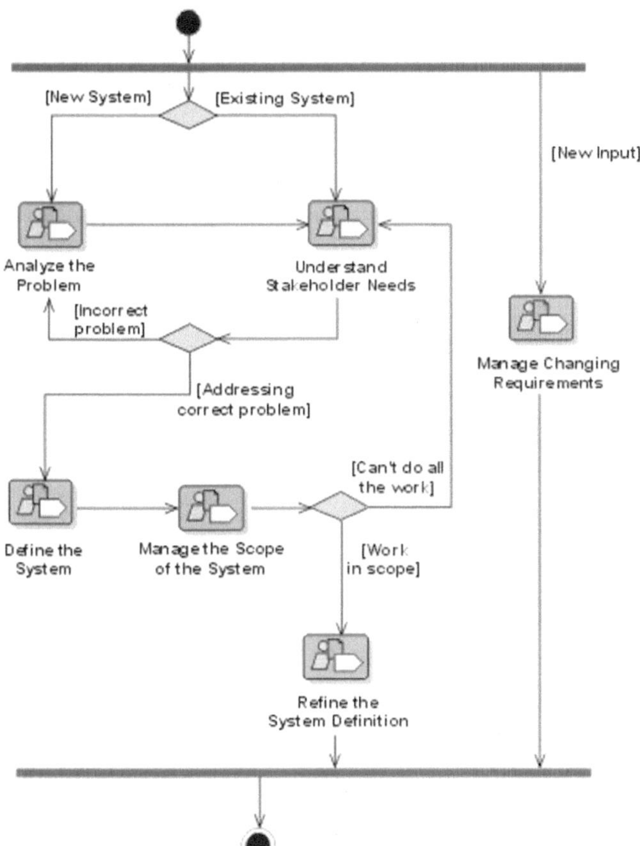

Abbildung 5:
Anforderungs-
management im
Rational Unified
Process

Das Anforderungsmanagement besteht im Wesentlichen aus den folgenden 6 Hauptaktivitäten:

- Analyse des Problemumfelds
- Verständnis der Bedürfnisse der Stakeholder
- Definition des Systems
- Managen des Systemumfangs
- Managen sich ändernder Anforderungen
- Verfeinerung der Systemdefinitionen

6 Hauptaktivitäten des Anforderungsmanagements

Allerdings werden diese Aktivitäten nicht sequenziell durchgeführt, sondern stehen in einem logischen Zusammenhang, wie aus Abbildung 5 ersichtlich wird.

Die Rauten in Abbildung 5 stellen Alternativen dar, die Pfeile deuten an, welche Aktivität als Nächstes ausgeführt[7] wird, die Rechtecke repräsentieren Teildisziplinen, die [Ver2001] näher spezifiziert werden.

Die Aktivität „Manage Changing Requirements" wird parallel zu den übrigen Aktivitäten durchgeführt. Dadurch wird zum Ausdruck gebracht, dass ein Änderungsantrag jederzeit eintreffen kann und nicht in Abhängigkeit zu einer der anderen Aktivitäten dieser Disziplin steht.

2.4.3
Erzeugte Produkte im Anforderungsmanagement

Während der Abwicklung des Anforderungsmanagements werden die in Abbildung 6 dargestellten Artefakte erzeugt.

Abbildung 6:
Artefakte im
Anforderungs-
management

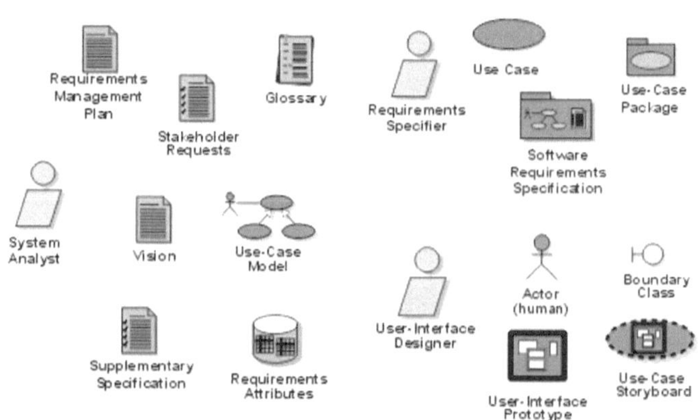

Aus Abbildung 6 wird ebenfalls ersichtlich, das hier noch eine weitere Rolle auftaucht: Der User-Interface Designer. Dieser kommt dann innerhalb des Anforderungsmanagements zum Einsatz, wennmit Prototypen gearbeitet werden soll.

Verwendung
von Prototypen

Bei Prototypen handelt es sich um eine Software, die „quick and dirty" entwickelt wird, also ohne jegliche Prinzipien des Software Engineering. Sie dient dem Zweck, dem Kunden einen ersten Eindruck davon zu vermitteln, wie sein fertiges Produkt aussehen könnte.

---

[7] Sofern an einer Raute Pfeile angehängt sind, sind diese mit Bedingungen versehen. Je nachdem welche Bedingung eintritt, wird der entsprechende Weg (Pfeil) gegangen.

Dabei unterscheidet man zwischen Prototypen, die dem Kunden ausschließlich ein Gefühl für die Oberfläche geben sollen[8], und Prototypen, die Funktionalitäten der Anwendung abdecken und damit bereits das Verhalten des späteren Softwareproduktes beschreiben. Dabei wird natürlich immer nur ein Teil der Funktionalität dargestellt.

Man spricht in diesem Zusammenhang auch von horizontalen und vertikalen Prototypen. Bei horizontalen Prototypen wird immer nur ein Aspekt dargestellt, bei vertikalen Prototypen hingegen werden unterschiedliche Aspekte der Funktionalität abgebildet, um zum Beispiel die Realisierbarkeit einer Anwendung auszuprobieren. Ferner unterscheidet man noch zwischen den folgenden Prototypen:

Horizontale und vertikale Prototypen

- Der Wegwerfprototyp
- Evolutionärer Prototyp

Zwei Arten von Prototypen

Wie aus den Namen schon hervorgeht, wird der Wegwerfprototyp im weiteren Projektverlauf nicht mehr genutzt, hingegen der evolutionäre Prototyp wird zum fertigen Produkt weiterentwickelt.

2.5 Werkzeugunterstützung im Anforderungsmanagement

Bereits zu Beginn des Buches wurde darauf hingewiesen, dass die Erfassung von Anforderungen in einem Pflichtenheft ein Garant für das Scheitern eines Projektes ist, sofern es sich nicht um ein Kleinstprojekt handelt. Eine der wesentlichen Kritikpunkte eines Pflichtenheftes ist es, dass es keine Kommunikationsgrundlage ist, die den Anforderungen einer modernen und professionellen Softwareentwicklung entspricht. Mit Text bedrucktes Papier hat besonders eine Eigenart – es wird abgeheftet und abgelegt, also die typische Schrankware.

Kommunikation innerhalb eines Projektteams ist eine der wesentlichen Grundlagen für den Erfolg eines Projektes. Somit ist es unausweichlich, dass ein Werkzeug zum Einsatz kommt, auf dessen Datenbasis – und das sind die vom Kunden aufgestellten Anforderungen – jeder Projektmitarbeiter zu jedem Zeitpunkt zugreifen kann. Weiterhin muss gewährleistet sein, dass die in der Datenbasis des Werkzeugs enthaltenen Daten immer aktuell sind.

---

[8] also das künftige Look & Feel der Anwendung

Seit einigen Jahren hat sich im Bereich Anforderungsmanagement ein Standardwerkzeug auf dem Markt etablieren können. Hierbei handelt es sich um das Produkt RequistePro von Rational Software. Holger Dörnemann wird in Kapitel 13 detailliert auf dieses Werkzeug eingehen.

RequisitePro ist in die so genannte Rational Suite von Rational Software eingebunden. Es wird also „kostenlos" ausgeliefert, sofern man sich für eine Suite entscheidet. Doch ist das gar nicht der entscheidende Punkt – wesentlich wichtiger ist es, dass RequisitePro vollständig integriert ist mit den anderen Produkten, die den gesamten Lifecycle der Softwareentwicklung abdecken.

Damit ist sichergestellt, dass nicht nur die Kommunikation im Softwareentwicklungsteam reibungslos funktioniert, sondern ebenfalls die Kommunikation zwischen den einzelnen Werkzeugen, was einen ebenso hohen Stellenwert hinsichtlich der Qualität der zu entwickelnden Software hat.

2.6
Fazit

Softwareentwicklung beginnt mit dem Anforderungsmanagement – Fehler die hier gemacht werden, haben eine sehr hohe Tragweite, da sie sich über das gesamte Projekt fortpflanzen können. Der Rational Unified Process gibt eine gute Vorgehensweise für das Anforderungsmanagement vor.

3 Vorgehensmodelle

Gerhard Versteegen

3.1
Einführung

Vorgehensmodelle werden hierzulande auch als Prozessmodelle bezeichnet. Sie regeln (oder sollen regeln) den gesamten Prozess der Softwareentwicklung. Im Wesentlichen haben Prozessmodelle eins gemeinsam: Sie definieren Aktivitäten und legen Produkte (Artefakte) fest, die Ergebnis dieser Aktivitäten sind. Ferner bestimmen sie eine gewisse Reihenfolge, in der diese Aktivitäten abzuarbeiten sind. Im Laufe der Jahre wurden diverse Vorgehensmodelle publiziert, besonders bekannt sind:

- Das Wasserfallmodell
- Das V-Modell
- Der Rational Unified Process (RUP)

Drei bekannte Vorgehens-modelle

Es existieren auch noch weitere Modelle, wie zum Beispiel das Spiralmodell, das in gewisser Weise als Vorgänger zum Rational Unified Process zu sehen ist. In den folgenden Abschnitten soll auf die oben aufgeführten drei Vorgehensmodelle eingegangen werden.

Doch was ist ein Vorgehensmodell? Die folgende Definition [Ver2000] soll hierüber Klarheit verschaffen:

Ein Prozessmodell (Vorgehensmodell) ist eine Beschreibung einer koordinierten Vorgehensweise bei der Abwicklung eines Vorhabens. Es definiert sowohl den Input, der zur Abwicklung der Aktivität notwendig ist, als auch den Output, der als Ergebnis der Aktivität produziert wird. Dabei wird eine feste Zuordnung von Rollen vorgenommen, die die jeweilige Aktivität ausüben.

Definition: Vor-gehensmodell

Diese Definition ist natürlich sehr theoretisch. Doch dahinter verbergen sich einige wesentliche Aussagen:

Eine koordinierte Vorgehensweise verlangt nicht nur einen Plan, sondern auch gewisse Erfahrungen, auf denen dieser Plan basiert. Derartige Erfahrungen werden weder im Studium noch im eigenen Berufsleben gemacht – solche Erfahrungen werden auch nicht von einzelnen Softwareentwicklungsabteilungen oder einem einzelnen Unternehmen gewonnen. Derartige Erfahrungen müssen auf Hunderten von Projekten der unterschiedlichsten Größe beruhen. Eine so große Anzahl von Projekten wickelt natürlich nicht ein einzelnes Unternehmen ab – hier gilt es, den Erfahrungsschatz einer breiten Masse von Unternehmen auszunutzen. Rational Software hat hier eine Bezeichnung eingeführt, die auch unter dem Begriff „Best Practices" bekannt ist. Im weiteren Verlauf des Buches wird näher auf diese Best Practices eingegangen, die die Grundlage für den Rational Unified Process bilden.

3.2
Das Wasserfallmodell

3.2.1
Einführung

Bei dem Wasserfallmodell handelt es sich um das älteste Vorgehensmodell, das im Software Engineering bekannt ist. Dieses Modell wird häufig als eine der wesentlichen Ursachen der Softwarekrise herangezogen, trotzdem kommt es immer noch häufig zum Einsatz.

In diesem Abschnitt soll zunächst das Prinzip des Wasserfallmodells erläutert werden. Im Anschluss wird darauf eingegangen, warum es durchaus auch heute noch für einige Projekttypen einsetzbar ist.

3.2.2
Grundlagen des Wasserfallmodells

Das Wasserfallmodell hat seinen Namen anhand der sequenziell ablaufenden Aktivitäten erhalten, wie aus Abbildung 7 ersichtlich wird.

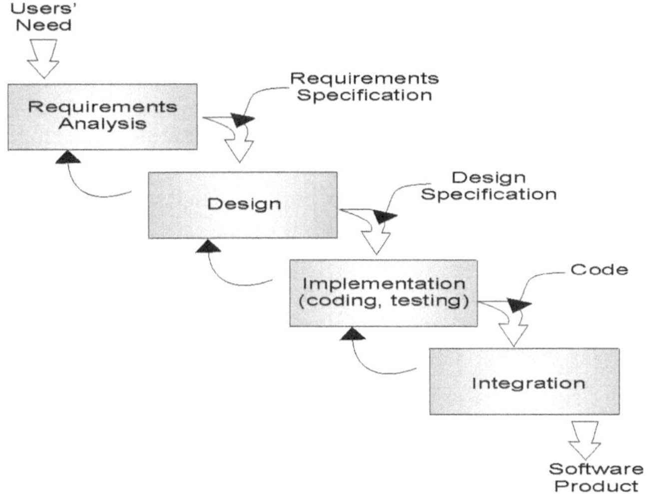

Abbildung 7:
Das klassische Wasserfallmodell

Wie aus Abbildung 7 ersichtlich wird, behandelt das Wasserfallmodell die folgenden Phasen des Softwareentwicklungsprozesses:

- Das Anforderungsmanagement
- Das Design
- Die Implementierung und das Testen
- Die Integration

Die vier Phasen
des Wasserfall-
modells

Es wird ebenfalls ersichtlich, dass jede Phase ihrem Nachfolger einen gewissen Input bereitstellt. Ferner sind Rücksprünge zu Vor-
gängerphasen möglich. Was natürlich überhaupt nicht berücksichtigt
wird, ist das Änderungsmanagement. Daher ist das Wasserfallmodell auch sehr unflexibel und eigentlich nur für kleinere Projekte geeignet, wo entweder überhaupt keine Änderungen auftreten oder
auftretende Änderungen keine größeren Auswirkungen auf den Projektverlauf haben.

Derartige Projekte sind natürlich dünn gesät, Philippe Kruchten
[Kru1999] hat mal treffend gesagt: „Die einfachen Projekte wurden
bereits alle abgewickelt." In Fortführung dieser Aussage könnte man
ergänzen: „Jetzt bleiben nur noch die komplizierten und schwierigen
Projekte übrig."

Betrachtet man die weiteren Vorgehensmodelle, die in diesem
Kapitel beschrieben werden, so wird man feststellen, dass das Wasserfallmodell in irgendeiner Form in jedem Modell wieder auftaucht
– sei es als wesentliche Grundlage (V-Modell) oder als Teilbereich
einer Iteration (Rational Unified Process).

Die einfachen
Projekte wurden
bereits alle ab-
gewickelt

3.2.3
Einsatzbereiche des Wasserfallmodells

Auf die Kritik am Wasserfallmodell wurde bereits oben eingegangen, diesem Vorgehensmodell jedoch die alleinige Schuld an der Softwarekrise zu geben, wäre zu einfach. Hier spielen eine Reihe weiterer Faktoren eine Rolle, auf die in diesem Buch noch näher eingegangen wird.

Das Wasserfallmodell ist auch heute noch geeignet, um in verschiedenen Projekten zum Einsatz zu kommen. Typische Projekte für ein Wasserfallmodell sind:

Typische Projekte für das Wasserfallmodell

- Die Entwicklung von Prototypen. Prototypen zeichnen sich durch kurze Entwicklungszeiten aus und dienen lediglich Demonstrationszwecken. Daher ist hier das Wasserfallmodell durchaus geeignet.

- Die Entwicklung von Kleinprogrammen. Hierbei handelt es sich um Projekte, wo ein oder zwei Entwickler ca. 3 Monate eine kleinere Anwendung umsetzen. Voraussetzung: Die Anforderungen sind klar definiert und die Wahrscheinlichkeit von Änderungen gehen gegen null.

- Programmierung von Hardware im Embedded-Bereich. Auch dieser Bereich lässt sich mit dem Wasserfallmodell abdecken, da hier Änderungsanträge im Laufe der Entwicklung eher als unwahrscheinlich zu bezeichnen sind und die Entwicklungsdauer begrenzt ist.

3.3
Das V-Modell 97

3.3.1
Einführung und Historie

Stark an das Wasserfallmodell angelehnt

Das V-Modell 97 gehört zu den Nachfolgermodellen des Wasserfallmodells. Während die Vorgängerversion, das V-Modell 92, sehr stark an das Wasserfallmodell angelehnt war, berücksichtigt das V-Modell 97 bereits iterative Ansätze. Beide V-Modelle wurden vom Bund in Auftrag gegeben, dabei stand der militärische Aspekt im

Vordergrund. Erst nach der Fertigstellung des V-Modells 92 schlossen sich auch die zivilen Behörden an.

Entwickelt wurden die beiden Vorgehensmodelle federführend von der IABG mbH in Ottobrunn. Da das V-Modell 97 eine Weiterentwicklung des V-Modells 92 ist und dieses ersetzt, soll im weiteren Verlauf dieses Buches nur noch die aktuelle Version betrachtet werden.

Eine Weiterentwicklung des V-Modells 97 (auch Fortschreibung genannt) ist derzeit nicht vorgesehen, zumindest nicht im Auftrag des Bundes. Welche Auswirkungen dies hat, wird weiter unten beschrieben.

Weiterentwicklung des V-Modells 97 ist nicht vorgesehen

3.3.2
Grundsätzliches zum V-Modell 97

Das V-Modell 97 setzt sich aus den folgenden drei Teilen zusammen:

- Entwicklungsstandard
- Methodenstandard
- Werkzeuganforderungen

Einige hundert Seiten Handbuchsammlung

Diese so genannte Handbuchsammlung umfasst einige hundert Seiten und ist auf drei Ordner verteilt. Doch der eigentliche Regelungsteil beträgt nur 30 Seiten, der Rest besteht aus Abwicklungstexten, Empfehlungen, Kommentaren u.v.m. Das Vorurteil, dass das V-Modell im Gegensatz zu anderen Vorgehensweisen bei der Softwareentwicklung bis zu 50% Mehraufwand erfordert, ist falsch. Der Aufwand ist abhängig vom Ergebnis des Projektzuschnittes (Tailoring). Werden hier Fehler gemacht, so steigt natürlich der Aufwand. Hinzu kommt, dass der Aufwand zwar höher ist als bei der „Chaos"-Programmierung, sich jedoch die Zeiten für die anschließende Wartung oder für den Änderungsdienst erheblich reduzieren.

3.3.3
Submodelle im V-Modell

Das V-Modell 97 setzt sich aus vier verschiedenen so genannten Submodellen zusammen, die eng miteinander verbunden sind:

- System/Softwareerstellung (SE)

- Projektmanagement (PM)

- Qualitätssicherung (QS)

- Konfigurationsmanagement (KM)

Abbildung 8 zeigt das Zusammenspiel dieser Submodelle.

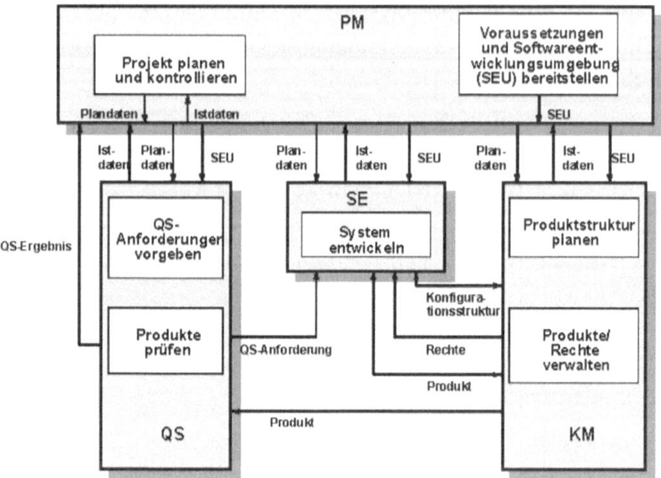

Aus Abbildung 8 geht hervor, dass gewisse Aktivitäten des einen
Submodells als Ergebnis den Input für ein anderes Submodell liefern. Um die Navigation durch die vier Submodelle zu erleichtern,
wurden im V-Modell Tabellen integriert, anhand derer erkennbar
wird, welche Aktivität welchen Input von welchem Submodell erhält. Abbildung 9 zeigt den Produktfluss innerhalb der vier Submodelle.

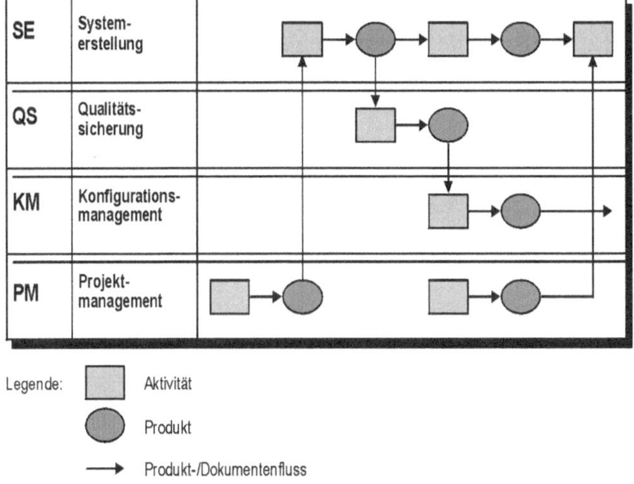

Der Produktfluss ist eines der zentralen Elemente des V-Modells. Bevor darauf näher eingegangen werden soll, sind zunächst zwei Definitionen zu betrachten:

Definition Aktivität: Eine Aktivität bezeichnet eine durchzuführende in sich abgeschlossene Abfolge von Tätigkeiten, die nach ihrer Durchführung ein im Vorfeld festgelegtes Ergebnis liefern.

Definition einer Aktivität

Definition Produkt: Ein Produkt ist das Ergebnis einer Aktivität. Dabei kann ein Produkt sowohl ein Textdokument als auch ein Stück Software sein. Sobald ein Produkt vorliegt, löst dieses die Abarbeitung einer neuen Aktivität aus. Produkte sind somit sowohl Input als auch Output von Aktivitäten.

Definition eines Produktes

Der Produktfluss innerhalb des V-Modells regelt also die gesamte Vorgehensweise bei der Verwendung des V-Modells. Ein Produkt kann dabei unterschiedliche Zustände haben, dargestellt in Abbildung 10:

- Geplant: Das Produkt ist in der Planung vorgesehen. Dies ist der Eingangszustand für alle Produkte.

Unterschiedliche Produkt-zustände

- in Bearbeitung: Das Produkt wird bearbeitet. Es befindet sich im „privaten" Entwicklungsbereich des Entwicklers. Hier wird zum Beispiel ein Stück Software programmiert oder eine Dokumentation erstellt.

- vorgelegt: Das Produkt ist aus der Sicht des Erstellers fertig und wird unter Konfigurationsverwaltung genommen. Es wird ggf. einer Qualitätsprüfung unterzogen.

- akzeptiert: Das Produkt wurde in QS überprüft und freigegeben und darf nur mehr innerhalb einer neuen Version geändert werden.

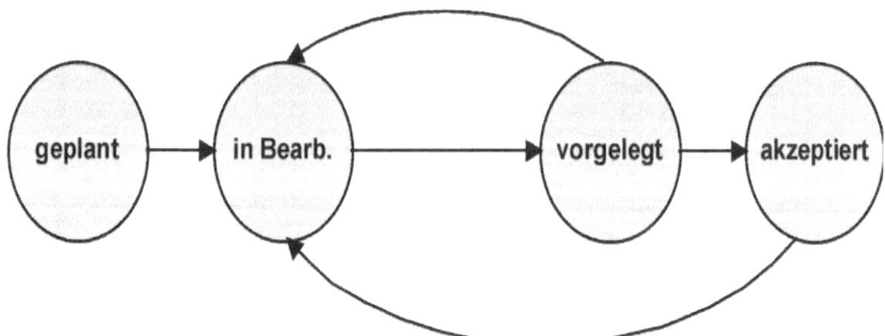

Abbildung 10: Die unterschiedlichen Produktzustände

Im Folgenden soll kurz auf die einzelnen Submodelle eingegangen werden. Bei näherem Interesse sei auf [Ver1999] verwiesen.

3.3.3.1
Das Submodell SE

Das Submodell SE spielt die zentrale Rolle innerhalb des V-Modells 97. Die übrigen Submodelle haben da eher einen ergänzenden Charakter. Die Gliederung des Submodells SE ist geprägt durch Aktivitäten auf folgenden drei verschiedenen Ebenen:

Die drei Ebenen des Submodells SE

- Systemebene
- Segmentebene
- Ebene der Software- und Hardwareeinheiten (SW-Einheiten/HW-Einheiten)

Innerhalb des Submodells SE existieren eine Reihe von durchzuführenden Aktivitäten. Je nach Projektgröße müssen dabei nicht alle Aktivitäten abgewickelt werden (siehe auch Tayloring). Die wesentliche Aktivitäten innerhalb des Submodells SE sind:

Wesentliche Aktivitäten

- SE 1: Systemanforderungsanalyse
- SE 2: Systementwurf
- SE 3: Software-Anforderungsanalyse
- SE 4: Software-Grobentwurf
- SE 5: Software-Feinentwurf
- SE 6: Software-Implementierung

- SE 7: Software-Integration

- SE 8: Systemintergation

- SE 9: Überleitung in die Nutzung

Jede dieser Hauptaktivitäten hat wiederum eine Vielzahl von Teilaktivitäten. Ferner werden unterschiedliche Produkte produziert. Die umseitige Abbildung 11 gibt einen groben Überblick über das gesamte Submodell SE.

Zu beachten ist, dass sich das V-Modell 97 nicht nur mit der Softwareentwicklung befasst. Auch die Hardwareentwicklung spielt hier eine Rolle. Daher werden, sofern in einem Projekt parallel zur Software auch die entsprechende Hardware entwickelt werden soll, zu den Hauptaktivitäten SE 4 bis SE 7 zeitgleich die Aktivitäten SE 4-HW bis SE 7-HW für die Hardwareentwicklung durchgeführt.

Da jedoch in diesem Buch die Softwareentwicklung im Vordergrund steht, soll an dieser Stelle auf die Hardwareentwicklung nicht weiter eingegangen werden.

Das V-Modell betrachtet auch die Hardware-Entwicklung

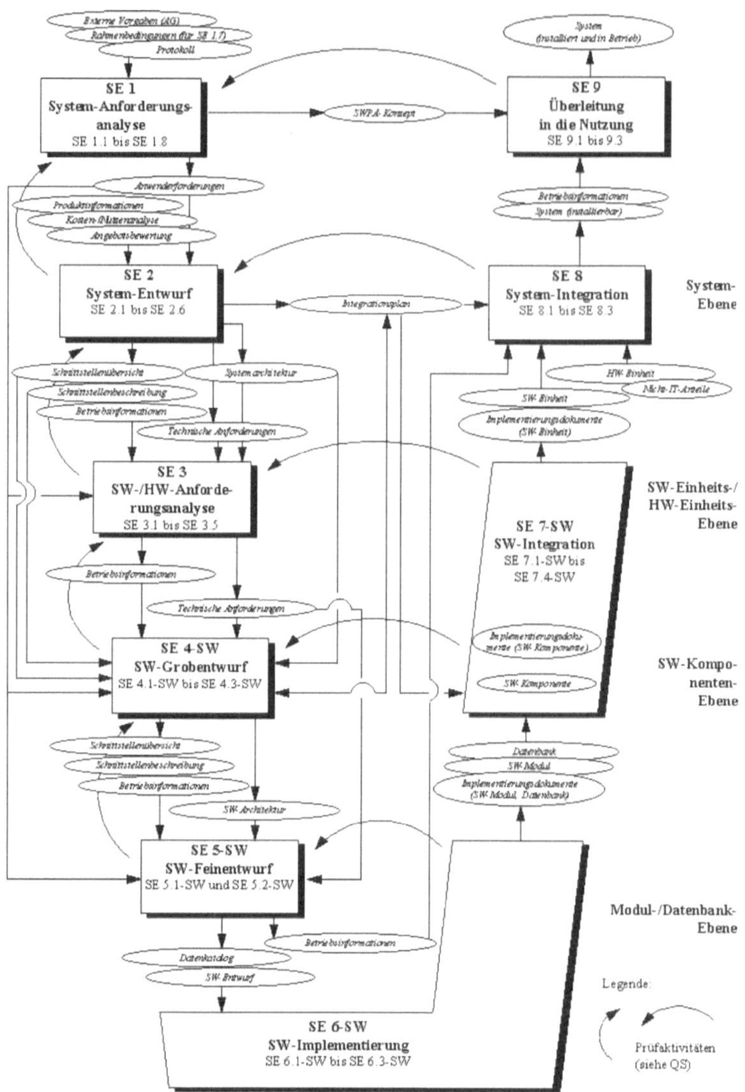

3.3.3.2
Das Submodell QS

Kritisches
Submodell QS

Das Submodell Qualitätssicherung gehört eher zu den kritischen Submodellen des V-Modells. Dies liegt in erster Linie daran, dass sich gerade im Bereich der Qualitätssicherung in den letzten Jahren einiges auf dem Markt getan hat, insbesondere was das Testen betrifft. Daher sind bei der weiter unten beschriebenen individuellen Anpassung des Vorgehensmodells erhebliche Arbeiten notwendig.

Die im Submodell QS beschriebenen Maßnahmen dienen primär dem Nachweis der Erfüllung vorgegebener Anforderungen, nur sekundär dazu, Mängel von vornherein zu verhindern. Im V-Modell wird dabei zwischen konstruktiven und präventiven Maßnahmen unterschieden, diese werden durch analytische Maßnahmen ergänzt. Unter die konstruktiven / präventiven Maßnahmen fällt beispielsweise:

- Die Gliederung des Entwicklungsprozesses durch einen Entwicklungsstandard
- Die Unterstützung des Entwicklungsprozesses durch Methoden und Werkzeuge

konstruktive und präventive Maßnahmen

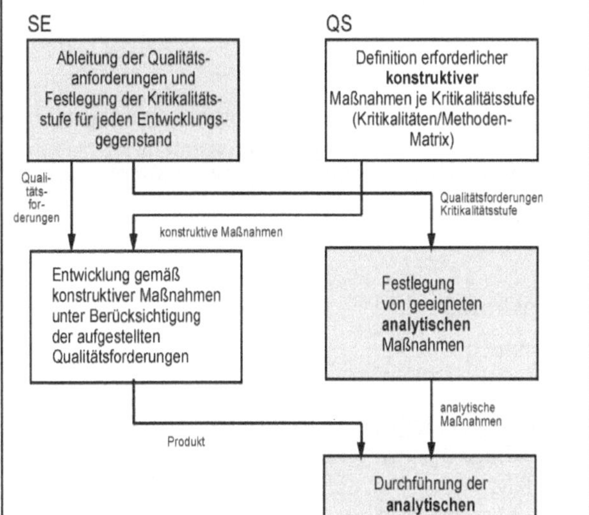

Abbildung 12: Zusammenhang zwischen konstruktiven und analytischen Maßnahmen

Konstruktive / präventive Maßnahmen werden im Submodell QS festgelegt, die Anwendung der konstruktiven Maßnahmen erfolgt im Submodell SE. Abbildung 12 zeigt den Zusammenhang zwischen den Submodellen SE und QS bezüglich konstruktiver Qualitätssicherungsmaßnahmen. Die Hauptaktivitäten im Submodell QS sind:

- QS 1: QS-Initialisierung
- QS 2: QS-Prüfungsvorbereitungen

- QS 3: Prozessprüfung von Aktivitäten
- QS 4: Produktprüfung
- QS 5: QS-Berichtswesen

3.3.3.3
Das Submodell KM

Das Submodell Konfigurationsmanagement besteht aus vier Hauptaktivitäten:

- KM 1: KM-Planung
- KM 2: Produkt- und Konfigurationsverwaltung
- KM 3: Änderungsmanagement (siehe auch Kapitel 10)
- KM 4: KM-Dienste

Besonders bei der Planung des Konfigurationsmanagement wird der enge Zusammenhang zum Projektmanagement offensichtlich, wie Abbildung 13 verdeutlicht. Der wesentliche Input für das Konfigurationsmanagement sind zwei Produkte aus dem Submodell Projektmanagement:

- Das Projekthandbuch
- Der Projektplan

Auf Basis dieser beiden Produkte entsteht der KM-Plan, der wiederum die Grundlage für das Konfigurationsmanagement repräsentiert. Inhalte des KM-Plans sind, anhand welcher Kriterien die Konfigurationseinheiten ausgewählt werden, welche Produktattribute geführt werden, welche Zustände die Produkte durchlaufen und das für alle Produkte geltende Identifikationsschemata.

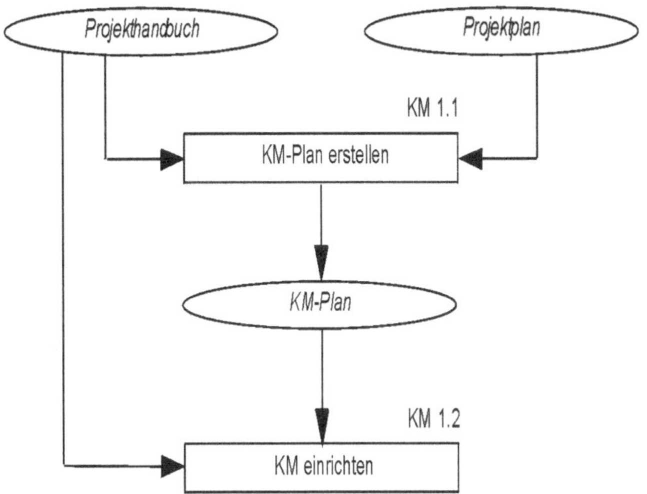

Abbildung 13:
Der wesentliche
Input für das
Konfigurations-
management

3.3.3.4
Das Submodell PM

Auf das Submodell Projektmanagement wird in Kapitel 11 näher eingegangen. Hier sollen zunächst nur die wesentlichen Aktivitäten beschrieben werden:

- PM 1: Projekt initialisieren
- PM 2: Beschaffung / Vergabe[9]
- PM 3: Auftragnehmermanagement
- PM 4: Feinplanung
- PM 5: Kosten-/Nutzenanalyse
- PM 6: Durchführungsentscheidung
- PM 7: Risikomanagement
- PM 8: Projektkontrolle und –steuerung
- PM 9: Informationsdienst / Berichtswesen
- PM 10: Schulung / Einarbeitung
- PM 11: Einsatzmittel
- PM 12: Arbeitsaufträge
- PM 13: Einweisung

Wesentliche
Aktivitäten des
Submodells PM

---

[9] Hier kommt der Aspekt des öffentlichen/militärischen Bereichs deutlich zum Tragen.

- PM 14: Projektabschluss

Generell lassen sich, wie in Abbildung 14 dargestellt, die einzelnen Aktivitäten des Submodells Projektmanagement drei wesentlichen Bereichen zuordnen, dem Projekt als Ganzes, einem Planungsabschnitt oder einem Arbeitsabschnitt.

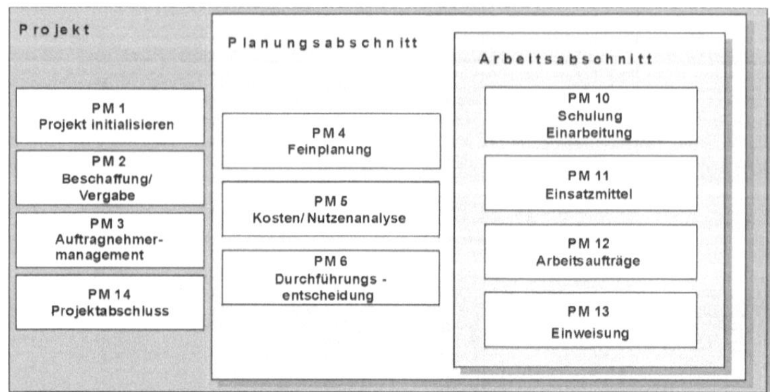

Die drei Hauptaktivitäten PM 7 bis PM 9 (Risikomanagement, Projektkontrolle und -steuerung sowie Berichtswesen) werden bereichsübergreifend durchgeführt.

3.3.4
Das V-Modell und die Objektorientierung

Es gibt kaum ein Thema, das kontroverser diskutiert wird, als das Mapping zwischen V-Modell und Objektorientierung. Unter Mapping wird in diesem Kontext das Zusammenspiel zwischen V-Modell und Objektorientierung verstanden. Betrachtet man die zuvor beschriebene Entstehungsgeschichte des V-Modells, so schließen sich diese beiden Konzepte vom Prinzip her aus. Die folgenden Punkte sprechen für diese These:

- Das V-Modell 97 wurde – ebenso wie das V-Modell 92 – zu einer Zeit entwickelt und konzipiert, wo die Objektorientierung noch in den Kinderschuhen steckte. Daher ist es mehr als erklärbar, warum in diesem Modell objektorientierte Ansätze vernachlässigt wurden.

- Das V-Modell wurde von Mitarbeitern entwickelt, die Objektorientierung nur aus der Literatur her kannten. Daher hatten OO-

Konzepte nur geringe Chancen, realistisch betrachtet und im V-Modell integriert zu werden.

- Der Auftraggeber des V-Modells – der Bund in Form von Verteidigungsministerium und Innenministerium – hatte zu der Zeit die Pflicht, sich auf bestehende und erprobte Methoden und Techniken zu beschränken. Das V-Modell bzw. die Entwicklung desselbigen war kein Forschungsauftrag, sondern der Auftrag nach einer optimalen Umsetzung bestehender Methoden und Techniken innerhalb der Rüstungsindustrie.

Bei der Entwicklung des V-Modells 97 kamen die ersten Grundgedanken der Objektorientierung zur Geltung. So wurden im Methodenteil die ersten OO-Konzepte integriert. Zu diesem Zweck existieren Methodenzuordnungstabellen im V-Modell. Ein Beispiel zeigt Tabelle 1. Hier werden der Aktivität SE 1.1 (Ist-Aufnahme/-Analyse durchführen) die beiden UML-Techniken:

- Use-Case-Modellierung und
- Aktivitätsdiagramme

zugeordnet. Auf diese Weise kann das gesamte Projekt eine Technikenzuordnung konform zur UML erhalten.

Erst mit V-Modell 97 kamen OO-Ansätze zum Tragen

Aktivität SE 1.1:	Ist-Aufnahme und Analyse durchführen
Produkt: Anwenderforderungen	
Kapitel:	Methoden-Verweis:
2 Ist-Aufnahme und Ist-Analyse	**Use-Case-Modellierung** **Aktivitätsdiagramme**

Tabelle 1: Methodenzuordnungstabelle im V-Modell

Abbildung 15 zeigt ein grobes Metamodell des V-Modells 97. Es wird ersichtlich, wie die oben besprochene Methodenzuordnung von Elementarmethoden vorgenommen wird. Das V-Modell beschreibt somit einen generischen Entwicklungsprozess, welcher jedoch unabhängig von einer einzelnen Modellierungssprache ist. Die UML hingegen beschreibt eine Modellierungssprache, die den Anspruch erhebt, unabhängig von einem Entwicklungsprozess zu sein.

Das Bindeglied bildet die sog. Methodenzuordnung. Dieser Teil des V-Modells definiert nicht etwa Methoden, sondern regelt das

Zusammenwirken der Aktivitäten mit den so genannten Elementarmethoden. Das bedeutet, dass während der allgemeine Teil des V-
Modells die Aktivitäten und Produkte beschreibt (WAS ist zu tun),
gibt der Methodenstandard an, welche Elementarmethoden bei der
Durchführung bestimmter Aktivitäten angewendet werden (WIE ist
es zu tun).

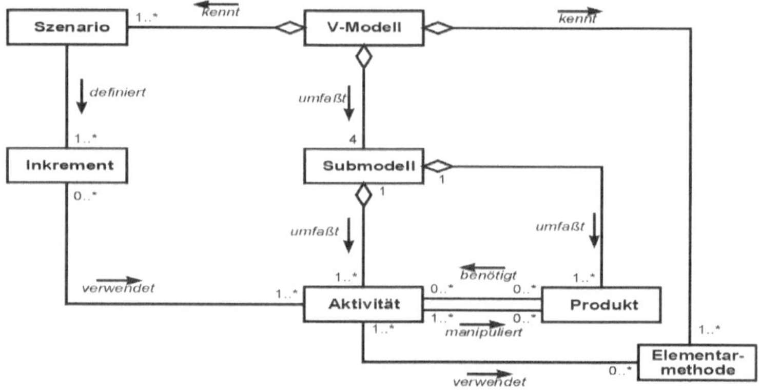

3.3.5
Fazit

Das V-Modell 97 kommt hauptsächlich im öffentlichen und militärischen Bereich in Deutschland zum Einsatz. Für internationale Projekte ist das V-Modell 97 eher ungeeignet, da es ihm an der interna-
tionalen Akzeptanz fehlt. Ebenso sind klassische objektorientierte
Projekte nicht ohne Einschränkungen mit dem V-Modell 97 durch-
führbar.

3.4
Der Rational Unified Process

3.4.1
Einführung und Grundlagen

Der Rational Unified Process kam erstmals im Jahre 1999 auf den
Markt, gemeinsam mit der Rational Suite, die im letzten Kapitel dieses Buches näher beschrieben wird. Es gab eine Reihe von Vorgän-
germodellen, die allesamt Basis des Rational Unified Process sind.
Zu diesen Modellen gehört das Spiralmodell [BoeRos1989]], die

Object Management Technologie (OMT) [Rum1994] und OOSE
[Jac].

Der Rational Unified Process setzt sich aus Aktivitäten und Artefakten zusammen (vergleichbar mit den Aktivitäten und Produkten
des V-Modells), die von bestimmten Rollen durchgeführt werden. Je
nach Thema sind die jeweiligen Aktivitäten unterschiedlichen (the-
menbezogenen) Disziplinen zugeordnet. Im Einzelnen sind bei dem
Rational Unified Process die folgenden Disziplinen zu unterscheiden:

- Geschäftsprozessmodellierung
- Anforderungsmanagement
- Analyse und Design
- Implementierung
- Test
- Verteilung

Disziplinen des
Rational Unified
Process

Diese Disziplinen werden durch drei weitere Disziplinen unterstützt:

- Konfigurations- und Änderungsmanagement
- Projektmanagement
- Umgebungsdisziplin

Unterstützende
Disziplinen des
RUP

Alle Disziplinen ziehen sich über den gesamten Lifecycle eines
Softwareentwicklungsprojektes hin. Lediglich die Aufwendungen,
die in den unterschiedlichen Phasen des Rational Unified Process
anfallen, unterscheiden sich. Der RUP differenziert die folgenden
vier Phasen:

- Die Konzeptionalisierungsphase
- Die Entwurfsphase
- Die Konstruktionsphase
- Die Übergangsphase

Die vier Phasen
des RUP

Innerhalb der Phasen werden dann einzelne Iterationen durchgeführt. Auf die Anzahl der notwendigen Iterationen, die natürlich von
Projekt zu Projekt variieren, wird in Kapitel 6 näher eingegangen.

Abbildung 16 zeigt den Zusammenhang zwischen den Phasen
und den einzelnen Disziplinen des Rational Unified Process.

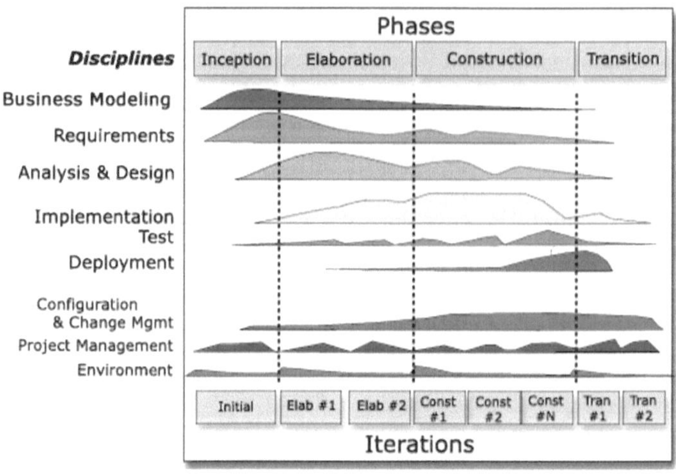

3.4.2
Best Practices

Basis des Rational Unified Process sind so genannte Best Practices, diese wurden aus jahrelangen Projekterfahrungen diverser Unternehmen extrahiert. Sie stellen die Basis für die optimalste Art einer Projektabwicklung dar. Die folgenden 6 Best Practices sind im Rational Unified Process integriert worden:

1. Iterative Softwareentwicklung

2. Anforderungsmanagement

3. Verwendung komponentenbasierte Architekturen

4. Visuelle Softwaremodellierung

5. Verifizierte Softwarequalität

6. Kontrolliertes Change Management

Das Prinzip des Rational Unified Process sieht vor, diese Best Practices durch eine geeignete Werkzeugunterstützung und entsprechende Dienstleistungen zum optimalen Ansatz zur erfolgreichen Softwareentwicklung zu vervollständigen.

In Kapitel 13 wird ausführlich darauf eingegangen, inwieweit die jeweiligen Werkzeuge den Rational Unified Process unterstützen.

3.4.3
Fazit

Der Rational Unified Process ist ein Vorgehensmodell für die Abwicklung objektorientierter Softwareentwicklungsprojekte. Er zeichnet sich durch einen iterativen Ansatz aus und ist für nahezu alle Softwareprojekte geeignet. Die in ihm integrierten Best Practises stellen den Projekterfolg sicher.

3.5
Integration von Vorgehensmodellen

3.5.1
Einführung

Vorgehensmodelle haben allesamt eine Eigenschaft: Sie müssen für ihren späteren Einsatz an das Unternehmen bzw. die im Unternehmen bereits implementierten Prozesse angepasst werden und somit sehr flexibel sein.

In dem folgenden Abschnitt soll zunächst aufgezeigt werden, warum derartige Anpassungen von Vorgehensmodellen notwendig sind, und anschließend, wie auf der einen Seite das V-Modell 97 und auf der anderen Seite der Rational Unified Process innerhalb eines Unternehmens integriert werden können.

Alle Vorgehensmodelle müssen angepasst werden

3.5.2
Gründe für eine Anpassung

Für eine individuelle Anpassung eines Vorgehensmodells sprechen eine Reihe von Gründen, die im Folgenden näher betrachtet werden sollen:

- *Unterschiedliche Projekte innerhalb eines Unternehmens*: Der wesentliche Grund für die Anpassung von Vorgehensmodellen ist darin zu sehen, dass innerhalb eines Unternehmens die unterschiedlichsten Projekttypen auftreten. Ein Vorgehensmodell muss dies berücksichtigen, um nicht für ein kleineres Projekt zu viel Overhead zu produzieren.

Gründe für eine Anpassung

- *Existierende und funktionierende Prozesse*: Nicht jeder bereits e-tablierte Prozess innerhalb eines Unternehmens muss durch die Einführung eines Vorgehensmodells geändert werden. So ist es durchaus möglich, dass Prozesse existieren, deren Effizienz und Qualität den vergleichbaren Prozessen des Vorgehensmodells ü-berlegen sind.

- *Anforderungen des Kunden*: Gerade in sicherheitskritischen Pro-jekten existieren seitens des Kunden spezielle Anforderungen hinsichtlich des Entwicklungsprozesses. Diese Anforderungen sind meist im Qualitätssicherungsbereich anzusiedeln und sind in der Regel schärfer formuliert, als dies bei den Vorgehensmodel-len der Fall ist. Hier spricht man dann auch von einer Erweiterung der Vorgehensmodelle.

- *Existierende Templates*: Besonders im Berichtswesen hat jedes Unternehmen seine eigenen Templates definiert. Diese müssen in die Vorgehensmodelle integriert werden.

- *Existierende Rollen und Positionen im Unternehmen*: In jedem Vorgehensmodell sind bestimmte Rollen festgelegt. Diese stim-men in der Regel nicht mir dem Organisationsaufbau einer IT-Abteilung überein. Da man jedoch nicht von heute auf morgen sowohl neue Positionen schaffen und besetzen als auch existie-rende Stellen streichen kann, muss hier ein Mittelweg gefunden werden.

- *Vom Kunden geforderte Produkte (Artefakte)*: Zu produzierende Produkte (unabhängig welcher Art) sind ebenfalls Bestandteil von Vorgehensmodellen. Doch auch hier zeigt die Realität, dass man-che dieser Produkte vom Kunden nicht gefordert werden, dafür aber andere Artefakte benötigt werden. Daher muss auch diesbe-züglich eine Anpassung stattfinden.

3.5.3
Anpassung des V-Modells

3.5.3.1
Tailoring

Das V-Modell wird in zwei Schritten an das Unternehmen ange-passt. Im ersten Schritt findet eine globale Anpassung statt, im zwei-ten Schritt wird bei jedem mit dem V-Modell durchzuführenden Projekt ein so genanntes Tailoring durchgeführt. Dazu werden ent-sprechenden Schlüsseleigenschaften des Projektes untersucht, um anschließend die durchzuführenden Aktivitäten zu bestimmen und die Produkte festzulegen, die erstellt werden müssen. Um das V-Modell für ein konkretes Projekt anwendbar zu machen, muss deshalb zunächst entschieden werden:

- Welche Aktivitäten sind für die Durchführung des Projektes erforderlich?

- Welche Produkte müssen im Rahmen der Projektabwicklung erzeugt werden?

Im V-Modell existiert somit ein festes Regelwerk, in dem definiert wird, wann und unter welchen Bedingungen welche Aktivität durchgeführt werden muss. Diese Vorgehensweise ist dargestellt in Abbildung 17:

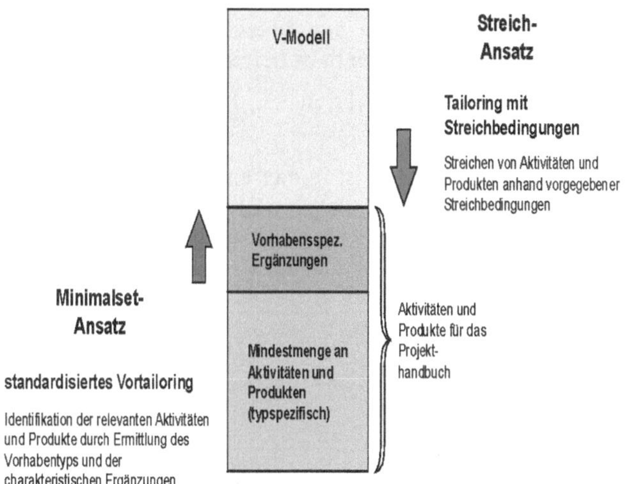

Abbildung 17: Das Grundprinzip des Tailorings im V-Modell

Das Hauptanliegen des Tailoring besteht darin, für jedes Projekt zu gewährleisten, dass der eingesetzte Aufwand den Projektzielen dienlich ist. Zu vermeiden sind:

- übermäßige Papierflut,

- sinnlose Dokumente, aber auch

- das Fehlen wichtiger Dokumente!

Dies wird durch die Reduzierung der allgemein gültigen (generischen) Regelungen des V-Modells auf die aus sachlichen Gründen erforderlichen Regelungen erreicht. Die entstehende Teilmenge des

V-Modells ("projektspezifisches V-Modell") ist neben der Beschreibung des Projektes, seiner Organisation und seiner Ziele Hauptbestandteil des Projekthandbuchs (PHB). Das Tailoring besteht aus folgenden Teilschritten:

- Festlegung der Form des projektspezifischen V-Modells. Hier wird entweder bestimmt, dass das Projekthandbuch die Aktivitäten und Produkte des V-Modells lediglich referenziert oder dass die vollständigen Darstellungen des V-Modells auch in das Projekthandbuch übernommen werden sollen.
- Selektion von Aktivitäten und Produkten. (Dies geschieht durch Tailoring mit Streichbedingungen oder durch standardisiertes Vortailoring).
- Selektion von Aktivitäten- und Produktklassen, die für das Projekt prinzipiell sinnvoll sind.
- Streichen von Aktivitäten- und zugehörigen Produktklassen, die anderweitig erledigt werden bzw. bereits erledigt wurden.
- Anpassung der Texte der Aktivitäten.

Das Ergebnis des Tailorings ist immer ein deutlich reduziertes Vorgehensmodell in Form von Tabellen und den zugehörigen textuellen Beschreibungen. Es sind grundsätzlich zwei verschiedene Arten des Tailorings zu unterscheiden:

- Das ausschreibungsrelevante Tailoring
- Das technische Tailoring

Im Folgenden sollen diese beiden unterschiedlichen Tailoringarten untersucht werden.

3.5.3.2
Ausschreibungsrelevantes Tailoring

Das ausschreibungsrelevante Tailoring wird vor Beginn des eigentlichen Projektes (und vor Vertragsabschluss!) durchgeführt. Hier werden wie bei einem Baukasten die für das Projekt relevanten Aktivitäten und Produkte ausgewählt. Außerdem werden Bedingungen festgelegt, unter denen bestimmte Aktivitäten im Projektverlauf entfallen können.

Die hier entstehende Teilmenge des V-Modells wird zusammen mit weiteren Vereinbarungen im Projekthandbuch festgeschrieben. Dieses ist wesentlicher Vertragsbestandteil. Das ausschreibungsrelevante Tailoring ist auch dann von Bedeutung, wenn ein Projekt nicht extern vergeben, sondern in Eigenentwicklung durchgeführt werden soll.

3.5.3.3
Technisches Tailoring

Beim technischen Tailoring werden die im Projekthandbuch fest-geschriebenen Ausführungsbedingungen ausgewertet, und dann erst wird entschieden, welche der Aktivitäten durchzuführen und welche Produkte zu erstellen sind. Dies geschieht kontinuierlich während der Projektabwicklung.

Auswertung der Ausführungsbe-dingungen

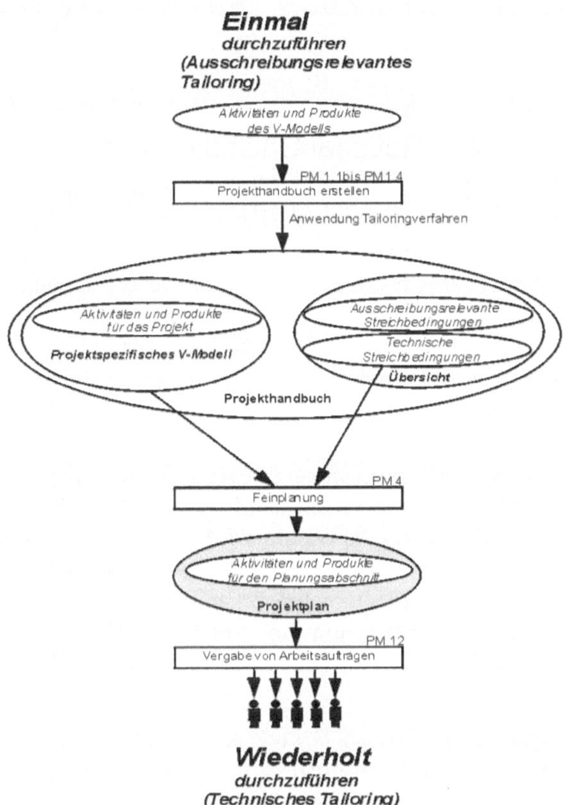

Abbildung 18: Gegenüber-stellung des technischen und ausschreibungs-relevanten Tailorings

Abbildung 18 stellt die beiden Tailoringarten des technischen und ausschreibungsrelevanten Tailorings gegenüber.

3.5.3.4
Fazit

Die Anpassbarkeit des V-Modells ist also streng geregelt. Das liegt in erster Linie daran, dass das V-Modell ein Vorgehensmodell ist, das von Auftraggeberseite entwickelt wurde. Hingegen kommt der Rational Unified Process aus der Praxis – also von Seiten der Auftragnehmer oder besser gesagt: von Anwenderseite. Seine Anpassbarkeit wurde extrem flexibel gehalten. Das hat den Vorteil, dass der Anwender ihn nahezu auf alle unternehmensspezifischen Gegebenheiten anpassen kann. Auf der anderen Seite wird durch das Fehlen von Vorschriften vom Anwender eine wesentlich intensivere Auseinandersetzung mit dem Prozess erwartet, da er alles Mögliche hinzufügen oder auch weglassen kann. Mehr dazu im nächsten Abschnitt.

3.5.4
Anpassung des Rational Unified Process

Der Rational Unified Process sieht für die Anpassung eine bestimmte Rolle vor: den Prozessentwickler. Dabei kann es sich sowohl um eine einzelne Person als auch um ein ganzes Team handeln, das sich zum Beispiel aus internen und externen Mitarbeitern zusammen setzt. Grundsätzlich kann der RUP auf zwei verschiedenen Ebenen angepasst oder geändert werden:

- *Die unternehmensweite Ebene*: Die Prozessentwickler ändern, erweitern und passen einen Prozess so an, dass er unternehmensweit genutzt werden kann. Dieser Ansatz berücksichtigt die Art der Software, die erstellt wird, Praktiken der Wiederverwendung und Schlüsseltechnologien, die vom Unternehmen verwendet werden. Ein Unternehmen kann auch mehr als einen Prozess anwenden. Wenn zum Beispiel unterschiedliche Entwicklungen betrieben werden, wird es für jeden Entwicklungstyp einen Prozess geben.

- *Die projektweite Ebene*: Die Prozessentwickler analysieren dabei den unternehmensweiten Prozess, um ihn für ein bestimmtes Projekt zu verfeinern. Diese Ebene berücksichtigt die Größe des Projekts, die Wiederverwendung von bestehenden Komponenten, die Entwicklung „auf der grünen Wiese" im Vergleich zu einer Weiterentwicklung usw. Die projektweite Ebene ist die Ebene, die normalerweise in einem Entwicklungsumfeld beschrieben wird.

3.5.5
Zusammenfassung

Die Anpassung von Vorgehensmodellen an unternehmensspezifische Anforderungen ist aus den verschiedensten Gründen unausweichlich. Meistens sind diese Gründe vom jeweiligen Kunden der Unternehmen motiviert. Eine entsprechende Anpassung der Vorgehensmodelle ist jedoch ein zeitaufwendiger und somit mühsamer Prozess.

Entsprechend hoch sind natürlich auch die Kosten, die bei einer derartigen Anpassung entstehen. Darauf soll im nächsten Abschnitt näher eingegangen werden.

3.6
Kosten von Vorgehensmodellen

3.6.1
Kosten der Modelle

Generell existiert zwischen dem Rational Unified Process und dem V-Modell ein wesentlicher Kostenunterschied: Während das V-Modell Freeware ist (es steht zum Beispiel auf der Webseite www.cocoo.de kostenlos zum Download bereit), fallen beim Rational Unified Process Lizenzgebühren je Benutzer an.

Auch wenn diese Lizenzkosten in einem vertretbaren Rahmen liegen, so bleibt doch festzuhalten, dass für Großunternehmen, die einige hundert Entwickler beschäftigen, sehr schnell ein sechsstelliger Betrag zusammen kommt.

Dennoch ist – wie in dem obigen Abschnitt dargestellt – ein Vorgehensmodell von der Stange eine Utopie. Die Anpassungsarbeiten müssen bei einer Kalkulation über Kosten mit eingerechnet werden.

3.6.2
Anpassungskosten

Die Anpassungskosten beim Rational Unified Process sind deutlich niedriger als beim V-Modell. Dies liegt vor allem an dem im V-Modell nur sehr gering ausgeprägten Submodell der Qualitätssicherung. Ferner liegen im V-Modell zwar textuelle Verbindungen zu Softwareentwicklungswerkzeugen vor, diese sind jedoch im Vergleich zu den im Rational Unified Process enthaltenen Toolmentoren als untauglich zu bezeichnen.

Letzteres gilt natürlich nur dann, wenn das Unternehmen auch die Produkte zum Einsatz bringt, die über die Toolmentoren angebunden sind – also die Rational Suite sowie einige Produkte von Microsoft. Kommen hier andere Produkte zum Einsatz, so zieht das die entsprechenden Kosten zur Änderung bzw. Neugestaltung der Toolmentoren nach sich.

Auch hinsichtlich der Anpassung von Templates gibt der Rational Unified Process ein besseres Bild ab, schon alleine dadurch bedingt, dass im V-Modell keine vorgegebenen Templates existieren, sondern von Grund auf neu erstellt werden müssen. Hingegen im Rational Unified Process müssen die existierenden Templates nur überarbeitet werden.

Im V-Modell (das ja lediglich ein Textdokument darstellt) ist jegliche Anpassung – insbesondere das Tailoring – zu Fuß vorzunehmen. Allerdings existieren mittlerweile auf dem Markt Werkzeuge wie zum Beispiel VM-Tailor, die diesen Prozess automatisieren.

3.7
Einführung von Vorgehensmodellen

3.7.1
Allgemeines zur Einführung von Vorgehensmodellen

Vorgehensmodelle (unabhängig davon welches) werden nicht von heute auf morgen eingeführt – vielmehr handelt es sich hier um einen langwierigen Prozess, der drei wesentliche Meilensteine beinhaltet:

- Die individuelle Anpassung des Vorgehensmodells an das Unternehmen (siehe oben)

- Die Auswahl eines Pilotprojektes und die anschließende erfolgreiche Umsetzung dieses Pilotprojektes mit Hilfe des Vorgehensmodells (siehe unten)

- Der flächendeckende Einsatz des Vorgehensmodells im gesamten Unternehmen

Die Anpassung des Vorgehensmodells ist eine Aktivität, die lediglich das Vorgehensmodell an sich betrifft. Sie hat nichts mit der späteren Implementierung des Vorgehensmodells zu tun. Es ist mit einem Zeitraum von ca. 3 Monaten zu rechnen, bis das Vorgehensmodell entsprechend angepasst ist.[10]

Der zweite Schritt – und das ist ein entscheidender Schritt bei der Einführung eines Vorgehensmodells – ist die Auswahl eines Pilotprojektes. Der nächste Abschnitt gibt Auskunft darüber, welche Projekte sich dafür eigenen und warum überhaupt ein Pilotprojekt der flächendeckenden Verbreitung im Unternehmen vorgeschaltet werden sollte.

3.7.2
Das Pilotprojekt

Wenn sich innerhalb der IT-Branche eins etabliert haben sollte, so ist es die Verwendung eines Pilotprojektes bei der Einführung neuer Methoden oder neuer Technologien. Die Verwendung von Pilotprojekten hat die folgenden Vorteile:

- *Risikoeindämmung*: Bevor ein ganzes Unternehmen bzw. ein gesamter IT-Bereich „von heute auf morgen" auf die Verwendung eines Vorgehensmodells umgestellt wird und sich nach einiger Zeit herausstellt, dass man hier keinen Erfolg hatte, ist es wesentlich sinnvoller, zunächst seine Erfahrungen anhand eines Pilotprojektes zu sammeln. Somit kann man hier sowohl von einer Risikoeindämmung als auch von einer Schadensbegrenzung sprechen.

  Risiko-
  eindämmung

- *Optimierungspotenzial*: Bei der Vorschaltung eines Pilotprojektes werden eine Reihe von positiven, aber auch negativen Erfahrungen gesammelt. Diese können oft zur Auswirkung haben, dass das bereits angepasste Vorgehensmodell erneut überarbeitet und nochmals optimiert wird. Eine solche Gelegenheit besteht bei einer flächendeckenden Einführung eines Vorgehensmodells nicht mehr!

  Optimierungs-
  potenzial

Um sich jedoch diese Vorteile wirklich zu Nutzen machen zu können, ist es von entscheidender Bedeutung, dass auch ein passendes Pilotprojekt ausgesucht wird. Dabei sind eine Reihe von Faktoren zu berücksichtigen, die im Folgenden näher beschrieben werden sollen:

---

[10] Hängt natürlich stark von der Unternehmensgröße und der Art der jeweiligen Projekte ab, die das Unternehmen abwickelt.

- *Projektmitglieder*: Häufig wird bei Pilotprojekten der Fehler begangen, dass das Projektteam aus den Topkräften eines Unternehmens besetzt wird. Damit wird ein absolutes Spezialistenteam aufgebaut, das in der Lage ist, auch die größten Schwierigkeiten in kürzester Zeit zu lösen. Dies wiederum entspricht nicht der Realität, es ist also zu befürchten, dass bei einer flächendeckenden Einführung Probleme auftauchen. Daher ist bei der Besetzung des Pilotteams darauf zu achten, dass wirklich auch ein „durchschnittliches" Projektteam gebildet wird. Alles andere wäre Augenwischerei.

Projektgröße: Die Projektgröße von Pilotprojekten ist eines der wesentlichen Kriterien, die über Erfolg oder Misserfolg bestimmen. Ist das Projekt zu klein, kommen zu wenig Inhalte des Vorgehensmodells zum Tragen, ist es hingegen zu groß, besteht die Gefahr, dass sich das Projektteam innerhalb des Pilotprojektes verzettelt. Aus dieser Beschreibung wird deutlich, dass es ein sehr schmaler Grad ist, das geeignete Projekt zu finden. Die folgenden Kenngrößen sollen eine Hilfestellung geben, woran eine Orientierung hinsichtlich der Projektgröße stattfinden kann:

- *Anzahl betroffener Mitarbeiter*: Eine optimale Teamzusammensetzung sieht eine Gesamtzahl von maximal 10 Projektmitarbeitern vor. Dies ist die so genannte goldene Mitte: Sind es zu wenig Mitarbeiter, wird das im Vorgehensmodell integrierte Rollenkonzept vernachlässigt, sind es zu viele Mitarbeiter, besteht die Gefahr, dass der Schwerpunkt bei der Organisationsstruktur anstatt bei der Ablaufstruktur gelegt wird.

- *Ausbildung bzw. Know-how der Pilotprojektmitarbeiter*: Es wurde bereits oben darauf hingewiesen, dass es kontraproduktiv ist, hier nur die Besten der Besten zum Einsatz zu bringen. Der gelungene Mix ist hier entscheidend.

- *Dauer des Projektes*: Nichts ist tödlicher für ein Pilotprojekt, als wenn sich die „Testphase" über einen zu langen Zeitraum hinweg streckt. Sowohl das Management als auch die später von der Einführung des Vorgehensmodells betroffenen Mitarbeiter warten mit Anspannung auf die Ergebnisse des Pilotprojektes, letztendlich bestimmt zumindest bei der letzteren Gruppe das Resultat die künftige Arbeitsweise. Aber auch das Management hat gewisse Erwartungshaltungen – schließlich hat man zu diesem Zeitpunkt bereits jede menge Geld und Zeit investiert und beschäftigt sich bereits mit dem berühmt berüchtigten Return-on-Investment.

- *Bedeutung des Projektes*: Es wäre mehr als fatal, ein unternehmenskritisches Projekt als Pilotprojekt zu benennen. Auf der anderen Seite sollte auch kein so genanntes „Wurst 7"-Projekt – also ein Projekt, das keinerlei Bedeutung für das betroffene Unternehmen hat – als potenzieller Kandidat für ein Pilotprojekt gehandelt werden. Wie so häufig im Leben liegt auch hier die Kunst der Entscheidung in der Auswahl des goldenen Mittelwegs.

Phase	Zweck	Wichtige Ergebnisse nach der Phase
1	„Verkaufen" der Prozesseinführung an die Sponsoren	Go/no-go-Entscheidung der Sponsoren. Zur Unterstützung dieser Entscheidung könnte man das ein oder andere Werkzeug demonstrieren oder das Entwicklungsumfeld erläutern.
2	Behandlung der wesentlichen Risiken	Einige Werkzeuge sind eingeführt, der kritische Teil des Entwicklungsumfeldes ist fertig.
3	Alles fertig stellen	Alle Werkzeuge sind eingeführt, Entwicklungsumfeld und Schulungsplan sind fertig, und die Mentoren sind so weit eingerichtet, dass sie in der nächsten Phase „echte" Projekte unterstützen können.
4	Im Unternehmen ausbreiten	Der Rational Unified Process und die zugehörigen Werkzeuge kommen im gesamten Unternehmen zum Einsatz

3.7.3
Einführung des Rational Unified Process

Der Rational Unified Process kann auf unterschiedliche Art und
Weise eingeführt werden. Näheres dazu ist den entsprechenden
Webseiten auf <u>www.rational.com</u> oder auch <u>www.rational-
software.de</u> zu entnehmen. Ferner bietet Rational Software ein um-
fangreiches Consulting zur Einführung des RUP an.

Philippe Kruchten – einer der geistigen Väter des Rational Unified Process – beschreibt eine 4-Phasen-Einführung [Kru1999], dargestellt in Tabelle 2:
Philippe Kruchten bezieht dabei die Integration der entsprechenden
Werkzeuge in die Prozesseinführung mit ein. Dies macht durchaus
Sinn, da so der Prozess gleich „live" erprobt werden kann. Er forciert diesen Ansatz sogar insoweit, dass er eine Regel mit dem folgenden Inhalt aufstellt: Die zum Rational Unified Process gehören-
den Werkzeuge müssen gleichzeitig mit diesem Prozess eingeführt
werden.

3.7.4
Killerkriterien zur Prozesseinführung

Unabhängig davon, welches Vorgehensmodell nun letztendlich eingeführt werden soll, existieren eine Reihe so genannter Killerkrite-
rien, die eine Prozesseinführung behindern oder gar gefährden können. Diese sollen im Folgenden dargestellt werden:

- *Akzeptanz der Mitarbeiter*: Hierbei handelt es sich sicherlich um
  die kritischste Komponente bei der Prozesseinführung. Sind die
  Mitarbeiter nicht von der Sinnhaftigkeit der Verwendung eines
  Vorgehensmodells überzeugt, so wird es extrem schwierig, das
  Vorgehensmodell erfolgreich zu implementieren.

- *Existenz eines Vorgehensmodells*: Existiert bereits innerhalb des
  IT-Bereiches ein Vorgehensmodell, so sind drei Fälle zu unterscheiden:

- Das bisherige Vorgehensmodell wurde fast nie benutzt und wenn
  es zum Einsatz kam, dann wenig erfolgreich. In diesem Fall ist
  eine Ablösung des Prozessmodells einfach zu verargumentieren.
  Einziges Problem dürfte sein, die Mitarbeiter davon zu überzeu-
  gen, warum gerade das neue Vorgehensmodell jetzt besser ist als
  das bisherige.

- Das bisherige Vorgehensmodell war durch den Kunden vorgegeben, die Mitarbeiter haben nur ungern damit gearbeitet. In diesem Fall kann das neue Vorgehensmodell (sofern es vom Kunden akzeptiert ist) durchaus schnell erfolgreich implementiert werden. Die Mitarbeiter sind das Arbeiten anhand von Richtlinien bereits gewohnt und wenn das neue Vorgehensmodell die Schwächen des bisherigen Modells beseitigt, ist die Akzeptanz sofort gegeben.

- Das bisherige Vorgehensmodell war erfolgreich im Einsatz, doch durch einen neuen Kunden wird die Verwendung eines anderen Vorgehensmodells vorgeschrieben. Ein sehr schwieriger Fall, da hier mit heftigen Widerständen der Mitarbeiter zu rechnen ist, sofern nicht sofort erhebliches Verbesserungspotenzial ersichtlich wird.

- *Existenz von Werkzeugen*: Die alleinige Einführung eines Vorgehensmodells bringt wenig bis nichts, sofern nicht begleitend dazu die entsprechenden Werkzeuge entweder eingeführt werden oder bereits existieren. Für den Fall, dass die Werkzeuge bereits existieren, ist darauf zu achten, dass die entsprechende Anbindung zum Vorgehensmodell existiert (zum Beispiel über Toolmentoren). Sind hingegen noch keine Werkzeuge vorhanden, was in der heutigen Zeit jedoch relativ selten der Fall ist, so ist davon auszugehen, dass einige Probleme bei der Prozessimplementierung auftauchen können, da nun die Mitarbeiter sich nicht nur in ein neues Vorgehensmodell, sondern auch noch in neue Werkzeuge einarbeiten müssen.

  Existenz von Werkzeugen

- *Ausbildungsstand der Mitarbeiter*: Die professionelle Verwendung eines Vorgehensmodells setzt ein konzeptionelles und strukturiertes Denken voraus, dementsprechend hoch muss auch der Ausbildungsstand der Mitarbeiter der IT-Abteilungen sein. Ansonsten besteht die Gefahr, dass das Vorgehensmodell nicht optimal genutzt wird.

  Ausbildungsstand der Mitarbeiter

- *Kulturwandel*: Sowohl die Einführung eines Vorgehensmodells als auch der Umstieg von einem zum anderen Prozessmodell stellt immer einen kulturellen Wandel dar, der die üblichen Reibungsverluste nach sich zieht. Dies muss von Anfang an bei der Implementierung berücksichtigt werden, andernfalls werden die Ergebnisse der Prozesseinführung verfälscht betrachtet.

  Kulturwandel

- *Schulungsmaßnahmen*: Mit der Einführung eines Vorgehensmodells sind in der Regel nur wenige Mitarbeiter eines Unternehmens betraut. Diese arbeiten sich auch über den gesamten Einführungsprozess bestens in das neue Modell ein. Auch das Pilotteam

  Schulungsmaßnahmen

erhält mehr oder weniger eine fundierte Einarbeitung. Anders sieht dies jedoch aus, wenn das Vorgehensmodell in der Breite etabliert werden soll: Hier werden auf einen Schlag etliche Mitarbeiter mit einer zum Teil völlig neuen Arbeitsweise konfrontiert. Um bereits im Vorfeld Schwierigkeiten aus dem Weg zu gehen, muss hier ein detaillierter Schulungsplan vorliegen. Mehr zu diesem Thema ist dem nächsten Abschnitt zu entnehmen.

3.7.5
Schulungsmaßnahmen zur Einführung von Vorgehensmodellen

Im letzten Abschnitt wurde bereits auf die Bedeutung einer professionellen Schulung von Mitarbeitern bei der Einführung eines Vorgehensmodells eingegangen. Betrachtet man jedoch die Realität, wird man mit den folgenden Situationen konfrontiert:

Schulungen für das Wasserfallmodell

- *Schulungen für das Wasserfallmodell* sind überflüssig, einerseits ist das Modell von der Ursprungsidee her veraltet und eher schädlich als nützlich, auf der anderen Seite sind die nützlichen und wertvollen Ansätze dieses Modells in den Nachfolgemodellen des Wasserfallsmodells integriert und werden damit anderweitig abgedeckt.

Schulungen für das V-Modell

- *Schulungen für das V-Modell*: Das V-Modell wurde im Auftrag des Verteidigungsministeriums von der IABG mbH entwickelt. Allerdings sind die meisten „Väter" dieses Modells entweder pensioniert oder nicht mehr bei dem Unternehmen beschäftigt. Auch das Verteidigungsministerium macht im Verbund mit dem Innenministerium mehr oder weniger einen Rückzieher und versucht derzeit das V-Modell auf dem offenen Markt zu verkaufen (oder auch zu verschenken, Hauptsache, man ist die Verpflichtungen gegenüber der Rüstungsindustrie los)[11]. Damit sind die potenziellen Anwender dieses Modells auf sich alleine gestellt. Nur wenige Unternehmen auf dem freien Markt bieten dedizierte V-Modell-Schulungen und Einführungskurse an. In Anbetracht der Tatsache, dass dem Bund zur Fortschreibung des V-Modells das Geld ausgegangen ist, steht auch zu befürchten, dass entsprechende begleitende Consulting-Maßnahmen in Zukunft ausbleiben werden.

---

[11] Es ist durchaus realistisch, dass das V-Modell zum Erscheinen dieses Buches nicht mehr im Besitz des Bundes ist.

- *Schulungen für den Rational Unified Process*: Diese Schulungsmaßnahmen stehen im völligen Kontrast zu den oben aufgeführten Schulungsmaßnahmen hinsichtlich des V-Modells. Entscheidender Vorteil des RUP ist es, dass hier ein professionelles Unternehmen als Autor hinter dem Prozess steht, das nicht nur weiß, wovon es redet, sondern auch entsprechende Schulungs- und Fortbildungsmaßnahmen im Angebotsportfolio hat.

Schulungen für
den Rational
Unified Process

3.8
Fazit

Die in diesem Kapitel beschriebenen Vorgehensmodelle haben alle ihre Vor- und Nachteile. Teilweise eigenen sie sich für bestimmte Projekttypen überhaupt nicht, teilweise sind sie ideal für gewisse Projektausprägungen.

Das modernste und von der Handhabung her fortschrittlichste Vorgehensmodell ist sicherlich der Rational Unified Process, für die Zukunft des V-Modells ist eher schwarz zu sehen, da eine Fortschreibung derzeit nicht vorgesehen ist. Das älteste Vorgehensmodell, das in diesem Kapitel vorgestellt wurde – das berühmt berüchtigte Wasserfallmodell –, findet sich in jedem der hier aufgeführten „Nachfolgermodelle" wieder.

Fortschrittlichs-
tes Vorgehens-
modell ist der
Rational Unified
Process

Doch unabhängig von der Auswahl bzw. Entscheidung für ein gewisses Vorgehensmodell – ausschlaggebend ist immer die „Brainforce", die im Unternehmen vorhanden ist. Etwas härter ausgedrückt: Das beste Vorgehensmodell nützt nichts, wenn im Unternehmen untaugliche Mitarbeiter mit der Umsetzung betraut sind. In der Vergangenheit haben viele Unternehmen sich mit der Ausrede zufrieden gegeben, dass man „ja versucht habe" ein Vorgehensmodell einzuführen, dieses „jedoch nicht seine Tauglichkeit unter Beweis gestellt habe": Ein realistischer Blick hinter die Kulissen hätte da ein etwas anderes Ergebnis zu Tage gebracht.

4 Risikomanagement

Gerhard Versteegen

4.1 Einführung

Risikomanagement wird im ganzen Leben betrieben, nicht nur in der Softwareentwicklung. Oder – anders ausgedrückt – Risikomanagement wird im privaten Leben zu sehr und in der Softwareentwicklung zu wenig betrieben. Risiken in der Softwareentwicklung sind heutzutage wesentlich vorhersagbarer und frühzeitig erkennbarer, als das noch vor einigen Jahren der Fall war. Doch trotzdem hat sich Risikomanagement nur bei einigen wenigen Unternehmen als bisher feste Disziplin innerhalb des Software Lifecycles etablieren können.

Die Frage – warum dem so ist – lässt sich relativ leicht beantworten. Risikomanagement ist im direkten Sinne lediglich eine wertschöpfende Qualitätssicherungsmaßnahme – keine gewinnbringende Maßnahmen. Anders ausgedrückt: Risikomanagement kostet Zeit und damit auch Geld – kann ein Projekt ohne Risikomanagement trotzdem erfolgreich durchgeführt werden, spart man diese zeit und das Geld.

Trotzdem wäre es eine falsche Schlussfolgerung, wenn man sagen würde, dass die Risikobereitschaft zur Vermeidung eines professionellen Risikomanagements sich auszahlt. Dafür ist in Softwareentwicklungsprojekten schon viel zu oft viel zu viel schief gelaufen.

In diesem Kapitel soll vorgestellt werden, welche unterschiedlichen Ansätze im Bereich Risikomanagement derzeit auf dem Markt existieren und welche unterschiedlichen Strategien hier verfolgt werden. Ferner wird darauf eingegangen, was Risikomanagement eigentlich ist bzw. welche Inhalte im Risikomanagement zu sehen sind und welche Hilfsmittel zum Risikomanagement bereits existieren.

Risikomanagement ist eine wertschöpfende Qualitätssicherungsmaßnahme

4.2
Grundlagen des Risikomanagements

4.2.1
Einführung

Risikomanagement ist – wie jede andere Vorgehensweise innerhalb des Software Engineeringprozesses auch – eine wohlgeplante und absolut durchorganisierte Vorgehensweise[12]. Die wichtigste Regel im Risikomanagement heißt:

Agieren, und nicht reagieren!

Die Begründung liegt auf der Hand – wenn im Risikomanagement reagiert wird, ist das Risiko bereits eingetreten – wenn im Risikomanagement agiert wird, ist die Wahrscheinlichkeit, das Risiko bereits im Vorfeld zu erkennen und damit auch im Vorfeld auch eliminieren zu können, wesentlich größer.

Die oben beschriebene Regel lässt sich auch simplifizieren:

Die Behebung eines bereits eingetretenen Risikos ist um ein Vielfaches teurer, als das vorausschauende Risikomanagement.

Somit ist eigentlich offensichtlich, dass Risikomanagement einen unmittelbaren Einfluss auf den Projekterfolg hat. Demzufolge muss Risikomanagement auch in der Projektabwicklung sowohl von Kunden- als auch von Lieferantenseite aus den entsprechenden Stellenwert eingeräumt bekommen.

In diesem Abschnitt wird eine Vorgehensweise für das Risikomanagement vorgestellt, die sich bereits in vielen Projekten bewährt hat. Zunächst sollen jedoch die derzeit auf dem Markt gebräuchlichsten Begriffe des Risikomanagements erläutert werden.

4.2.2
Wichtige Begriffe im Risikomanagement

Risikomanagement kann nur dann erfolgreich durchgeführt werden, wenn man sich über die wesentlichen Inhalte bewusst ist. Das fängt an bei der Definition, was eigentlich ein Risiko ist, geht über die Zu-

---

[12] Man spricht auch von ingenieurmäßigem Vorgehen.

ordnung von Zuständigkeiten innerhalb des Risikomanagements und
endet bei klar definierten Artefakten und Aktivitäten innerhalb des
Risikomanagements.

4.2.2.1
Mögliche Risiken in Softwareentwicklungsprojekten

Die sicherlich erst mal spannendste Frage ist, was stellt eigentlich
ein Risiko innerhalb eines Softwareentwicklungsprojektes dar? Dabei lässt sich die Antwort direkt aus dem alltäglichen Leben ableiten.
Was heißt das nun genau? Nichts anderes, als dass es eine Vielzahl
von Risiken gibt! Dies wiederum bedeutet, dass sich ein Projektteam
nicht auf ein oder zwei Risiken einstellen muss, sondern auf eine
nicht vorhersagbare Anzahl von Risiken.

Generell gibt es zwei unterschiedliche Risikotypen, die zum Beispiel im Rational Unified Process voneinander unterschieden werden:

- *Direkte Risiken*: Hierbei handelt es sich um Risiken, die bereits
  direkt zu Projektbeginn offensichtlich sind.

- *Indirekte Risiken*: Diese Art von Risiken treten erst im Projektverlauf auf, sie sind nicht im Vorfeld offensichtlich.

Unterschied zwischen direkten und indirekten Risiken

Ein typisches direktes Risiko ist zum Beispiel dann vorhanden,
wenn bereits schon zu Projektbeginn offensichtlich ist, dass die vorhandene Anzahl an Softwareentwicklern nicht der benötigten Anzahl entspricht. Dieser Risikotyp ist eigentlich unkritisch, da ihm
rechtzeitig (im obigen Beispiel durch die Einstellung neuer Mitarbeiter) entgegengewirkt werden kann.

Hingegen sind die indirekten Risiken wesentlich kritischer, weil
sie eben nicht vorhersagbar sind. Die Erfahrung hat gezeigt, dass die
folgenden indirekten Risiken in Softwareentwicklungsprojekten von
wesentlicher Bedeutung sind:

- *Technologieänderungen*: Werden innerhalb eines Projektes die
  grundlegenden Technologien seitens des Auftraggebers geändert,
  kann dies zu erheblichen Risiken führen. Besonders hier ist festzuhalten, dass je später derartige Technologieänderungen auftreten, desto gravierender sind die Auswirkungen für das aktuell laufende Projekt. In Abschnitt 4.3.2 wird dieser Aspekt näher erläutert.

Technologieänderungen

- *Budgetkürzungen*: Jedes Projekt hat von Anfang an ein gewisses Budget zur Verfügung, man sollte also davon ausgehen, dass zumindest in diesem Bereich keine Risiken zu erwarten sind. Doch spätestens seit dem verheerenden Börsencrash an der NASDAQ im Jahre 2001 sind Budgetkürzungen eine der wesentlichen Projektrisiken. In Abschnitt 4.4 wird ein Ansatz dargestellt, welche Möglichkeiten hinsichtlich des Risikomanagements bestehen, Budgetkürzungen frühzeitig zu erkennen.[13]

- *Mitarbeiterfluktuation*: Spätestens nach dem zuvor bereits erwähnten Börsencrash ist das Thema Mitarbeiterfluktuation wieder aktuell. Die goldenen Handschellen, die Mitarbeiter durch ihre Optionen noch im Jahr 2000 hatten[14], haben sich nach dem Crash in ein Nichts aufgelöst.

- *Änderungen in Anforderungen*: Das Thema Änderungsmanagement wird speziell in Kapitel 10 behandelt.

- *Konkurs des Auftraggebers*: Bei diesem Risiko handelt es sich definitiv um das Ende des Projektes. Hier wird dann auch kein Risikomanagement sondern nur noch Schadensbegrenzung betrieben.

- *Ressourcenproblematiken*: Projektressourcen sind ein typisches Risikopotenzial. Zu unterscheiden sind hierbei vier unterschiedliche Aspekte:

- Zusammensetzung des Projektteams

- Unterstützung durch das Management

- Budgetierung

- Zeitplanung

- Im Abschnitt 4.5 wird explizit auf die Ressourcenproblematik als indirektes Risiko eingegangen.

4.2.2.2
Der Umgang mit Risiken

Beim Umgang mit Risiken tauchen in diesem Buch immer wieder drei Begriffe auf, die im Folgenden näher erläutert werden sollen:

---

[13] Die Eliminierung von Budgetrisiken ist ohnehin nur sehr schwer bis gar nicht möglich!
[14] Konsequenz war, dass zumindest ab dem mittleren Management mehr Geld durch Optionen als durch Gehalt verdient wurde.

- *Risikoidentifizierung*: Bei der Risikoidentifizierung werden Risiken im Vorfeld erkannt bzw. potenzielle Risiken identifiziert. Die Identifizierung alleine ist lediglich eine Aufstellung von möglichen Risiken in Form einer Tabelle, sie bildet die Basis für eine Vorgehensweise, wie diese Risiken vermieden werden können.

- *Risikovermeidung*: Die Risikovermeidung ist eine aktive Vorgehensweise, bei der versucht wird, ein Eintreten der zuvor identifizierten Risiken zu verhindern.

- *Risikoeliminierung*: Bei der Risikoeliminierung ist das Risiko bereits eingetreten und es gilt nun, die Auswirkungen des Risikos zu beseitigen und das Projekt wieder in einen stabilen Zustand zu bringen.

Aus den zuvor beschriebenen drei Begriffen lassen sich direkt drei verschiedene Strategien zum Umgang mit Risiken ableiten:

- *Risikovermeidungsstrategie*: Bei der Risikovermeidungsstrategie wird das Projekt so organisiert, dass es von Risiken nicht beeinflusst werden kann. Diese Strategie erfolgreich einzuschlagen ist sehr schwierig und nahezu ausgeschlossen.

- *Risikoübertragungsstrategie*: Bei der Risikoübertragungsstrategie wird das Projekt so organisiert, dass die Risiken an jemand anderen übertragen werden (an den Kunden, an die Bank, an einen anderen Hersteller usw.). Diese Strategie ist sicherlich sehr bequem, jedoch nicht immer umsetzbar.

- *Risikoakzeptierungsstrategie*: Bei der Risikoakzeptierungsstrategie entscheidet man sich, ob man mit den üblichen Risiken leben kann. Dabei müssen die Risikosymptome kontinuierlich überwacht werden, es muss entschieden werden, was zu tun ist, sobald sich ein Risiko herauskristallisiert.

Bereits aus den beigefügten Kommentaren lässt sich erkennen, dass die 100%-ige Umsetzung einer alleinigen Strategie sich nicht umsetzen lässt. In der Praxis wird immer ein Mix aus allen drei Strategien durchgeführt werden. Es ist jedoch zu empfehlen, dass eine der drei Strategien als Schwerpunkt herausgestellt wird.

So ist für sicherheitskritische (zum Beispiel militärische) Projekte die Risikovermeidungsstrategie einzuschlagen, für Projekte, in denen eine Vielzahl von Auftragnehmern involviert sind, bietet sich die Risikoübertragungsstrategie an und letztendlich bei Projekten, die mehr oder weniger zunächst einen Prototyp darstellen sollen, bietet sich die Risikoakzeptierungsstrategie an.

4.2.3
Rollen im Risikomanagement – Sinn oder Unsinn

Es liegt in der Natur einer Unternehmensphilosophie,[15] dass sobald eine neue Technologie oder eine neue Methode eingeführt wird, sofort die Organisationsstruktur entsprechend modifiziert wird. Es wird versucht, für neue Aufgaben entsprechend neue Stellen zu schaffen – unabhängig davon, ob diese notwendig sind oder nicht. Gerade im Bereich Risikomanagement liegt hier eine kritische Situation vor. Im Prinzip steht jedes Unternehmen dabei vor der Qual der Wahl, eine der folgenden Strategien durchzuführen:

Zwei unterschiedliche Strategien

- Es wird ein entsprechendes Risikomanagementteam eingeführt, zu dessen Aufgaben die komplette Behandlung der Risiken (unabhängig davon, welche Risikostrategie eingeschlagen wird) zählt.

- Alle Mitarbeiter eines Projektes werden in das Risikomanagement integriert, es werden keine dedizierten Stellen oder Rollen für das Risikomanagement geschaffen.

Beide Strategien haben ihre Vor- und Nachteile, in erster Linie abhängig von der Unternehmensphilosophie. Wichtig ist, dass in jedem Softwareentwicklungsteam ein ausgeprägtes Bewusstsein für Risikomanagement entwickelt wird. Jeder Mitarbeiter muss für Risiken sensibilisiert sein. Wird nun ein Risikomanagementteam in das Projektteam integriert, so besteht die Gefahr, dass die übrigen Projektmitarbeiter dies als eine Art Freibrief deuten, sich nicht mehr um Risikomanagement kümmern zu müssen.

Von anderen Projekten profitieren

Auf der anderen Seite hat ein professionelles Risikomanagementteam den Vorteil, über einen großen Erfahrungsschatz zu verfügen, der aus unterschiedlichen Projekten resultiert. Die Wahrscheinlichkeit, Risiken bereits im Vorfeld zu erkennen, ist deutlich größer.

Die Situation ist vergleichbar mit der Entwicklung, die sich im Bereich Softwaretests vollzogen hat (siehe auch Kapitel 7). War vor einigen Jahren das Testen noch wenigen Personen vorbehalten, so führt mittlerweile jedes Projektmitglied seine Tests selbstständig durch.

---

[15] Ist in erster Linie bei deutschen Unternehmen anzutreffen.

4.3
Kernrisiko Technologiewandel

4.3.1
Verschiedene Ursachen

Wie bereits zuvor in diesem Kapitel beschrieben, ist eins der wesentlichen Risiken für ein Softwareprojekt ein Technologiewandel. Generell sind dabei die folgenden Möglichkeiten für einen Technologiewandel zu unterscheiden:

- Der Kunde ändert seine Technologie
- Der Auftragnehmer ändert seine Technologie
- Der Anbieter für die im bisherigen Projektverlauf eingesetzte Technologie verschwindet vom Markt, ändert seine Technologie oder bringt eine neue – mit der bisherigen Technologie nicht mehr kompatible Technologie – auf den Markt.

Möglichkeiten für einen Technologiewandel

Im Folgenden sollen die jeweiligen Auswirkungen für das Risikomanagement näher erläutert werden.

4.3.2
Technologiewechsel beim Kunden

4.3.2.1
Einführung

Ein Technologiewandel beim Kunden ist ein Risiko mit sehr hoher Tragweite. In den meisten Fällen führt es dazu, dass das laufende Projekt unmittelbar betroffen ist. Je nach Projektfortschritt kann es sogar zu einem Projektabbruch führen. Ist dieses Risiko absehbar, so ist sofort der Projektleiter gefordert. Zu unterscheiden sind hier zwei unterschiedliche Situationen, die im Folgenden besprochen werden sollen:

- Der Technologiewechsel ist bereits beschlossene Sache
- Der Technologiewechsel ist in der Planungsphase

Zwei Technologiewechsel

Je nachdem, auf welche Situation der Projektleiter trifft, hat er unterschiedliche Möglichkeiten, zu reagieren.

4.3.2.2
Technologiewechsel steht fest

Hier geht es dann eigentlich nicht mehr darum den Kunden von dem Technologiewechsel abzubringen, da die Entscheidung schon getroffen wurde. Oder anders ausgedrückt: Das Kind ist bereits in den Brunnen gefallen! Hier hat der Auftragnehmer offensichtlich versäumt, die Tendenzen eines Technologiewechsels beim Kunden frühzeitig festzustellen.

Nur noch Schadensbegrenzung

Daher kann es in diesem Fall eigentlich nur noch um Schadensbegrenzung für das laufende Projekt gehen. Sind die Technologien vertraglich festgehalten, hat der Projektleiter noch eine Chance, die dem Auftragnehmer entstehenden Zusatzaufwendungen bezahlt zu bekommen. Hier ist entscheidend, in welchem Stadium sich das Projekt befindet, ist man noch mit der Modellierung beschäftigt, stellt sich das Problem wesentlich geringer dar, als wenn man schon in der Implementierungsphase ist.

4.3.2.3
Technologiewechsel ist beabsichtigt

Erkennt der Projektleiter oder ein Mitarbeiter des Projektteams frühzeitig Tendenzen, dass der Auftraggeber die Technologie ändern will, so sind die Aussichten schon wesentlich besser. Hier kann der Projektleiter die folgenden Möglichkeiten nutzen:

Unterschiedliche Möglichkeiten für den Projektleiter

- Er kann darauf bestehen, dass er in die Entscheidung zumindest insoweit involviert wird, dass die Fertigstellung seines Projektes im gesteckten Budget- und Zeitrahmen bleibt.

- Er kann das laufende Projekt stoppen und warten, welche Entscheidung seitens des Auftraggebers getroffen wird.

- Er kann mit dem Auftraggeber vertraglich festhalten, dass durch die Entscheidung bedingte Zusatzkosten erstattet werden.

Voraussetzung dabei ist jedoch, dass der Projektleiter dem Auftraggeber schlüssig nachweisen kann, welche Auswirkungen ein Technologiewandel hat und was zum jeweiligen Projektzeitpunkt möglich ist und was nicht.

4.3.3
Technologiewandel beim Auftragnehmer

Technologiewandel beim Auftragnehmer bedeutet nichts anderes, als dass man selber davon überzeugt ist, dass mit der im bisherigen Projektverlauf eingesetzten Technologie das Projektziel nicht erreicht werden kann. Hierbei handelt es sich jedoch um ein Risiko, das man selber in der Hand hat.

Ziel muss es sein, dass der Auftraggeber mit dem Technologiewechsel ebenfalls einverstanden ist. Eventuell anfallende Zusatzkosten trägt der Auftragnehmer. Die folgende Auflistung stellt dar, wann ein Technologiewandel beim Auftragnehmer vorkommen kann:

- Das gesamte Unternehmen entschließt sich zu einem Technologiewandel – hier sieht es für den Projektleiter schlecht aus, wenn er sein Projekt trotzdem mit der alten Technologie fortführen will.

- Nur das Projekt entschließt sich zu einem Technologiewechsel. Hier hat der Projektleiter seine Gründe dies zu entscheiden und somit stellt diese Situation eigentlich kein Risiko dar.

Verschiedene
Ursachen

4.3.4
Eine Technologie verschwindet vom Markt

Dass die IT-Branche einem ständigen Wandel unterliegt, dürfte hinreichend bekannt sein. Dieser Wandel beinhaltet zwar auf der einen Seite, dass immer wieder neue (bessere) Technologien auf den Markt kommen, auf der anderen Seite aber bisherige Technologien vom Markt verschwinden.

Verschwindet eine Technologie vom Markt, bedeutet dies aber noch nicht, dass das laufende Projekt umgestellt werden muss. Schließlich ist die Technologie ja nicht „physikalisch" weg vom Markt, sie kommt lediglich nicht mehr zum Einsatz. Der Projektleiter kann also durchaus sein Projekt noch mit der bisherigen Technologie sein Projekt zu Ende führen.

Trotzdem mit
der Technologie
weiterarbeiten

Als Beispiel wäre anzuführen, dass ein Auftragnehmer mit einem bestimmten Produkt X das Projekt abwickelt, nun wird aber Produkt X vom Markt genommen wird. Trotzdem hat der Projektleiter die Möglichkeit, mit diesem Produkt sein Projekt zu beenden.

Problematisch wird es nur, wenn das Projekt noch eine längere Laufzeit hat, da Produkt X weder weiter gepflegt wird noch eine Supportunterstützung bzw. Hotline existiert. Daher empfiehlt sich eine solche Vorgehensweise nur, wenn man das Produkt sehr gut kennt.

4.3.5
Generelle Lösungsmöglichkeiten bei einem Technologiewechsel

In Kapitel 5 wird darauf eingegangen, inwieweit eine generelle Möglichkeit besteht, einen Technologiewechsel im laufenden Projekt von den Auswirkungen her einzugrenzen. Das Lösungswort heißt: Model Driven Architecture. Hierbei handelt es sich um eine Standardisierungsinitiative der OMG, die bis zu einem gewissen Grad eine technologieunabhängige Softwareentwicklung sicherstellen soll.

Model Driven Architecture als Lösung

4.3.6
Fazit

Technologiewandel – unabhängig wo er stattfindet – ist immer ein großes Problem. Die besten Möglichkeiten bestehen, wenn seitens des Auftragnehmers der Technologiewechsel frühzeitig erkannt wird. Es ist jedoch sehr schwierig, in der heutigen Zeit Technologiewechsel vorauszusehen.

4.4
Kernrisiko Budgetproblematiken

4.4.1
Einführung

Das größte Risiko für ein Projekt entsteht, wenn dem Kunden das für dieses Projekt bereitgestellte Budget ausgeht. Dies kann unterschiedliche Gründe haben, die im Folgenden dargestellt werden sollen:

Unterschiedliche Gründe für Budgetproblematiken

- Das Projekt hat intern an Bedeutung verloren, andere Projekte sind in den Vordergrund gerückt. Somit sind Budgetverschiebungen aufgetreten.

- Das Projekt ist teurer geworden als zunächst budgetiert. Dies kann zwei Ursachen haben:

- Der Auftragnehmer selber ist erheblich teurer geworden (es war kein Festpreis vereinbart)

- Ein anderer Lieferant ist teurer geworden (zum Beispiel ein Hardwarelieferant)

- Beide Situationen haben die gleiche negative Auswirkung, es steht kein weiteres Geld zur Verfügung.

- Das gesamte Unternehmen befindet sich finanziell in Nöten, daher ist auch dieses Projekt betroffen.

- Innerhalb des Projektes musste eine geplante Investition vorgezogen werden, daher stehen für einen gewissen Zeitraum keine weiteren Finanzmittel zur Verfügung.

4.4.2
Unterschiedliche Projektbudgets

Für den Projektleiter bedeuten alle oben aufgeführten Szenarien eine ungemütliche Situation: Er muss versuchen, offene Rechnungen bezahlt zu bekommen, oder sofort alle weiteren Tätigkeiten an dem Projekt einstellen.

Doch gibt es in jedem Unternehmen unterschiedliche Budgets, hier besteht eine Möglichkeit, dass Verschiebungen vorgenommen werden. Trotzdem ist es mehr oder weniger aussichtslos, dass das Projekt reibungslos fortgesetzt wird. Ein Aufschub könnte eine Möglichkeit darstellen, wenn der Kunde zum Beispiel Investitionen vorziehen musste und nachweislich im nächsten Quartal wieder ausreichend Finanzmittel zur Verfügung stehen.

Projekt leidet
auf alle Fälle

Für den Kunden bedeutet eine Verschiebung von einem zum anderen Budget lediglich eine Verlagerung des Problems von einem zum anderen Lieferanten. Hier gilt meist die Regel, dass der, der am lautesten schreit, die besten Karten hat.

4.5
Kernrisiko Ressourcenproblematiken

4.5.1
Einführung

Ressourcenproblematiken gehören zu den potenziellen indirekten Risiken eines Softwareentwicklungsprojektes. Wie bereits zuvor angedeutet, existieren vier relevante Bereiche, die unter Ressourcenproblematiken summiert werden und auf die im Folgenden näher eingegangen werden soll.

4.5.2
Zusammensetzung des Projektteams

Wie halte ich mein Team zusammen? Eine Frage, die sich jedem Projektleiter innerhalb seines Projektes etliche Male stellt. Dabei hat er zu dem Zeitpunkt, wo er sich diese Frage zum ersten Mal stellt, bereits eine sehr wichtige Frage beantwortet bzw. gelöst – wie setzte ich mein Team zusammen?

Jeder Projektleiter – sofern er das nicht zum ersten Mal ist – hat eine gewisse Liste von Wunschkandidaten, mit denen er bereits erfolgreich Projekte abgewickelt hat. Nur sitzen die nicht den ganzen Tag rum und warten, bis der Projektleiter wieder ein neues Projekt hat, sondern sind in anderen Projekten im Einsatz.

4.5.3
Unterstützung durch das Management

„Wenn ich Herrn Mayer im Projektteam haben will, dann kriege ich ihn auch. Nächste Woche beim Golf mache ich das schon mit der GF klar." Glücklich sei der Projektleiter, der über solche Beziehungen sein Team zusammenhalten oder ausbauen kann.

In der Realität sieht dies jedoch meist nicht so aus. Schon bei der Projektteamzusammensetzung liegt das erste Risiko. So wurde die Planung, auf deren Basis das Angebot erstellt und kalkuliert wurde, unter Voraussetzungen vorgenommen, die sich nicht zwangsweise dann auch ergeben. So sind die damals vielleicht noch freien Spitzenkräfte mittlerweile in anderen Projekten involviert und stehen bei der Zuschlagserteilung nicht mehr bereit. Das Projektteam muss also (zumindest übergangsweise) mit anderen Mitarbeitern besetzt werden, die nicht über die Qualifikationen der Wunschkandidaten verfügen.

Aber auch während des Projektverlaufes ist das Team noch lange nicht in Stein gemeißelt. Hier muss das Management hinter dem Projektleiter stehen, wenn plötzlich in seinem Team von anderen Projektleitern, die vielleicht sogar ein besonders interessantes Projekt anbieten, „gewildert" wird.

Die dritte Gefahr ist darin zu sehen, wenn das Projekt seitens des Managements unterbewertet wird. So ist es ein erhebliches Risiko für ein Projekt, wenn die beiden folgenden Bedingungen eintreffen:

- Das Projekt hat eine Größenordnung, wo ein Scheitern sich signifikant auf das Unternehmensergebnis auswirken würde.

- Die Unternehmensleitung sieht in dem Projekt kein strategisches für den Unternehmenserfolg wichtiges Projekt und steht nicht dahinter.

Eine derartige Konstellation kann funktionieren, sofern das Projekt gut läuft, sobald jedoch erste Schwierigkeiten auftreten und zum Beispiel vom Projektleiter zusätzliche Ressourcen beantragt und nicht genehmigt werden, gerät das Projekt in Gefahr.

4.5.4
Budgetierung

Angenommen das vorliegende Projekt hat eine Laufzeit von 2 Jahren. In 2 Jahren passiert viel – Mitarbeiter wandern ab, andere Mitarbeiter setzen signifikante Gehaltserhöhungen durch, Schulungen neuer Projektmitarbeiter werden erforderlich, neue Software wird benötigt usw. Alles Aspekte, die einen deutlichen Einfluss auf das Projektbudget haben und nicht 100%ig zwei Jahre im Voraus planbar sind.

Der Projektleiter kann sich hier eigentlich nur auf seine Erfahrungswerte verlassen. Eine größere Fluktuation von Mitarbeitern – zum Beispiel ausgelöst durch Gehaltseinfrierungen – kann er jedoch unmöglich vorhersehen. Die Konsequenz ist klar: Das einmal geplante Projektbudget muss überarbeitet werden.

Sicherlich ist das Risiko von derartigen Fluktuationen nicht besonders groß, zumal das Unternehmen ja letztendlich es selbst in der Hand hat, derartige Fluktuationen zu vermeiden. Tritt es jedoch ein, ist der Projektleiter nahezu machtlos – das Budget wird unweigerlich

2-Jahreszeitraum ist nur schwer planbar

überzogen. Somit birgt eine langfristige Budgetierung eines Projektes ohne ein entsprechendes Sicherheitspolster immer ein Risiko.

4.5.5
Zeitplanung

4.5.5.1
Einführung

Der letzte Bereich, der unter dem Aspekt Ressourcenproblematiken verstanden wird, ist die Zeitplanung. Diese wird in den meisten Projekten nicht nach eigenen – an den vorhandenen Ressourcen orientierten – Schätzungen vorgenommen, sondern vielmehr vom Kunden vorgegeben. Um den Zuschlag für das Projekt zu erhalten, lässt sich der Auftragnehmer notgedrungen auf diesen Zeitdruck ein.

4.5.5.2
Erste Probleme

Am Anfang eines Projektes macht sich der durch diesen Zeitdruck entstehende Einfluss auf die Gesamtprojektlaufzeit noch nicht so bemerkbar. Erste Probleme treten dann auf, wenn der erste Meilenstein einer Iteration näher rückt. Hier zeigt sich, wie gut der Projektleiter sein Projekt unter den Vorgaben des Auftraggebers geplant hat. Wird der Projektzeitplan einmal überschritten, so ist er ein ständiges Risiko für das Projekt, bis man wieder einen aktuellen Status erreicht hat.

Dieser kann auf unterschiedliche Art und Weise erzielt werden, angefangen von der Verlagerung gewisser Funktionalitäten in eine spätere Iteration, über die verstärkte Nutzung von bis dahin aus anderen Projekten fertig gestellter Komponenten bis hin zur kurzfristigen Aufstockung des Projektteams.

Die Verlagerung von Funktionalitäten in eine spätere Iteration stellt dabei das größte Risiko dar, wird aber erstaunlicher Weise am häufigsten vorgenommen – besonders in der Hoffnung, dass im Laufe der Zeit entweder eine entsprechende Komponente im Unternehmen entstanden ist, die dann genutzt werden kann, oder der Kunde Änderungswünsche eingebracht hat, die genau diese Funktionalität betreffen.[16]

---

[16] Da muss man jedoch schon sehr viel Glück haben und die Erfahrung hat gezeigt, dass immer die Funktionalitäten von Änderungswün-

Generell ist bei einem Softwareentwicklungsprojekt immer zu unterscheiden, ob eine Individualsoftware im Kundenauftrag oder ein globales Produkt entwickelt werden soll, das als Standardsoftware auf dem Markt vertrieben werden soll.

Dies betrifft vor allem die indirekten Risiken. So ist der Projektzeitplan, der im vorherigen Abschnitt bereits als indirektes Risiko identifiziert wurde, hier ein wesentlich größeres Risiko. Kommt zum Beispiel während der Entwicklungszeit bereits ein Wettbewerber mit einem vergleichbaren Standardprodukt auf den Markt, besteht die Gefahr, dass aus dem indirekten Risiko ein elementares Risiko wird.

Individualsoftware oder Standardsoftware

4.6
Hilfsmittel für das Risikomanagement

4.6.1
Einführung

Um ein professionelles Risikomanagement durchführen zu können, ist eine entsprechende Werkzeugunterstützung notwendig. In diesem Bereich haben sich zwei sich gegenseitig ergänzende Hilfsmittel etablieren können:

Zwei sich gegenseitig ergänzende Hilfsmittel

* Die Risikoliste [Kru1999]
* Die Risikomatrix [Ver2000]

Im Folgenden sollen diese beiden Hilfsmittel näher betrachtet werden.

4.6.2
Die Risikoliste

Die Risikoliste ist ein Artefakt des Rational Unified Process (siehe auch Kapitel 3). Sie ist das Resultat einer Aktivität, die im frühen Stadium eines Projektes durchgeführt wird: Die Identifizierung von Risiken. Jedes Risiko wird dabei in einer Risikoliste festgehalten.

---

schen betroffen sind, die man schon entwickelt und geistig abgehakt hat.

Der Grundgedanke einer Risikoliste ist, dass hier auf der einen Seite alle erkennbaren Risiken festgehalten werden, andererseits aber auch zu einem sehr frühen Zeitpunkt überlegt wird, wie diesen Risiken entgegengetreten werden kann. Es wird also nicht gewartet, bis das Risiko eintritt und zu einer wirklichen Gefahr für das Projekt wird, vielmehr wird sehr früh eine Strategie entwickelt, wie das Risiko vermieden werden kann bzw. welche Schritte einzuleiten sind, wenn das Risiko eintritt.

Eine Risikoliste kann in Form einer einfachen Excel-Liste geführt oder aber auch als Datenbank gehalten werden. Ausschlaggebend dafür sind die folgenden Parameter:

- Größe des Projektes

- Kritikalität des Projektes

- Bereits im Vorfeld bekannte Risiken des Projektes

- Bedeutung des Projektes für das Unternehmen

Sieht man die Risikoliste als Entität eines Datenbankschemas an, so sind der Phantasie des Projektmanagers keine Grenzen gesetzt, was die Definition der zugehörigen Attribute betrifft. Die folgenden Attribute sollten jedoch in jeder Risikoliste aufgeführt werden:

- Datum des Eintrags

- Autor

- Beschreibung des Risikos

- Auswirkungen des Risikos

- Wahrscheinlichkeit, mit der das Risiko eintritt

- Artefakte, die von dem Risiko betroffen sind

- Maßnahmen zur Begrenzung des Risikos

- Maßnahmen zur Eliminierung des Risikos

- Kosten der Begrenzung

- Kosten der Eliminierung

- Verantwortlicher Projektmitarbeiter

- Status des Risikos (offen, in Bearbeitung, reduziert, eliminiert)

Natürlich ist eine derartige Risikoliste kein starres Gebilde, das einmal zu Projektanfang erstellt wird, vielmehr wird diese Risikoliste kontinuierlich überarbeitet. Ein wesentlicher Aspekt dieser Bearbeitung ist die Hinzufügung neuer Risiken, die erst im Verlauf späterer Iterationen erkannt werden. Aber genauso wichtig ist die Pflege der bereits in der Liste aufgeführten Risiken.

Die Risikoliste ist für den Projektleiter ein wesentliches Instrument zur Messung des Projektes. Je fortgeschrittener der Projektverlauf ist, desto geringer sollte die Anzahl der noch offenen Risiken innerhalb der Liste sein.

4.6.3
Die Risikomatrix

Die Risikomatrix ist eine Artefakt, das nicht im Rational Unified Process auftaucht. Es kann als Ergänzung des Rational Unified Process angesehen werden und dient in erster Linie dazu, dass der Projektleiter am Anfang des Projektes erkennen kann, worauf er sich eigentlich einlässt. Im laufenden Projektfortschritt ist die Risikomatrix dann eine Art Entscheidungskriterium dafür, was zu tun ist, wenn ein bestimmtes Risiko eingetreten ist.

Die Risikomatrix besteht in erster Linie aus so genannten Risikoklassen. Dabei handelt es sich um maximal 6 Klassen, die Angaben über die Schwere eines Risikos geben, sie sagen nichts über das Risiko selbst aus, sie beschreiben lediglich die Auswirkungen eines beliebigen Risikos. Im Folgenden soll ein Beispiel dazu gegeben werden:

- Risikoklasse A: Abbruch des Projektes

- Risikoklasse B: Überschreitung des Projektbudgets um 50%

- Risikoklasse C: Signifikante Überschreitung des Projektbudgets

- Risikoklasse D: Erheblicher Mehraufwand innerhalb einer Iteration

- Risikoklasse E: Geringfügiger Mehraufwand innerhalb einer Iteration

Je nach Projektgröße und Projektart variieren die Beschreibungen der einzelnen Risikoklassen. Allgemein gilt jedoch, dass die Anzahl begrenzt sein soll, damit die Risikomatrix übersichtlich bleibt.

Der nächste Schritt sieht die Ansammlung aller zum jeweiligen Zeitpunkt erdenklichen Risiken vor. Hier wird also das Artefakt der Risikoliste hinzugezogen. Spannend wird es, wenn nun diese einzelnen Risiken analysiert und dabei den Risikoklassen zugeordnet werden. Dabei sollte jedoch nicht zu pessimistisch vorgegangen werden.

Nur in den seltensten Fällen existieren Risiken, die direkt zum Projektabbruch führen (zum Beispiel Konkurs des Auftraggebers).

Sind alle Risiken zugeordnet, wird damit begonnen, diesen Risiken Risikowahrscheinlichkeitsklassen zuzuordnen. Unter Risikowahrscheinlichkeitsklassen versteht man eine Bewertung hinsichtlich der Wahrscheinlichkeit ihres Eintretens. Hier wird nicht mit Prozentzahlen gearbeitet, da diese gar nicht angegeben werden können, sondern bewusst mit abstrakten Klassen. Üblich sind die folgenden Risikowahrscheinlichkeitsklassen:

- 1:   Eintreten des Risikos ist durchaus wahrscheinlich
- 2:   Eintreten des Risikos ist möglich
- 3:   Eintreten des Risikos ist bedingt möglich
- 4:   Eintreten des Risikos ist unwahrscheinlich
- 5:   Eintreten des Risikos ist nahezu ausgeschlossen

Bereits zu diesem Zeitpunkt gibt die Risikomatrix entscheidende Hinweise für das Projektmanagement. Es gelten die folgenden Faustregeln:

- Existiert bereits zum jetzigen Zeitpunkt ein Risiko mit der Wahrscheinlichkeitsklasse 1 oder 2 in der Risikoklasse A, sollte ernsthaft überlegt werden, ob mit dem Projekt begonnen werden soll. Handelt es sich zudem um ein unternehmenskritisches Projekt[17], so sollte von der Durchführung des Projektes Abstand genommen werden.

- Liegen in der Risikoklasse B mehr als 2 Risiken mit einer Wahrscheinlichkeitsklasse 2 oder 1 vor, so ist das Projekt neu zu kalkulieren, sofern es schon kalkuliert war. Andernfalls ist ein erheblicher Sicherheitszuschlag auf das Projektbudget vorzunehmen. Des Weiteren muss ein separat ausgewiesenes Budget für das Risikomanagement bereitgestellt werden und ein zusätzlicher Worker, Risikomanager, im Projekt vorgesehen werden.

Der letzte Schritt beim Erstellen der Risikomatrix sieht vor, dass alle Wahrscheinlichkeiten der jeweiligen Risiken der einzelnen Risikoklassen miteinander addiert und dann durch die Anzahl der Risiken dividiert werden. (Es wird also der Durchschnittswert errechnet, der

---

[17] Unter einem unternehmenskritischen Projekt wird hier ein Projekt verstanden, dessen Erfolg oder Misserfolg entscheidenden Einfluss auf den wirtschaftlichen Fortbestand des Unternehmens hat.

dann für die gesamte Risikoklasse gilt.) Auf Basis dieser Risikomatrix können dann die geeigneten Gegenmaßnahmen überlegt werden. Natürlich muss auch die Risikomatrix ebenso wie die Risikoliste nach jeder Iteration überarbeitet werden. Da jede Iteration mit einem Meilenstein abgeschlossen wird, ist dieser Meilenstein auch der prädestinierte Zeitpunkt, um die Risikoliste und die Risikomatrix zu überarbeiten. Generell sollte bei größeren Projekten darauf geachtet werden, dass sowohl Risikoliste als auch Risikomatrix dem Konfigurationsmanagement unterworfen werden. Nur so kann sichergestellt werden, dass jederzeit auf einen vorherigen Projektzustand zurückgegriffen werden kann. Dies ist besonders dann wichtig, wenn der Projektmanager sich für die Strategie der Risikoakzeptierung entschlossen hat.

4.7
Fazit

Risikomanagement gehört mittlerweile zu den wichtigsten Prozessen innerhalb der Softwareentwicklung. Da Risikomanagement bzw. der Erfolg von Risikomanagement jedoch finanziell nicht messbar ist, wird viel zu oft darauf verzichtet. Tritt jedoch ein Risiko ein, ist das Geschrei meist groß. Dies hat dann zumindest den Vorteil, dass man für das nächste Projekt etwas gelernt hat.

Manchmal kann es auch sinnvoll sein, auf externe Unterstützung beim Risikomanagement zurückzugreifen, dies ist besonders bei einem Projekt zu empfehlen, in dem potenzielle Risiken schon in der Angebotsphase offensichtlich werden.

5 Plattformunabhängige Software-entwicklung

Richard Hubert

5.1
Einführung

Heutzutage ist in der IT-Branche nur noch eins sicher – dass sich alles ändert! Auch wenn diese Feststellung recht provokant klingen mag, aber betrachtet man den Technologiefortschritt der letzten Jahre, so wird man feststellen, dass die Halbwertzeit einer neuen Technologie maximal drei Jahre betragen hat. Danach wurde sie entweder grundlegend erneuert oder durch eine andere Technologie abgelöst.

Für die Softwareentwicklung ist dies natürlich ein ständiges Damoklesschwert – letztendlich stellt sich die Situation wie folgt dar: Während der gesamten Projektlaufzeit arbeitet man mit der neuesten Technologie, doch kurz vor dem Deployment ändert sich diese grundlegend.

Dieses Kapitel stellt vor, wie eine solche Situation vermieden werden kann bzw. zumindest von ihren Auswirkungen her in den Griff zu bekommen ist.

Alles ändert sich

Ständiges Damoklesschwert

5.2
Model Driven Architecture

5.2.1
Einführung

Der Geschäftsprozess des Abschlusses einer Lebensversicherung ist über Jahre hinweg nahezu unverändert geblieben. Allenfalls die

Übertragungswege des Abschlusses haben sich verändert, zum Beispiel über Internet oder WAP. Hingegen unterlagen die Softwareapplikationen, die diesen Prozess unterstützten, einem ständigen Wandel. Wie wurde bisher vorgegangen?

Business-Modellierung und Anforderungsanalyse erfolgen noch unabhängig von der Zielplattform. Das entstehende Modell abstrahiert bewusst von den Details einer informationstechnischen Umsetzung – es ist plattformunabhängig in Bezug auf IT-Architektur, -Technologie, -Design und -Implementierung. Ein solches Fachmodell beschreibt den Diskursbereich mit einem Detaillierungsgrad, der der Aufnahme fachlicher Anforderungen angemessen ist. Das Modell besitzt einen noch geringen Formalisierungsgrad und einen hohen Anteil an natürlichsprachlichen Beschreibungen.

Der Übergang von der Analyse- in die Designphase bringt in der üblichen Vorgehensweise einen Bruch im Softwareentwicklungsprozess mit sich. Ein Designmodell muss den Gegebenheiten der Unternehmens-IT Rechnung tragen, begonnen bei eingeführten Softwareentwicklungsparadigmen bis hin zu eingeführten Hard- und Softwareplattformen. Das Design einer Softwareanwendung wird als Übertragung eines Fachmodells in die IT-Domäne aufgefasst. Die Regeln für diese Übertragung werden selten formalisiert oder dokumentiert. Als Ergebnis der Designphase findet man ein Modell des fachlichen Diskursbereichs, das das gestellte Problem spezifisch für die aktuell gegebene Unternehmens-IT löst. Bei Änderungen in der Unternehmens-IT und dem resultierenden Nachziehen von Softwareanwendungen müssen alle Designentscheidungen nachvollzogen und auf die neuen Gegebenheiten übertragen werden. Das fällt in der gegenwärtigen Praxis der Softwareentwicklung oft genug recht schwer und ist mit hohem Aufwand an Zeit und Kosten verbunden.

Wir wollen hier nicht eine Reglementierung von Architekten und Designern heraufbeschwören. Designentscheidungen sind kreative und freie Entscheidungen. Diese Entscheidungen sollten jedoch auf ihr Wiederverwendungspotenzial untersucht und entsprechend dokumentiert werden. Im Folgenden soll skizziert werden, wie ein konsequent modellgetriebener Softwareentwicklungsansatz helfen kann, Best Practices festzuhalten und die Softwareentwicklung effektiver und zugleich kreativer zu gestalten.

5.2.2
Ansatz der OMG

Modellgetriebene Softwareentwicklung baut keinen neuen Hype in
der Softwarebranche auf. Modellierung und Generierung auf verschiedenen Ebenen gehören seit einigen Jahren zu den akzeptierten
Vorgehensweisen der Branche. Seit einigen Monaten nimmt sich die
Object Management Group (OMG) dieser Thematik an und hat mit
der Model Driven Architecture (MDA) eine Standardisierungsinitiative gegründet.

ihren guten Ruf in der Softwarebranche hat sich die OMG mit der
Spezifikation der Object Management Architecture (OMA) und der
Common Object Request Broker Architecture (CORBA) erarbeitet.
CORBA adressiert die Interoperabilität von Softwaresystemen auf
der Design- und Laufzeitebene, unabhängig von Hard- und Softwareplattformen, von Programmiersprachen und Lokationen. Mit
MDA soll es nun möglich werden, die Entwicklung von Software
auf allen Ebenen interoperabel zu gestalten. Ähnlich, wie CORBA
eine gemeinsame Sprache für Objekte anbietet, soll MDA sicherstellen, dass Modelle miteinander kommunizieren können – oder realistischer: ineinander überführt und zielgerichtet verfeinert werden
können.

Eine zentrale Rolle nehmen dabei die Begriffe Platform-Independent
Model (PIM) und Platform-Specific Model (PSM) ein. Ein PIM ist
ein Modell, das von seinen möglichen Umsetzungen auf IT-
Plattformen abstrahiert. Ein PSM ist ein Modell, das sich durch
plattformspezifische Informationsanreicherung und -abbildung aus
einem PIM ergibt. Der Plattformbegriff selbst hängt dabei vom betrachteten Abstraktionsniveau ab. So ist UML sicher eine IT-
Plattform für ein weitgehend informal und natürlichsprachlich for-
muliertes Fachmodell. Ebenso ist Java2 Enterprise Edition eine IT-
Plattform für ein Designmodell, das in Begriffen wie Komponente,
Klasse und Assoziation formuliert ist.

Der Clou bei MDA besteht darin, dass ein absolut plattformunab-
hängiges Fachmodell (PIM) schrittweise in eine Menge von Modellen verfeinert wird, die spezifisch für die angestrebten Implementie-
rungsplattformen sind (PSMs). Diese PSMs lassen sich dann in einem automatisierten Übersetzungsschritt in ausführbaren Code oder
erforderliche Konfigurationsdateien überführen. Wesentlich ist dabei, dass alle Designentscheidungen in Modellen dokumentiert sind
– jede Entscheidung in dem Modell, das dem Abstraktionsniveau der
Entscheidung entspricht. Soll nun die Implementierungsplattform für
ein Softwaresystem gewechselt werden, müssen nicht alle Designentscheidungen neu getroffen werden. Die Entscheidungen, die glei-

chermaßen für die alte und die neue Implementierungsplattform gelten, bleiben erhalten.

Die MDA-Vision honoriert also die Verlagerung von Spezifikation in frühe Phasen des Softwareentwicklungsprozesses. Sie verspricht dagegen kein „model once – run anywhere". Der Designprozess ist und bleibt ein kreativer Prozess. Es ist sicher möglich, mittels Executable UML Modelle so vollständig zu spezifizieren, dass eine automatisierte Abbildung auf ausführbare IT-Plattformen möglich ist. Das Anderssein von MDA manifestiert sich darin, dass nun wesentlich mehr die Entwicklung der Abbildungsvorschrift von plattformunabhängigen Modellen auf plattformspezifische Modelle Gegenstand der Designerarbeit sein kann, nicht mehr nur das Nachziehen und Recodieren von Quellcode anhand von unvollständigen Spezifikationen. Für das Unternehmen ergibt sich offensichtlich ein Gewinn an Effizienz, Reproduzierbarkeit und – als „soft factor" – an Mitarbeitermotivation. Migrationsaufgaben werden weniger monoton. Was MDA verspricht, ist „solve once – generate everywhere". Wer will schon ein neu entdecktes Pattern quer durch die Codebasis nachziehen?

Ein wesentliches Ziel von MDA ist dabei, Technologien wie zum Beispiel:

- CORBA,

- J2EE,

- XML und

- .NET

zu nutzen, um die Portabilität von Software auf unterschiedliche Plattformen zu unterstützen. Grundvoraussetzung dafür ist natürlich ein modellgetriebener Ansatz. Unter einem Modell wird in diesem Kontext die Repräsentation eines Teils einer Funktion oder einer Struktur oder des Verhaltens eines Systems verstanden. MDA separiert nun einige Schlüsselmodelle und überführt diese in eine konsistente Struktur. Wie die in einem PIM spezifizierte Funktionalität später umgesetzt wird, wird in einem plattform-spezifischen Weg im PSM definiert. Das PSM wird aus dem PIM anhand vorgegebener Transformationsschritte abgeleitet. Um die Transformationsschritte reproduzieren zu können, wird das PIM mit plattformspezifischen Informationen angereichert. Diese Annotationen führen nicht dazu, dass das PIM plattformspezifisch wird. Wie oben gesagt, ist der Design- oder Verfeinerungsprozess kreativ. Annotationen nehmen die Entscheidungen auf, die ein Designer während der Überführung eines PIM in ein PSM getroffen hat. In einem iterativen Softwareentwicklungsprozess gestatten Annotationen die Reproduzierbarkeit zuvor getroffener Designentscheidungen.

5.2.3
Modellmapping

Ein zentrales Element von MDA ist die Überführung eines Modells in andere Modelle („Mapping"). Ein solches Mapping erfolgt nicht willkürlich, es unterliegt vielmehr festgelegten Regeln („Mapping Technique"). Ebenso wie Annotationen dienen auch Mappingtechniken dazu, Best Practices auf die Modellebene zu heben.

Betrachten wir zum Beispiel eine Mappingtechnik, die beschreibt, wie Fachmodelle in J2EE-spezifische Designmodelle überführt werden. In einem solchen Fachmodell können beispielsweise die Begriffe „Konto" und „Überweisung" enthalten sein. Für „Konto" wurde annotiert, dass seine Ausprägungen persistent und durchsuchbar sein sollen. Eine „Überweisung" soll transient für die Dauer einer Nutzersitzung verfügbar sein. Mit Hilfe der Mappingtechnik würde der Fachbegriff „Konto" auf eine Entity Bean und der Fachbegriff „Überweisung" auf eine Stateful Session Bean abgebildet werden. Da die Annotationen nicht spezifisch für die J2EE-Plattform sind, können auch Mappingtechniken für andere Zielplattformen angegeben werden, die die annotierten Eigenschaften dort umsetzen.

Das Beispiel illustriert die Möglichkeiten einer verfeinernden Mappingtechnik. MDA sieht insgesamt vier Arten von Mappings und damit auch von Mappingtechniken vor:

- *Von PIM zu PIM* (zwischen verschiedenen ‚Business Viewpoints'): Der Modellierer wechselt dabei nicht das Abstraktionsniveau. Die adressierten Viewpoints sind zum großen Teil orthogonal, z.B. Komponentenstruktur eines Systems und Sicherheitsmodell.

- *Von PIM zu PSM* (die Verfeinerung des Modells bis zur lauffähigen Anwendung): Der Modellierer verfeinert das Modell in Richtung der Zielplattform, z.B. von einem IT-Komponentenmodell auf ein J2EE-spezifisches Modell. Sehr wahrscheinlich findet hier ein Fanout statt, etwa in Präsentation, Fachlogik und Datenbankschema.

- *Von PSM zu PSM* (weitere Verfeinerungsschritte oder Zielplattformen): Hier sind zwei Anwendungen denkbar:

- Der Modellierer verfeinert das Abstraktionsniveau eines Modells, das schon für eine Zielplattform spezifisch ist. Für J2EE lassen sich Enterprise Java Beans beispielsweise als kompakte Komponenten oder als Split in Home- und Remote-Interface sowie Implementierungsklasse modellieren.

- Der Modellierer migiriert von einer Implementierungsplattform in eine andere.

- *Von PSM zu PIM* (Abstraktion von Modellen aus bestehenden Implementierungen für eine bestimmte Plattform zu plattformunabhängigen Modellen): Der Modellierer führt ein Reverse Engineering aus.

Die eingangs angeführte beispielhafte Mappingtechnik verdeutlicht noch eine andere Nuance von MDA: Regeln für die Überführung von Modellen ineinander werden nicht für einzelne Modelle angegeben, sondern für Modelltypen. Die Beispiel-Mappingtechnik bezieht sich auf Termini wie „Fachbegriff", „Entity Bean" und „Stateful Session Bean", nicht auf konkrete Modellelemente wie „Konto" und „Überweisung". Bezugspunkte für Mappingtechniken sind Metamodelle.

Ein Metamodell beschreibt, wie Modelle eines bestimmten Typs aufgebaut sind, welche Modellelemente zulässig sind und welche Semantik sie besitzen. Beispiele für Metamodelle sind UML oder, auf technischer Ebene, die J2EE-Spezifikation. Ein Metamodell kann in verschiedenen Sprachen, wie zum Beispiel UML oder MOF (Meta Object Facility), erfasst werden.

Abbildung 19 zeigt den Zusammenhang der MDA-Grundbegriffe.

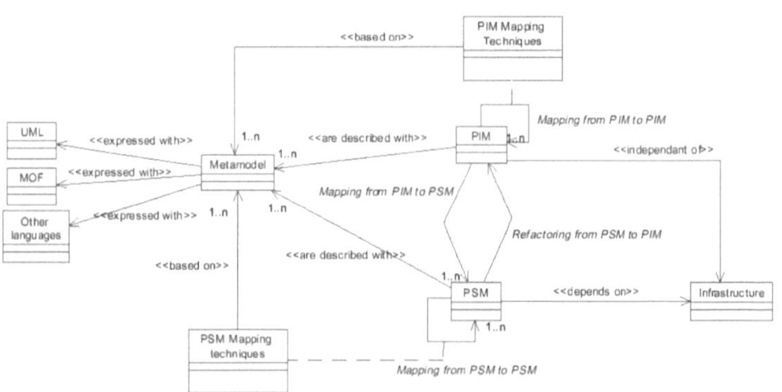

Abbildung 19: Das MDA Metamodell

5.2.4
Toolunterstützung

Auf dem Markt existiert eine Reihe von Werkzeugen, die Teilbereiche von MDA unterstützen. Die OMG hat hier eine entsprechende Einteilung vorgenommen. Abbildung 20 zeigt auf, wie die unterschiedlichen derzeit verfügbaren Werkzeugtypen einzuordnen sind. Dabei werden generell drei Klassen unterschieden:

- Die reinen Diagrammwerkzeuge – Sie dienen der Erstellung von Diagrammen, ohne den Diagrammelementen eine strikte Syntax und Semantik zu hinterlegen, beispielsweise Visio von Microsoft.

Diagrammwerkzeuge

- Die herkömmlichen CASE-Werkzeuge – Sie zeichnen sich durch eine hinterliegende Modellierungsmethodik sowie durch die Möglichkeit, plattformspezifischen Code zu generieren, aus. Beispiele dafür sind Rational Rose von Rational Software und die ARIS E-Business Workbench von IDS Scheer..

CASE-Werkzeuge

- Die modernen MDA-Werkzeuge – Sie setzen meist auf CASE-Tools auf, erweitern diese jedoch um flexible Möglichkeiten der Modellannotation, -transformation und Codegenerierung.. Diese Werkzeugkategorie unterstützt beide Modellarten (plattformspezifisch und plattformunabhängig) und ihre werkzeuggestützte Überführung ineinander. Sie sind durch ihre immanenten Modelltransformationsmechanismen in der Lage, optimierten Code für eine breite Palette von Plattformen zu erzeugen.

MDA-Werkzeuge

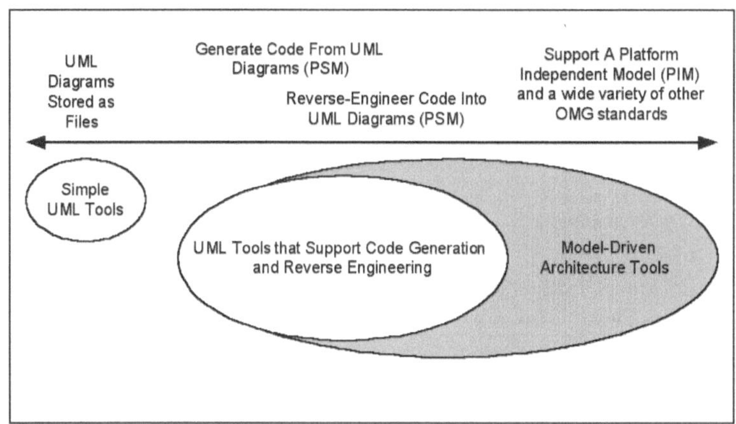

Abbildung 20: Die Bandbreite von Software Engineeringwerkzeugen laut OMG

Interactive Objects Software mit Stammsitz in Freiburg – aktiv bei der OMG an der Entwicklung von MDA beteiligt – hat hier mit dem Produkt ArcStyler die erste und bisher einzige Lösung auf den Markt gebracht, die es erlaubt, für die führenden J2EE/EJB Application Server sofort ausführbare Anwendungen zu erzeugen. Auch die Konfiguration, Hot Deployment sowie Test- und Debug-Unterstützung werden für die spezielle Zielplattform generiert.

Alle für die Erzeugung ausführbaren Codes notwendigen Informationen werden in Modellen gehalten – dabei werden die technologie- und produktspezifischen Attribute als Annotationen gespeichert. Soll nun Code für einen weiteren Application Server generiert werden, können die technologiespezifischen Einstellungen übernommen werden. Lediglich die vom jeweiligen Standard nicht erfassten, produktspezifischen Einstellungen müssen nachgezogen werden.

Der generierte Code ist individuell abgestimmt auf die jeweilige Plattform. Dadurch wird eine Umsetzung von Geschäftsmodellen auf neue Technologien ermöglicht, ohne dass bei einem Technologiewechsel wieder von vorne angefangen werden muss.

Der gesamte Entwicklungszyklus wird abgedeckt, wie Abbildung 21 zeigt. Im ersten Schritt werden mit dem Business Object Modeler die fachlichen Anforderungen unabhängig von der Plattform erfasst. Dazu werden so genannte CRC-Cards benutzt.

Im zweiten Schritt wird mit einem Pattern Refinement Assistant das Fachmodell interaktiv in ein Basis-UML-Modell überführt. Die dabei getroffenen Designentscheidungen werden im Modell annotiert und können in folgenden Iterationen wiederverwendet werden.

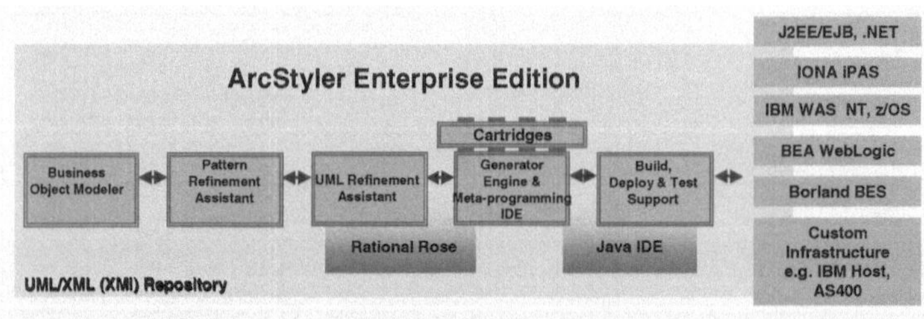

Im dritten Schritt erfolgt die technische Verfeinerung des UML-Modells. Diese wird mit Hilfe des CASE-Tools Rational Rose vorgenommen, das ArcStyler vollständig integriert. Die Optimierung für die jeweiligen Zielplattformen wird über so genannte Cartridges erreicht, die für die einzelnen Application Server verfügbar sind und jeweils in den ArcStyler eingesteckt werden. Durch diesen Ansatz ist es möglich, ArcStyler auch um Unterstützung für kommende

Technologien zu erweitern. Mit ArcStyler modellierte Anwendungen begegnen damit aktiv dem Risiko schnelllebiger Technologien.

Ferner stehen hier verschiedene Wizards zur Verfügung, mit deren Hilfe Front-End-Ablaufsteuerungen generiert werden können, beispielsweise für Web-Clients mit Java Server Pages oder künftig auch für Java-Swing-Clients. Die Ablauflogik wird mit Hilfe von Zustandsautomaten dargestellt. Eine komplett lauffähige Anwendung zur Datenverwaltung entsteht so mit wenigen Klicks.

Im letzten Schritt kommt dann Borlands JBuilder zum Einsatz, denn zusätzlich zu den EJBs werden auch noch die notwendigen Projektdateien und die Konfiguration für die Entwicklungsumgebung erzeugt. Andere Entwicklungsumgebungen können über den Standard-ANT-Build-Prozess integriert werden. Sogar Skripte für das Erstellen des Schemas der Datenbank werden generiert.

Borlands JBuilder

5.3
ArcStyler und Rational Rose

5.3.1
Einführung

So genannte CASE-Werkzeuge (CASE = Computer Aided Software Engineering) gibt es schon seit den 80er Jahren auf dem Markt [Ve-VeRe1998]. Zu diesem Zeitpunkt wurde das Software Engineering noch von Methoden wie der Strukturierten Analyse oder dem Entity-Relationship-Modell beherrscht. Die meisten Projekte, die auf dieser Basis abgewickelt wurden, hatten jedoch erhebliche Probleme. Diese waren in der damals noch vorherrschenden strikten Trennung von Funktionssicht und Datensicht begründet.

Trennung von Funktionssicht und Datensicht aufgehoben

Mit der Etablierung der Objektorientierung – spätestens seit der Standardisierung der Unified Modeling Language (UML) – konnte die Trennung dieser beiden Sichten aufgehoben werden. Mit Rational Rose stand dabei von Anfang an ein Werkzeug zur Verfügung, das als technologisch führend die Spitzenposition auf dem Markt behauptet.

Eine Vielzahl von ergänzenden Produkten sind mittlerweile für Rational Rose verfügbar, meist angeboten von so genannten Link-Partnern von Rational wie Interactive Objects, ein Unternehmen, das sich seit vielen Jahren auf IT-Architektur spezialisiert hat.

5.3.2
Architekturaspekte

In den letzten Jahren ist IT-Architektur immer mehr in den Vordergrund gerückt. Die Begründung liegt auf der Hand: Wie bei einem Hausbau ist die Architektur das Entscheidende, was zur Stabilität der Softwareapplikation beiträgt. So hat sich mittlerweile der Begriff des Software-Architekten etablieren können. Im Rational Unified Process (RUP) wird der „Architect" wie folgt definiert:

"The Architect leads and coordinates technical activities and artifacts throughout the project. The Architect establishes the overall structure for each architectural view: the decomposition of the view, the grouping of elements, and the interfaces between these major groupings. Thus, in contrast with the other workers, the Architect's view is one of breadth, as opposed to depth."

Die ganze Verantwortung und die Aufgaben, die der Architekt innehat, werden aus   deutlich. Etwas überzogen ist die ideale Besetzung des Architekten wie folgt:

"The ideal architect should be a person of letters, a mathematician, familiar with his-torical studies, a diligent student of philosophy, acquainted with music, not ignorant of medicine, learned in the responses of jurisconsults, familiar with astronomy and astronomical calculations."

Abbildung 22:
Der Software-
Architekt hat
vielfältige
Aufgaben

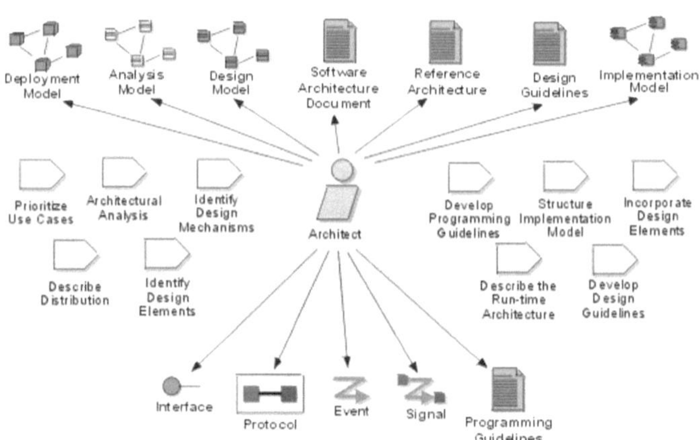

5.3.3
Die Integration

ArcStyler von Interactive Objects ist eine architekturbasierte erweiterbare Entwicklungsumgebung (Architectural IDE) für die Erstellung komponentenbasierter Systeme. Das Produkt beherrscht von Haus aus die Abbildung auf J2EE/EJB-Systeme und kann durch seine Offenheit an andere Zielplattformen angepasst werden. Die ArcStyler Toolsuite unterstützt den gesamten Entwicklungszyklus von der fachlichen Modellierung bis hin zur automatischen Generierung ablauffähiger Komponenten für alle führenden Application Server, wie zum Beispiel für den BEA WebLogic Server. Ein zum Patent angemeldetes Internet Accessor Framework ermöglicht darüber hinaus die UML-Modellierung von Web-Applikationen sowie die automatische Generierung von Java Server Pages (JSP) und Servlets.

ArcStyler integriert nahtlos Rational Rose Modeler und ist direkt aus Rose heraus anwendbar. Abbildung 23 zeigt die Oberfläche von Rational Rose – angereichert mit den ArcStyler-spezifischen Elementen.

ArcStyler integriert nahtlos Rational Rose Modeler

Mit ArcStyler lässt sich ein detailliertes Maskenlayout für Web-Applikationen bereits im Modell vornehmen. Moderne Web-Applikationen setzen sich aus einer Vielzahl von Elementen zusammen, angefangen von Eingabefeldern, hochkomplizierten Header-Detail-Masken, Pushbuttons, Selectionboxes usw. Mit ArcStyler kann bereits im Modell festgelegt werden, welche Nutzerschnittstellenelemente für eine Maske verwendet werden sollen. Dies erspart erheblichen Designaufwand und macht zudem die Anwendung extrem flexibel hinsichtlich der späteren Zielplattform, da die von ArcStyler angebotenen Nutzerschnittstellenelemente sowohl auf Web-Clients als auch auf andere User-Interface-Technologien wie etwa Java Swing abbildbar sind.

Alle mit ArcStyler im Modell entworfenen (und verfeinerten) Komponenten zeichnen sich durch ein hohes Maß an Wiederverwendbarkeit aus. Ferner lassen sich die Komponenten in ihrer Verschachtelungshierarchie darstellen. Rational Rose erzeugt bei der Codegenerierung aus dem Modell zum Beispiel EJB-Skelette, die im Anschluss vom Entwicklungsteam mit Code gefüllt werden. Durch die zusätzliche Verwendung von ArcStyler wird das Entwicklungsteam deutlich entlastet, da der „Infrastrukturcode" vollständig gene-

Hohes Maß an Wiederverwendbarkeit

riert wird und Entwickler sich auf die Implementierung von Fachlogik konzentrieren können.

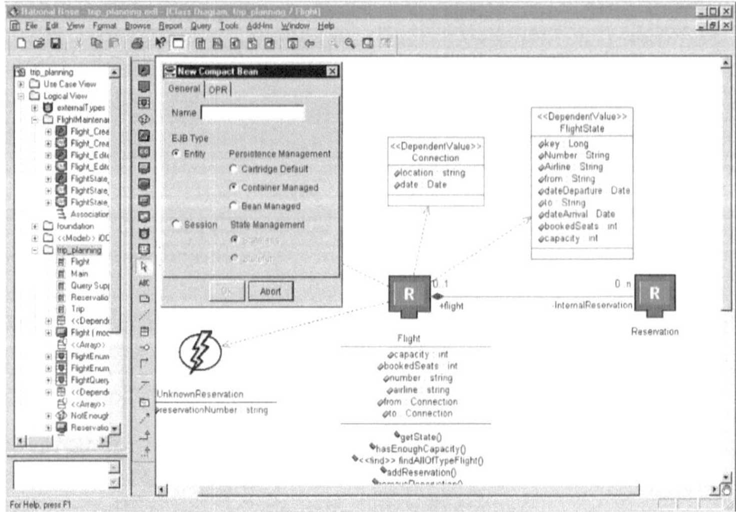

Aus den zuvor in einem Modell verfeinerten Komponenten können mit Hilfe von ArcStyler direkt ablauffähige Artefakte generiert werden. Durch eine Anpassung der Codegenerierung und der dabei ausgewerteten Annotationen werden die Spezifika der jeweiligen Komponentenarchitektur genauso berücksichtigt wie die konkrete Technologieplattform. Umgesetzt wird dies innerhalb von ArcStyler durch so genannte Technology Projections, welche die Charakteristika der zu unterstützenden Architektur und Technik erfassen. Diese setzen sich aus den folgenden Bestandteilen zusammen:

<table>
<tr><td>Template-
Dateien</td><td>

• *Template-Dateien*, die jeweils einem Artefakt der Komponentenarchitektur entsprechen. Sie generieren den Quellcode für die Komponenten und erzeugen Make-Dateien zur Erstellung der ablauffähigen Komponenten aus dem Quellcode und den Konfigurationsdateien. Ferner werden Skripte zum Einbringen der Komponente in die Laufzeitumgebung erstellt.</td></tr>
<tr><td>Include-Dateien</td><td>

• *Include-Dateien*, die technologie- oder produktspezifische Generierungslogik umfassen.</td></tr>
<tr><td>Capabilities</td><td>

• *Capabilities*, die die Fähigkeiten und zu beachtenden Einschränkungen der gewählten Technologieplattform beschreiben.</td></tr>
</table>

- *Model Verifiers*, die anhand der Capabilities prüfen, ob das Komponentenmodell auf die Technologieplattform und das konkret gewählte Produkt abgebildet werden kann.

Die dadurch entstehende Abbildungsvorschrift eines Modells auf Artefakte einer konkreten Technologieplattform wird im ArcStyler auch als Cartridge bezeichnet, da sie vergleichbar mit einem Steckmodul in den Generator integriert wird.

Veränderungen, die in Modellen vorgenommen werden und den generierten Code betreffen, werden entsprechend berücksichtigt. So können im Modell ohne Probleme zusätzliche Klassen, Methoden, Komponenten angelegt oder auch gelöscht werden. Der einmal geschriebene Code bleibt beim Generieren durch so genannte Protected Areas erhalten, auch beim Löschen von Entitäten.

Eine sog. "Meta-Programming Environment" (MPE) erlaubt darüber hinaus die umfassende Anpassung dieser Cartridges an spezifische Unternehmens- und Projektsituationen. Hier zeichnet sich ArcStyler durch Offenheit und extreme Flexibilität aus – Unternehmen können bestehende Investitionen schützen und ermöglichen die sukzessive Entwicklung eines "Corporate Architectural Style". Somit unterscheidet sich ArcStyler klar von klassischen Codegeneratoren und bietet deutlich mehr Möglichkeiten.

5.3.4
Geschäftsprozessmodellierung

Software wird zur Unterstützung von Geschäftsprozessen erstellt. ArcStyler beschränkt sich dabei nicht auf die Modellierung des statischen Aspekts eines Softwaresystems. Der Business Object Modeler unterstützt die aus der CRC-Methodik bekannten Szenarien und Walkthroughs. Analog zur Vorgehensweise in der Use-Case-Analyse ist es möglich, Nutzungsszenarien eines Systems zu benennen und mit den entsprechenden Abläufen zu hinterlegen. ArcStyler fördert die Strukturierung der so gewonnenen Information durch die intuitive Auszeichnung von Varianten eines Szenarios und durch Verwendungs- sowie Verfeinerungsbeziehungen zwischen Szenarien. In Verfeinerungsschritten ist es möglich, Abläufe durch UML-Zustandsmaschinen zu beschreiben.

UML ergänzt klassische Zustandsmaschinen durch Konstrukte für den Objektfluss und durch die Möglichkeit, Nebenläufigkeit zu modellieren. Dem Designer ist damit ein mächtiges Werkzeug zur Prozessmodellierung an die Hand gegeben, das sich durch Standardkonformität und die ArcStyler innewohnende Erweiterbarkeit auszeichnet. Das Werkzeug unterstützt die Codegenerierung für UML-Zustandsmaschinen, derzeit für Java2. Ein Vorteil gegenüber etablierten Werkzeugen mit Unterstützung für Zustandsmaschinen liegt in der Integration von Ablauflogik und Objektstatik – ArcStyler-Zustandsmaschinen fügen sich nahtlos in die gewählte Zielumgebung ein und nutzen diese optimal aus.

Abgerundet werden die Geschäftsprozessfeatures von ArcStyler durch die Integration mit dem ARIS Toolset von IDS Scheer. ARIS-Nutzer können Prozessmodelle in UML-Modelle überführen und profitieren so von den vielfältigen Technologieprojektionen, die ArcStyler anbietet.

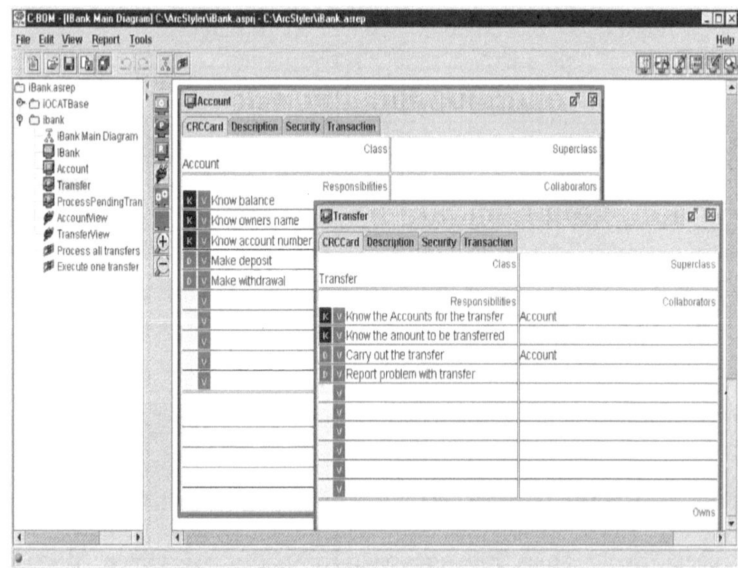

5.4
Fazit

Da im Bereich Softwareentwicklung sich weiterhin verschiedene Objekttechnologien halten werden und derzeit kein übergreifender Standard zu erwarten ist, stellt MDA eine der zukunftsträchtigsten Standardisierungsbestrebungen dar. Die Vorteile von MDA sind offensichtlich: Bei der Anwendungsentwicklung können ohne großen Aufwand neue Standards integriert werden oder aktuelle Serverversionen verwendet werden. Bisher mussten große Teile des Codes neu geschrieben werden. An einen Wechsel der Infrastruktur zu einem anderen Hersteller oder sogar Objekttechnologie war gar nicht zu denken.

Weiter entscheidend ist, dass hier ein gewaltiges Einsparungspotenzial vorliegt, das gerade in Zeiten von IT-Krisen von großer Bedeutung ist. Der große Vorteil einer plattformübergreifenden Codegenerierung liegt auf der Hand. Die Entwickler können sich wieder auf das Wesentliche konzentrieren: intelligentes, analytisches Denken.

Besonders aus kaufmännischer Sicht ist MDA hochinteressant. So werden bei einem Technologiewechsel die Kosten deutlich reduziert. Es wird nicht die Software geändert oder gar neu erstellt, alle erforderlichen Änderungen werden im Modell vorgenommen und die Anwendung wird für die neue Technologieplattform generiert. Laut OMG können somit die Kosten bei einem Technologiewechsel in einem deutlich zweistelligen Prozentbereich reduziert werden. Dabei wird gleichzeitig die Qualität erhöht, da die Software generiert wird und somit „menschliche Programmierfehler" weitgehend ausgeschlossen werden können.

6 Der iterative Ansatz

Gerhard Versteegen

6.1
Einführung

In Kapitel 3 wurde bereits auf das Wasserfallmodell eingegangen und aufgezeigt, dass es sich hierbei um ein Modell handelt, das für einige Projekttypen durchaus einsetzbar ist. Ferner wurde festgehalten, dass im Rational Unified Process ein iterativer Ansatz zu Grunde gelegt ist, der sich im Prinzip aus mehreren „Wasserfällen" zusammensetzt.

In diesem Abschnitt soll dieser iterative Ansatz näher betrachtet werden. Der Schwerpunkt liegt dabei auf der Anzahl der durchzuführenden Iterationen innerhalb eines Projektes. Hier sind gewisse Voraussetzungen zu berücksichtigen, auf die im Folgenden näher eingegangen werden soll.

Der RUP als Vorbild für den iterativen Ansatz

6.2
Motivation für den iterativen Ansatz

Der iterative Ansatz hat seine wesentliche Motivation im Zeitfaktor, der sich wie folgt darstellt:

Zeitfaktor als wesentliche Motivation

- Je komplexer ein Projekt war, desto später bekommt der Kunde ein Ergebnis zu sehen.

- Je länger die Zeit zwischen Erfassung der Anforderung und Umsetzung der Anforderung war, umso größer war die Wahrscheinlichkeit, dass Änderungswünsche eintrafen.

- Die Architektur von Software wird von immer größerer Bedeutung, sie kann jedoch nicht zu einem bestimmten Zeitpunkt irgendwann in der Ferne festgelegt werden, sondern muss sich über die frühen Projektphasen hinweg festigen.

Ein wesentlicher Grund für das Scheitern vieler Projekte ist die so genannte Big-Bang-Integration am Ende des Projektes. Abbildung 25 verdeutlicht die Auswirkungen einer solch späten Integration, Walker Royce [Roy1998] bezeichnet dieses Vorgehen auch mit Late Design Breakage.

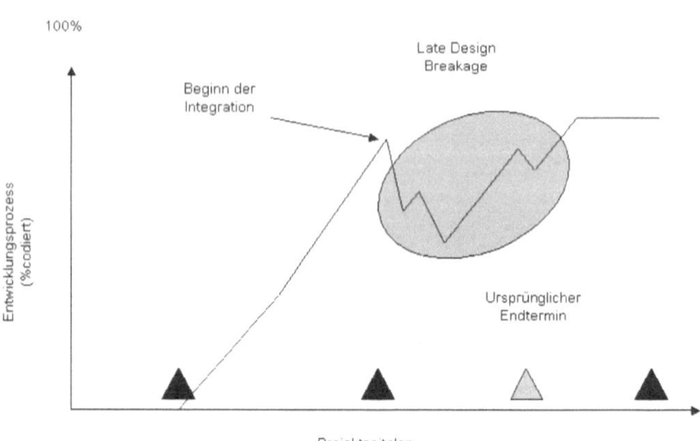

Abbildung 25:
Das Late Design
Breakage nach
Walker Royce

Welche Auswirkungen eine zu späte Integration haben kann, wird aus Tabelle 3 ersichtlich. Bis zu 40% und mehr an zur Verfügung stehender Projektzeit werden für die Integration und die damit verbundenen Testmaßnahmen verbraucht.

Tabelle 3:
Aufwendungen
für die Projekt-
phasen bei her-
kömmlichen
Projekten

Phase	Aufwand
Management	5%
Anforderungen	5%
Design	10%
Codierung und Einheitentest	30%
Integration und Test	40% und mehr
Verteilung	5%
Werkzeugausstattung	5%
Summe	100%

Das Alarmierende an diesen Kennzahlen ist, dass zu Projektbeginn für die Integration und den Test eben nicht diese 40% der Aufwendungen eingeplant werden, sondern deutlich weniger Projektzeit. Zudem ist es äußerst schwierig, eine Integrationsmaßnahme zu planen, da hier eine große Menge an unbekannten Faktoren existieren, die zum Teil erst während der eigentlichen Integration offensichtlich werden und dann zu der Projektverzögerung führen.

Wie sieht diese Verteilung nun bei einem modernen Prozess wie dem Rational Unified Process aus? Das Late Design Breakage konnte vermieden werden, indem die Integration im Rational Unified Process nicht mehr als „Big Bang" durchgeführt wurde, sondern bereits sehr früh damit begonnen wurde. Zudem wurde mehr Aufwand in die frühen Phasen des Anforderungsmanagements, das in Kapitel 3 beschrieben wurde, investiert. Die Auswirkungen sind Tabelle 4 zu entnehmen.

Phase	Aufwand
Management	10%
Anforderungen	10%
Design	15%
Codierung und Einheitentest	25%
Integration und Test	25%
Verteilung	5%
Werkzeugausstattung	10%
Summe	100%

Tabelle 4: Aufwendungen für die Phasen im RUP

6.3
Anzahl durchzuführender Iterationen

6.3.1
Der Phasenplan

Bevor vom Projektleiter mit der Planung der Iterationen begonnen wird, ist ein so genannter Phasenplan zu erstellen. Die Inhalte des Phasenplans sind im Rational Unified Process festgelegt, der im Original mit coarse-grained plan bezeichnet wird. Der Phasenplan wird nur einmal im Projekt erstellt. Sein wesentlicher Bestandteil ist dabei die Festlegung der Major Milestones. Die Major Milestones legen das jeweilige Ende der vier Phasen des Rational Unified Process fest:

- Konzeptualisierung
- Entwurf
- Konstruktion
- Übergang

Ferner werden die voraussichtlich benötigten Ressourcen anhand von Anforderungsprofilen beschrieben. Es ist einleuchtend, dass dieser Phasenplan hauptsächlich auf Schätzungen beruht, er wird daher während der gesamten Konzeptualisierungsphase ständig überarbeitet und an die jeweils neuen Projektgegebenheiten angepasst.

Eine meist relativ feststehende Kenngröße für die Erstellung des Phasenplanes ist der Termin, an dem das erste Release ausgeliefert werden soll. Daher werden Phasenpläne meist auch von hinten nach vorne berechnet, also beginnend vom Auslieferzeitpunkt und endend am aktuellen Tag.

6.3.2
Erste Berechnung der Iterationen

Für die erste Berechnung der benötigten Iterationen bleibt dem Projektleiter neben einer sehr groben Schätzung nur Erfahrungen aus anderen Projekten. Generell gilt die folgende Faustregel, die auch 6-plus/minus-3-Regel genannt wird: Diese Regel geht davon aus, dass bei einer Verteilung über die vier Phasen, bei einem normalen Projekt die folgenden Iterationen notwendig sind:

- Konzeptualisierungsphase: 1 Iteration
- Entwurfsphase: 2 Iterationen
- Konstruktionsphase: 2 Iterationen
- Übergangsphase: 1 Iteration

Bei einem Projekt mit niedrigem Level ist in der Konzeptualisierungsphase gar keine Iteration notwendig[18] und in den übrigen Phasen jeweils nur eine Iteration. Ein Projekt mit hohem Level hingegen braucht mehrere Iterationen. Die Verteilung sieht wie folgt aus:

---

[18] Eine Iteration in der Konzeptualisierungsphase ist nur dann notwendig, wenn zum Beispiel ein Prototyp erstellt wird, der zur Aufnahme der Anforderungen dient.

- Konzeptualisierungsphase: 1 Iteration
- Entwurfsphase: 3 Iterationen
- Konstruktionsphase: 3 Iterationen
- Übergangsphase: 2 Iterationen

Tabelle 5 gibt einen Überblick über die 6-plus/minus-3-Regel, die als Faustregel bei der Erstellung eines Phasenplanes vom Projektleiter herangezogen werden kann.

Projektlevel	Anzahl Iterationen	Verteilung auf Phasen
Niedrig	3	0,1,1,1
Normal	6	1,2,2,1
Hoch	9	1,3,3,2

Die große Frage, die sich dem Projektleiter nun stellt, ist, wie lange dauert eigentlich eine Iteration? Auch hier kann er nur auf eigene Erfahrungswerte zurückgreifen oder den Rational Unified Process zu Hilfe ziehen, der hier Kenngrößen zur Verfügung stellt. Ausgangsbasis dafür sind die Lines of Code (LOC), die in der jeweiligen Iteration erstellt werden.

Aber auch die Größe der Entwicklungsabteilung spielt eine erhebliche Rolle, da ab einer gewissen Anzahl von Projektmitarbeitern natürlich auch die administrativen Aufwendungen steigen. Generell sollten, bevor mit einer Kalkulation über die Länge einer Iteration begonnen wird, die folgenden Fragen geklärt werden:

- Wie vertraut ist die Entwicklungsabteilung mit einem iterativen Prozess, ist dies das tagtägliche Brot oder kommt er zum ersten Mal zum Einsatz?

- Wie vertraut ist die Entwicklungsabteilung mit der innerhalb der Iterationen einzusetzenden Entwicklungsumgebung, wurde diese neu beschafft oder liegen bereits ausreichende Erfahrungen vor?

- Sind überhaupt die notwendigen Werkzeuge zur Automatisierung – angefangen vom Konfigurationsmanagement bis hin zum automatisierten Testen – in der Entwicklungsabteilung verfügbar?

- Seit wann existiert diese Entwicklungsabteilung – arbeitet sie schon seit mehreren Projekten zusammen oder wurde sie eigens für dieses Projekt ins Leben gerufen und ist gar noch mit Freiberuflern durchsetzt?

Diese Fragenliste lässt sich sicherlich noch erweitern, aber der eigentliche Hintergrund, der hinter diesen Fragen steckt, dürfte klar sein: Die Sicherstellung, ob die in der Theorie so einleuchtenden Vorteile eines iterativen Ansatzes in der Praxis auch wirklich umsetzbar sind, oder ob menschliche Faktoren von vornherein eine Barriere darstellen.

Doch zurück zur Länge einer Iteration. Wie bereits oben erwähnt, ist eine wesentliche Kenngröße die Anzahl der Mitarbeiter, die innerhalb dieser Iteration zum Einsatz kommen sollen. Der Rational Unified Process gibt hier die folgenden Kenngrößen:

- Bei einer Teamgröße von fünf Personen kann bereits am ersten Tag produktiv gearbeitet werden und eine Iteration innerhalb von wenigen Tagen abgeschlossen sein.

- Bei einer Teamgröße von 10 bis 20 Personen wird schon der erste administrative Aufwand notwendig, so dass es hier schon 1-2 Tage dauern wird, bevor der erste produktive Arbeitsschritt abgewickelt werden kann. Das Ende der Iteration wird wohl erst nach einigen Wochen zu erwarten sein.

- Ab ca. 40 Personen liegt bereits eine Teamgröße vor, die einem kleineren mittelständigen Unternehmen entspricht. Demzufolge hoch ist auch der administrative Aufwand. In der ersten Woche dürften hauptsächlich Managementaufgaben anfallen. Mit einem Ende der Iteration ist erst nach einigen Monaten zu rechnen.

Zieht man jetzt noch die zu erstellenden Lines of Code mit ein, so ergibt sich die in Tabelle 6 dargestellte geschätzte Dauer einer Iteration:

LOC	Teamgröße	Dauer
5.000	4	2 Wochen
20.000	10	1 Monat
100.000	40	3 Monate
1.000.000	150	8 Monate

Sind Anzahl und Dauer der Iterationen vom Projektleiter herausgearbeitet worden, kann er damit beginnen, diese in den Phasenplan hineinzuarbeiten. Damit ist der Phasenplan dann fertig gestellt.

6.3.3
Der Iterationsplan

Der Iterationsplan bzw. die Iterationspläne hingegen ist/sind wesentlich detaillierter und auch zeitaufwendiger bei ihrer Erstellung. Zudem werden sie nicht alle auf einmal erstellt, sondern sequenziell. Dabei gilt, dass mit der Erstellung eines Iterationsplanes erst dann begonnen wird, wenn die Vorgängeriteration bereits zur Hälfte abgearbeitet ist. Natürlich muss er am Ende der Vorgängeriteration fertig gestellt sein. Abbildung 26 zeigt die Vorgehensweise bei der Planung der nächsten Iteration.

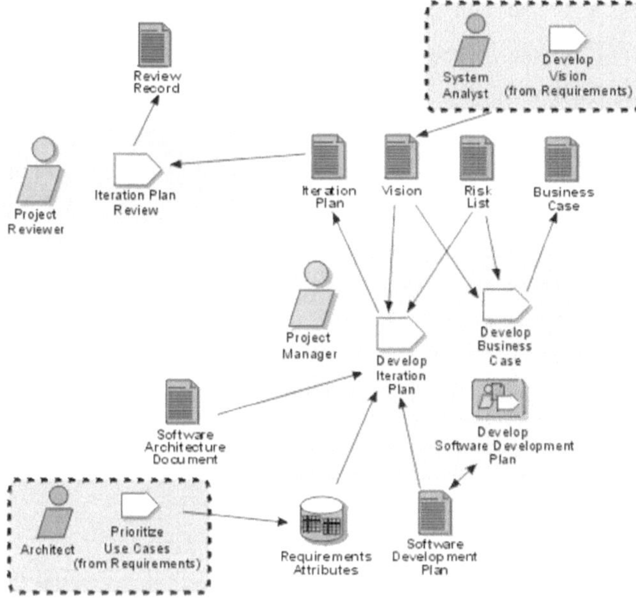

Abbildung 26:
Die Planung
einer Iteration
nach dem
Rational Unified
Process

Mit Hilfe des Iterationsplanes sollen die folgenden Ergebnisse sichergestellt werden:

- Eine detaillierte Beschreibung der durchzuführenden Aktivitäten sowie eine Zuordnung von Verantwortlichkeiten für jede Aktivität. Gerade eine derartige Zuordnung ist von großer Bedeutung, da viele Projekte daran scheitern, dass die Verantwortlichkeiten innerhalb der Iterationen nicht eindeutig zugeordnet sind.

Ergebnisse des
Iterationsplanes

- Meilensteine, die in dieser Iteration erreicht werden müssen, und auszuliefernde Produkte, die in dieser Iteration fertig gestellt werden.

- Prüfkriterien für die Iteration. Diese Prüfkriterien müssen einerseits messbar sein und andererseits muss mit dem Auftraggeber das Ergebnis der Prüfung im Vorfeld abgesprochen sein. Je nach Phase, wo die Iteration stattfindet, variieren auch dementsprechend die Prüfkriterien.

Wesentlicher Input für diese Aktivität sind die folgenden Artefakte:

- Das Softwarearchitekturdokument

- Das Visionsdokument

- Der Software-Development-Plan

- Die Risikoliste

Bei der Risikoliste sind besonders die dort aufgelisteten technischen Risiken von Bedeutung. Alle Maßnahmen, die diesbezüglich aufgeführt sind, müssen bei der Planung der nächsten Iteration berücksichtigt werden. Somit gehört die Risikoliste zu einem der vier Faktoren, die den Umfang der Iteration bestimmen. Die drei verbleibenden Faktoren sind:

- Die Funktionalität, die innerhalb dieser Iteration implementiert werden soll.

- Die Zeit, die laut Software-Development-Plan für die Iteration vorgesehen ist.

- Die Phase, in der die Iteration stattfindet. Handelt es sich um die Konstruktionsphase, so ist der Umfang der Iteration am größten.

Die Planung einer Iteration ist somit nicht nur eine Managementaufgabe, in die unterschiedliche Personen (Worker) involviert sind, es ist zusätzlich noch die Gesamtheit der wesentlichen Rahmenbedingungen des Projektes zu berücksichtigen.

6.4
Fazit

Die iterative Vorgehensweise ist ein typisches Merkmal objektorientierter Softwareentwicklung. Dabei ist nicht zwingend vorgegeben, ein Projekt in mehreren Iterationen durchzuführen. Entscheidend für die Anzahl der Iterationen sind eine Reihe von unterschiedlichen Faktoren.

Die Vorteile der iterativen Softwareentwicklung sind:

- Risiken können eher erkannt und eingedämmt werden.
- Änderungen können besser gemanagt werden.
- Es existiert ein höherer Grad der Wiederverwendung.
- Das Projektteam kann während des Projekts hinzulernen.

Vorteile der iterativen Softwareentwicklung

7 Das ständige Testen nicht vergessen

Knut Salomon

7.1
Ist Testen notwendig?

Klar, es muss getestet werden! Zumindest sagen das die meisten, mit denen ich über dieses Thema spreche. Dabei spielt es keine Rolle, ob es sich um einen Anwendungsentwickler, einen Systemarchitekten, einen Projektleiter oder einen Endbenutzer handelt. Alle denken das Gleiche: Testen ist wichtig!

Wirklich? Ab und zu zweifele ich daran. Wenn ich mir so manches IT-Projekt anschaue, dann erkenne ich, dass innerhalb des Projektes kaum bis überhaupt nicht getestet wird. Bis auf einige Ad-hoc-Tests durch den Entwickler finden in der Regel keine weiteren Tests statt.

Wenn nun viele sagen, dass Testen wichtig ist, es aber auf der anderen Seite kaum einer tut, was soll ich dann glauben: das Gesagte oder das Getane? Es scheint hier wie bei der Bildzeitung zu sein. Keiner liest sie, aber jeder weiß, was drin steht.

Wenn dem nicht (oder nur wenig) Testen gute Projektergebnisse gegenüberstünden, hätte ich kein Problem damit denen, die kaum bis überhaupt nicht testen, zu folgen. Meine Erfahrung lehrte mich allerdings, dass IT-Projekte, in denen das erstellte Produkt von guter Qualität ist, eher selten sind. Daher sollte ich denen, die glauben dass Testen wichtig ist, folgen und es dann im Gegensatz zu denen einfach tun. Oder doch nicht?

Irgendwie bin ich nun gedanklich in einer Sackgasse. Auf der einen Seite denke ich, den Sagenden folgen zu können auf der anderen Seite möchte ich die Masse der „Nicht-Tuenden" nicht unbeachtet lassen. Was tun? Es ist so wie immer im Leben: Ich werde mir wohl meine eigene Meinung bilden müssen.

Da lese ich doch gerade einen Artikel über das Abnehmen. Und was finde ich: Es gibt viele Leute, die gerne darüber reden, dass Sie abnehmen wollen. Aber wenn es dann darum geht, eine Trennkost exakt einzuhalten, versagt der Wille und das „10 Kilo weniger in 6 Monaten"-Projekt ist zum Scheitern verurteilt, bevor es richtig angefangen hat.

Interessant, hier scheint es eine Analogie zum Testen zu geben: Viele Reden drüber, aber kaum einer macht's. Aber ist Abnehmen gleich Testen? Nein!

Abnehmen ist das Ziel, und zwar in sechs Monaten genau zehn Kilogramm weniger zu wiegen. Die Trennkost ist der Weg dahin. Nur wie weiß ich, dass der eingeschlagene Weg zum Erfolg führt? Ganz einfach: Ich stelle mich regelmäßig auf eine Waage. Dann erkenne ich sofort, ob sich mein Gewicht verringert, und wenn ich in sechs Monaten zehn Kilogramm weniger wiege als zu Beginn, dann habe ich mein Ziel erreicht.

Die Waage ist also ein Messinstrument, welches mir anzeigt, ob der von mir eingeschlagene Weg zum Ziel führt. Testen ist gleich dem Wiegen. Es ermöglicht einem zu erkennen, ob man auf dem richtigen Weg ist, sein Ziel zu erreichen. Das Ziel in diesem Fall ist eine gute Produktqualität.

Wenn ich also gute Produktqualität als eines meiner Projektziele definiert habe, dann sollte ich Testen, um zu erkennen, ob ich

- auf dem richtigen Weg bin

- wie weit ich noch von dem Ziel entfernt bin, und

- wann ich das Ziel erreicht habe.

Mir ist nun klar: Testen ist wichtig! Nur so kann ich feststellen, wann in meinem Projekt das Produkt das gesetzte Qualitätsziel erreicht hat.

7.2
Produktqualität als Ziel

Nun sind wir an einem der Kernprobleme angekommen. Eine gute Produktqualität oder einfach Qualität ist wichtig! Dies sagen und wissen ebenfalls die meisten. Nur ist es den meisten auch bewusst? Wenn Qualität ein Projektziel ist, dann sollte

- feststehen, wann das Ziel erreicht worden ist, und

- an der Erreichung des Ziels hart gearbeitet werden.

Doch es stellen sich gleich ein paar Fragen:

- Wissen Sie, wann Sie in ihren Projekten das gesetzte Qualitätsziel erreicht haben?
- Wissen Sie, wie weit Sie noch vom Erreichen des gesetzten Qualitätsziels entfernt sind?
- Wissen Sie, ob ihre Fehleranzahl in den letzten drei Wochen gesunken ist?

Diese und weitere Fragen, können Sie nur ruhigen Gewissens beantworten, wenn Sie zum einen festgelegt haben, wann Sie ihren Qualitätslevel erreicht haben, und zum anderen, wenn Sie testen.

Wollen Sie obige Fragen zukünftig mit einem ruhigen Gewissen beantworten können, sollten Sie weiterlesen. Sollte in ihrem Projekt die Qualität des Produktes eine eher untergeordnete Rolle spielen, können Sie sich den Rest des Kapitels schenken. Weiterzulesen, wäre dann reine Zeitverschwendung.

7.3
Wann testen?

Nachdem nun klar ist, dass Testen notwendig ist, stellen sich unter anderem folgende Fragen:

- Was soll getestet werden?
- Wie soll getestet werden?
- Wann soll getestet werden?

Zäumen wir das Pferd von hinten auf und wenden uns der Frage „wann soll getestet werden" zuerst zu.

Klassische Projekte sehen am Ende eine explizite Testphase vor. Sollte sich nun eine oder mehrere der Testphase vorgeschalteten Phasen (Projektplanung, Erfassen von Anforderungen, Analyse & Design und Implementierung) verzögern, verkleinert sich folgerichtig die für die Testphase zur Verfügung stehende Zeit (siehe auch Abbildung 27). Es sei denn, Sie sind in der glücklichen Lage und können den Auslieferungstermin entsprechend auf einen späteren Zeitpunk verschieben.

Abbildung 27 stellt im Übrigen den eher positiven Fall dar, dass noch innerhalb der Projektlaufzeit getestet werden kann. Vielfach wird die Testphase aus Termingründen komplett aus dem eigentlichen Projekt in Richtung Produktiveinsatz und damit Endbenutzer verlagert.

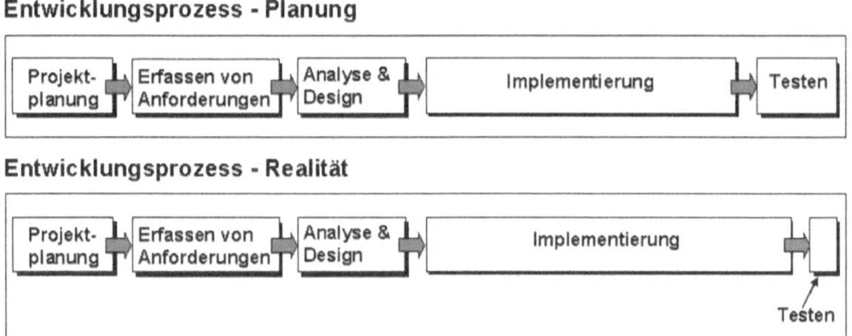

Jährlich führt die Standish Group eine Befragung durch. Die Befragten sollen bewerten, wie viele ihrer Anwendungsentwicklungsprojekte erfolgreich, nicht erfolgreich oder gefährdet, d.h. mit Budget- bzw. Terminüberschreitung, mit vermindertem Funktionsumfang oder qualitativ schlechter Funktionalität, beendet wurden. Die Zahlen sind erschreckend (siehe Abbildung 28).

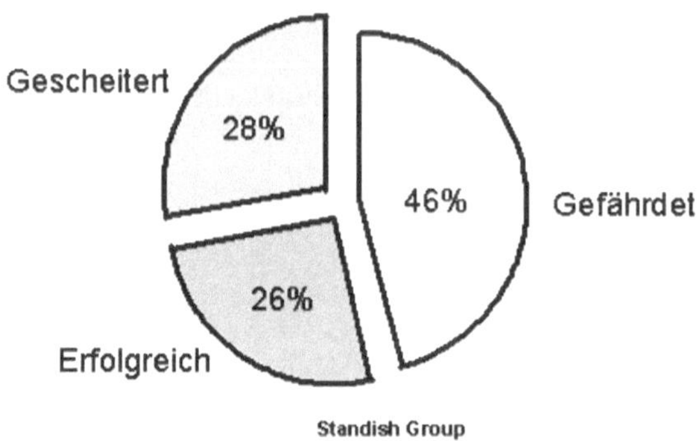

Interessanterweise wird von den Befragten bei den erfolgreichen Projekten Benutzerakzeptanz als entscheidend für den Projekterfolg genannt. Können wir es uns dann noch leisten, Tests auf den Endbenutzer zu verlagern. Wohl kaum!

Irgendwie müssen wir es schaffen, in dem eigentlichen Projekt Zeit für das Testen des Produktes zu finden. Die Antwort darauf ist in vielen Büchern zum Thema Qualitätssicherung und Testen in der IT zu finden. Es muss ein strukturierter Testprozess eingeführt werden (siehe Kapitel 7.7). Dieser wird zunächst von dem Entwicklungsprozess entkoppelt und dann wieder mit diesem synchronisiert.

Somit ist das Testen nicht die letzte Phase im Projekt, sondern findet kontinuierlich während der gesamten Projektlaufzeit statt (siehe Abbildung 29).

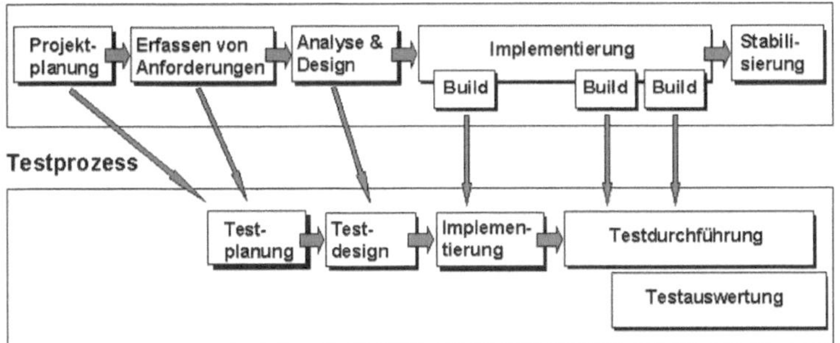

Abbildung 29: Synchronisation zwischen Entwicklungs- und Testprozess

Die Devise ist hier ganz klar: Sie sollten so früh wie möglich mit dem Testen beginnen. Es gibt Entwicklungsprozesse, die davon ausgehen, dass eine Funktionalität, die nicht getestet werden kann, nicht existiert.

Eines wird auch deutlich. Es genügt nicht, einmalig zu Testen. Auch beim Abnehmen, stellen Sie sich nicht nur einmal auf die Waage, sondern regelmäßig. Schließlich wollen Sie wissen, wo Sie gerade bezogen auf Ihr Gewicht stehen. Übertragen auf ein Projekt gilt genau das Gleiche. Sie können Ihr Qualitätsziel nur dann sicher erreichen, wenn Sie die Qualität ihres Produktes permanent in Frage stellen und den Nachweis mittels Testen führen.

In Abbildung 29 finden Sie zudem eine Phase, die sich Stabilisierung nennt. Zu Beginn dieser Phase ist das Produkt bereits fertig und wird während der Stabilisierungsphase auf Herz und Nieren geprüft. Dies können zum Beispiel Beta-Tests und Akzeptanztests durch Endbenutzer sein. Sinnvoll kann diese Phase auch zur Beseitigung von weniger kritischen Fehlern durch die Produktentwicklung genutzt werden. In der Stabilisierungsphase wird demnach viel getestet.

Auch die Vorbereitung eines guten Projektabschlusses gehört dazu. Machen Sie eigentlich ein so genanntes „Post-Mortem Review", d.h., nehmen Sie sich nach Projektende die Zeit, um das Projekt zu durchleuchten und daraus für ihre nächsten Projekte zu lernen? In einem solchen Review wird das betrachtet, was in dem vergangenen Projekt sowohl gut als auch schlecht funktioniert hat. Oder eine noch bessere Frage: Nehmen Sie sich innerhalb der Projekte Zeit zum Lernen? Machen Sie im Projekt regelmäßige Reviews?

„Post-Mortem Reviews" sind von großer Bedeutung

Vielleicht fragen Sie sich nun, was hat das eigentlich mit Testen zu tun. Auf den ersten Blick nicht viel. Auf den zweiten Blick halte ich regelmäßige Reviews für eine Art Projekttest. Auch ein Projekt sollte aus Managementsicht, d.h., wie gut funktioniert die Kommunikation im Projektteam, wie gut funktioniert die Ressourcenplanung etc., regelmäßig durchleuchtet werden. Und genau dazu dienen solche Reviews. Den Abschluss bildet dann das „Postmortem Review". Bitte verwechseln Sie Reviews nicht mit Projektcontrolling. In Reviews sollte der Zeitplan und das Projektbudget ein Thema sein, aber hoffentlich kein zentrales.

7.4
Wie testen?

7.4.1
Manuell oder automatisiert testen?

Grundlegend stellt sich die Frage, ob ein Test

- manuell oder

- automatisiert

durchgeführt werden soll.

Das Hauptproblem beim manuellen Testen ist sicherlich der damit zu erzielende Testdurchsatz. Dieser ist verglichen mit dem enormen Zeitaufwand pro Testdurchlauf eher gering. Um eine annähernd 100%ige Abdeckung zu erreichen, müssen Sie vermutlich etliche Tester beschäftigen. Schlimmer noch, der Aufwand steigt in der Regel mit jeder weiteren Version des Produktes und dem Näherrücken des Auslieferungstermins an. Um dann einigermaßen mit den Entwicklern Schritt halten zu können, müssten sie ihre Testkapazitäten weiter erhöhen. Dies werden sienicht beliebig tun können. Daher werden ihre Tester einfach so viel testen, wie in der gegebenen Zeit machbar ist. Als Folge davon sinkt in der Regel die Codeabdeckung (s. Abbildung 30).

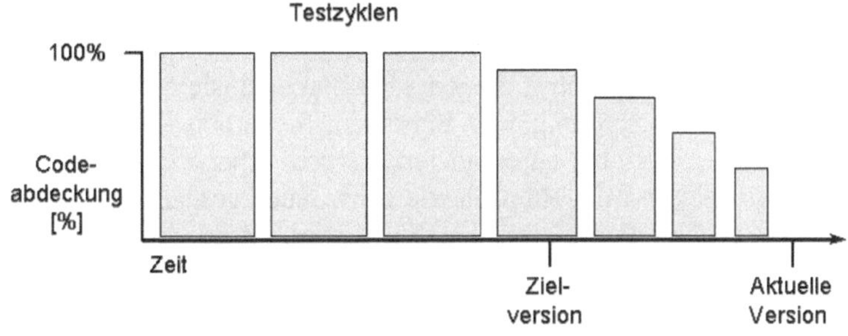

Abbildung 30:
Testdurchsatz
beim manuellen
Testen

Über die normalerweise bei manuellen Testern durch die dauernde Durchführung von ewig gleichen Arbeitsschritten einsetzende Demotivation möchte ich an dieser Stelle lieber nicht schreiben.

Um nun mit den Entwicklern Schritt halten zu können und der immer größeren Komplexität der Produkte Rechnung zu tragen, greifen viele zur Automatisierung von Tests. Dabei ist es sicherlich möglich, eine wesentlich höhere Abdeckung bei einer gleich bleibenden Anzahl von Testern zu erzielen. Aber auch hier habe ich bisher kaum gesehen, dass eine Testgruppe eine 100%ige Abdeckung bis zum Projektende durchhalten konnte (siehe Abbildung 31).

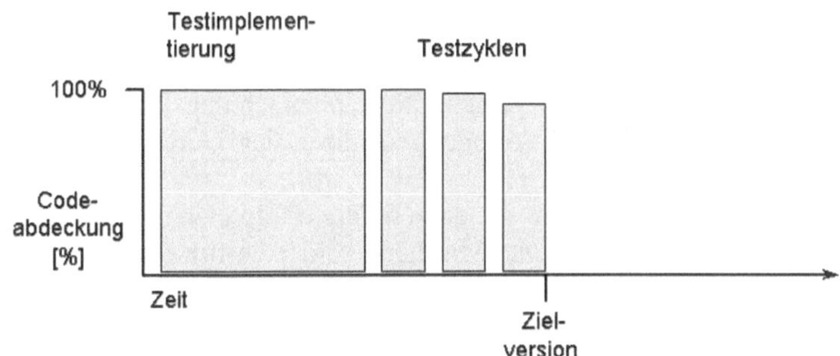

Abbildung 31:
Testdurchsatz
bei automati-
sierten Tests

Bei der Automatisierung von Tests haben Sie einen deutlichen Mehraufwand zu Beginn der Tests. Schließlich müssen ihre Tester nach einer eingehenden Schulung des Testwerkzeugs Testskripte erstellen und auf ihre Funktionsfähigkeit überprüfen (in Abbildung 31 Testimplementierung genannt).

Nach der Testimplementierung sollten ihre Tester in der Lage sein, im Vergleich zu gleichwertigen manuellen Tests wesentlich schnellere Testdurchläufe zu realisieren. Letztlich brauchen die erstellten Testskripte nur an die neue Version des Produktes angepasst bzw. um neue Funktionalitäten erweitert werden. Danach können die Testskripte beliebig oft wiederverwendet werden. Ein wesentlicher Vorteil der Testskripte ist die um ein Vielfaches höher liegende Ausführungsgeschwindigkeit verglichen mit der manuellen Durchführung des gleichen Tests.

Allerdings lässt sich nicht jeder Test automatisieren. Denken Sie nur an die Überprüfung von Berichten. Sicherlich kann das Ausdrucken der Berichte automatisiert werden. Aber die Überprüfung des Ausdrucks wird wohl nach wie vor manuell geschehen müssen.

Ein weiterer Punkt sind ihre Entwickler. Es ist notwendig, dass jeder im Projekt seine Arbeitsergebnisse überprüft, bevor er diese jemand anderem zur Verfügung stellt. Dies geschieht in der Regel manuell. Das Erstellen eines Testskripts ist für den Entwickler meistens zu aufwendig.

Des Weiteren sind bestimmte manuelle Tests von großem Vorteil. Ich denke da vor allem an die von mir so genannten „destruktiven Tests". Damit meine ich Tests, die nur ein Ziel verfolgen: das Produkt zu einem Fehlverhalten zu zwingen. Einfache „destruktive Tests" sind zum Beispiel

- den gesamten Unterarm auf die Tastatur legen,
- den Computer mitten in einer Aktion ausschalten, oder
- mal schauen, was passiert, wenn der Drucker einen Papierstau hat.

Aus Sicht einer reinen Kosten-/Nutzenbetrachtung hat eine Testautomatisierung klare Vorteile gegenüber der Durchführung von manuellen Tests.

Allerdings werden Sie nur dann richtig erfolgreich mit ihren Tests werden, wenn Sie eine gute Mischung beider Testformen finden und umsetzen.

7.4.2
Durchführung von Regressionstests

Im Gegensatz zur Frage, ob manuell oder automatisiert getestet werden sollte, stellt sich für mich die Frage nach der Durchführung von Regressionstests nicht. Regressionstests sind notwendig!

Warum? Stellen Sie sich einmal vor, dass Sie eine Version A ihres Produktes testen. Insgesamt führen Sie Tests für drei Anforderungen durch. Nun stellen Sie fest, dass ihre zweite Anforderung fehlerhaft umgesetzt wurde. Nachdem ihre Entwickler Ihnen signalisiert haben, dass sie den Fehler in Version B behoben haben, testen Sie nur die zweite Anforderung. Und siehe da, Sie sind unzufrieden, da der Fehler nicht behoben wurde. Nach einer erneuten Korrektur stellen Sie in Version C fest, dass die Umsetzung der zweiten Anforderung nun endlich korrekt arbeitet. Sie sind erleichtert.

Leider bemerken Sie nicht, dass ihre Entwickler bei der Fehlerbehebung bereits in Version B einen neuen Fehler in der Umsetzung der dritten Anforderung produziert haben. Auch wissen Sie nicht mit Sicherheit, ob die Umsetzung der ersten Anforderung noch wie in Version A funktioniert (siehe Abbildung 32). Es kann sein, dass der Fehler dann erst den Endbenutzern auffällt und dies wäre ärgerlich.

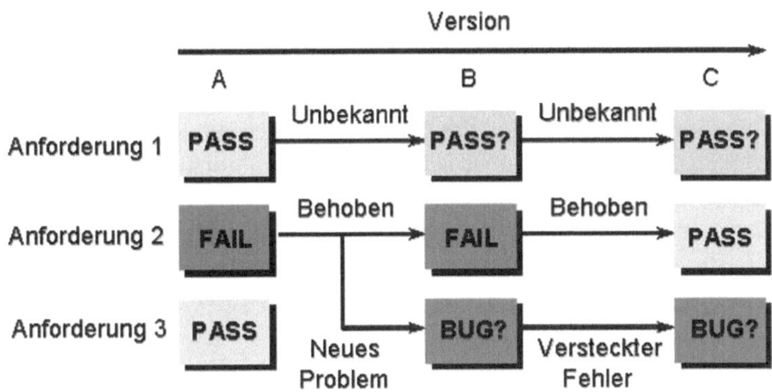

Abbildung 32: Entwicklung ohne Regressions-tests

Warum bemerken Sie den neuen Fehler nicht und warum wissen Sie nicht, ob die erste Anforderung korrekt umgesetzt wurde? Klar, Sie haben schließlich in Version B und C nur die in Version A fehlerhaft umgesetzte Anforderung getestet. Hätten Sie permanent die Umsetzungen aller drei Anforderungen überprüft, wäre Ihnen bereits in Version B aufgefallen, dass ihre Entwickler einen „Seiteneffekt" (den Fehler bei der Umsetzung der dritten Anforderung) produziert haben. Auch eine Aussage über die Funktionstüchtigkeit der Umsetzung der ersten Anforderung fällt dann leicht. Sie sind sich sicher, dass diese korrekt funktioniert (siehe Abbildung 33).

Seiteneffekte berücksichtigen

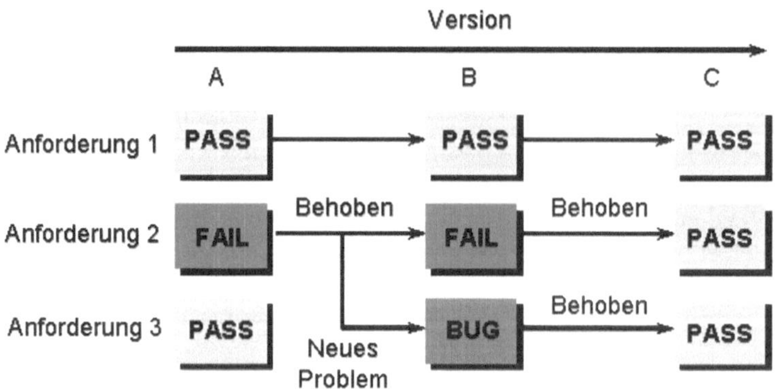

Abbildung 33:
Entwicklung mit
Regressions-
tests

Ohne die Wiederholung aller Tests – sprich einem Regressionstest –
können Sie sich nie sicher sein, ob alle Funktionalitäten ihres Produktes korrekt funktionieren. Dies ist der Grund für meine These:
Regressionstests sind notwendig! Das Zusammenspiel von Regressionstests und einer Testautomatisierung werde ich in Kapitel 7.6
erörtern.

7.5
Was testen?

Unterschiedliche
Verfahren zur
Testfall-
ermittlung

Für die Beantwortung der Frage „Was soll getestet werden?" verweise ich auf die zahlreichen Bücher zu den Themen Qualitätssicherung und Testen in der IT. In diesen finden Sie die unterschiedlichsten Verfahren zur Testfallermittlung, eine Beschreibung verschie-
denster Testtypen etc. Eine Ausführung zu diesen Themen füllt wie
bereits angedeutet ganze Bücher und würde den Rahmen dieses Buches damit ohne Probleme sprengen.

7.6
Testautomatisierung

7.6.1
Lohnt sich eine Testautomatisierung?

Eine schwere Frage. Viele haben sich an der Beantwortung bereits
versucht. Ich werde einen anderen Ansatz wählen und das Thema
nicht monetär, sondern zeitlich betrachten. Auch werde ich nicht
darüber philosophieren, ob sich Testen prinzipiell finanziell rechnet.

Auch diese Diskussion finden Sie nahezu in jedem Buch zum Thema Qualitätssicherung und Testen in der IT.

Nun haben wir in Kapitel 7.4 mindestens zwei Gründe für eine Testautomatisierung besprochen:

- Erhöhung des Testdurchsatzes und
- effektive Durchführung von Regressionstests.

Alleine durch die wesentlich höhere Geschwindigkeit bei der Testdurchführung kann sich eine Automatisierung von Tests rechnen. In der Zeit, die Sie benötigen, einen Test manuell auszuführen, wird ein Testwerkzeug seine bereits erstellten Testskripte abspielen und Sie damit locker hinter sich lassen. Somit sind Sie mit einem Testwerkzeug in der Lage, in der gleichen Zeit, die Sie für die Durchführung von manuellen Tests benötigen, eine erheblich größere Menge an automatisierten Tests ablaufen zu lassen. Dies führt zu einer starken Steigerung des Testdurchsatzes.

Allerdings gibt es dabei einen wichtigen Randparameter zu berücksichtigen. Testskripte müssen erst einmal erstellt werden. Dazu benötigen Sie mehr Zeit als für die Durchführung von manuellen Tests. Das heißt, dass Sie zu Beginn bei einer Testautomatisierung mehr Aufwand betreiben müssen: Sie investieren.

Diese Investition rechnet sich nur dann, wenn Sie ihre Testskripte mehrfach nutzen – heißt abspielen – können, um damit die Zeit zu sparen, die Sie für die gleichen Tests manuell benötigt hätten. Genau das ist der Randparameter: Abspielhäufigkeit von Testskripten.

Wenn es Ihnen nicht gelingen sollte, die Mehrzahl ihrer automatisierten Testskripte wiederholt – und hier meine ich mehr als zweimal – abspielen zu können, rechnet sich die Anfangsinvestition des erhöhten Aufwands für die Testskripterstellung nicht. Dann macht eine Testautomatisierung keinen Sinn.

In den nächsten vier Abschnitten werde ich auf einige spezielle Probleme, die bei der Testautomatisierung auftreten können, eingehen.

7.6.2
Problem: Versionswechsel des zu testenden Produktes

In der Realität ist es so, dass Sie ihre Testskripte in der Regel einmal ohne Probleme abspielen lassen können. Schließlich werden Sie ihre Testskripte mit der gleichen Produktversion ausprobieren wollen, die Sie beim Erstellen der Testskripte verwendet haben. Dabei gibt es normalerweise keine Probleme, da sich noch nichts an der Produktversion verändert hat.

Wie aber sieht es bei der nächsten Produktversion aus? Was ist mit neuer Funktionalität? Aus Sicht der Testskripte ist dies unerheblich, da die neue Funktionalität nicht beachtet und damit auch nicht getestet wird. Hier werden Sie weitere Testskripte erstellen oder bereits existierende Testskripte anpassen wollen.

Haben ihre Entwickler in der neuen Produktversion vielleicht Abläufe verändert? Nun wird es interessant. Funktionieren ihre Testskripte auch jetzt noch? Schließlich haben Sie diese anhand der Funktionalität einer Vorgängerversion ihres Produktes erstellt und ausprobiert. Sind ihre Testskripte so intelligent, sich nicht an dem geänderten Ablauf zu stören? Dies funktioniert in der Realität oft nicht. Abbildung 34 soll diesen Zusammenhang verdeutlichen.

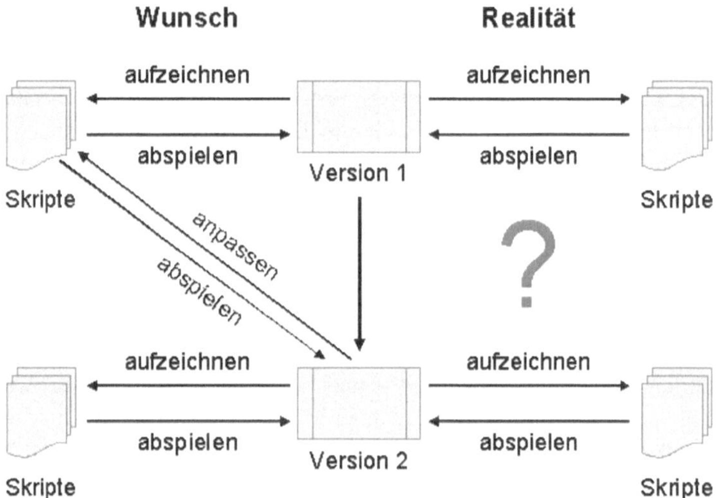

In Abbildung 34 ist auch der Ansatz eines Regressionstests leicht erkennbar. Es sollen letztlich alle Testskripte einer Produktversion auch in der nächsten Produktversion ausgeführt werden. Dies ist der klassische Anwendungsfall für eine Testautomatisierung. Schlimmer noch: Eine Testautomatisierung macht in meinen Augen erst dann Sinn, wenn ich Regressionstests mit Hilfe der erstellten Testskripte durchführen kann.

Wenn Sie nun bei einem Versionswechsel des zu testenden Produktes nahezu jedes Testskript anpassen oder sogar neu erstellen müssen, lohnt sich dann ihre Testautomatisierung noch? Wohl kaum!

Für Sie heißt dies, dass Sie über den Nutzen einer Testautomatisierung erst nach einem Versionswechsel des zu testenden Produktes eine Aussage treffen können.

7.6.3
Problem: Fehlerhäufung

Wenn Sie in der Vergangenheit erst am Ende des Projektes getestet haben sollten, werden Sie ein damit verbundenes Problem kennen.

Ab dem Moment, ab dem Sie mit dem Testen begonnen haben, werden Sie am Anfang gehäuft Fehler in ihrem Produkt entdecken. Da Sie sich bereits in der Nähe des Auslieferungstermins befinden, werden ihre Entwickler kaum noch die notwendige Zeit haben, das Produkt von den Fehlern zu befreien und damit zu stabilisieren. Schlimmer noch, in der nun normalerweise ausbrechenden Hektik werden bei der Fehlerbeseitigung weitere Fehler produziert. Somit beginnt sich die Spirale zu drehen. Auch Sie als Tester werden sich aus Zeitmangel auf die wesentlichen Tests beschränken. Das manuelle Testen dauert an dieser Stelle einfach zu lange, um viele Tests permanent zu wiederholen (siehe Abbildung 35).

Am Anfang findet man die meisten Fehler

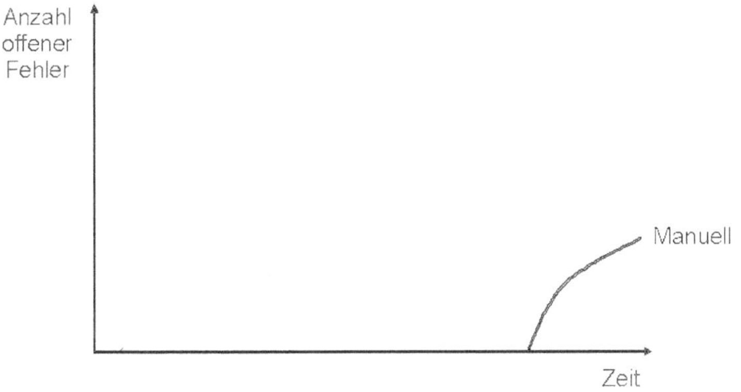

Abbildung 35: Folge von zu spätem Testen

Wenn Sie nun auch noch auf den Gedanken kommen, ihre Tests zu automatisieren, wird dies nicht so einfach sein. Denn bedenken Sie: Sie haben zu Beginn einen erhöhten Aufwand bei der Testautomatisierung im Vergleich zur Durchführung von manuellen Tests, und da Sie nahe am Auslieferungstermin sind ... Woher also die Zeit für die Erstellung der Testskripte nehmen.

Sie werden vermutlich zu Beginn nicht mehr Fehler in ihrem Produkt finden als ohne Testautomatisierung. Sollte es Ihnen gelingen, ihre Testskripte mehrfach auszuführen, werden ihre Entwickler es Ihnen danken. Sie erhöhen vermutlich durch die schnelleren und häufigeren automatischen Testdurchläufe die Anzahl an gefundenen Fehlern (hier werden Sie hauptsächlich „Seiteneffekte", d.h. Fehler, die bei der Beseitigung eines anderen Fehlers entstanden sind, finden). Das heißt, dass Sie ihren Entwicklern, die ohnehin unter Zeitdruck stehen und nicht wissen, wann Sie die bereits bekannten Fehler beheben sollen, noch mehr Fehler „aufhalsen" (siehe Abbildung 36).

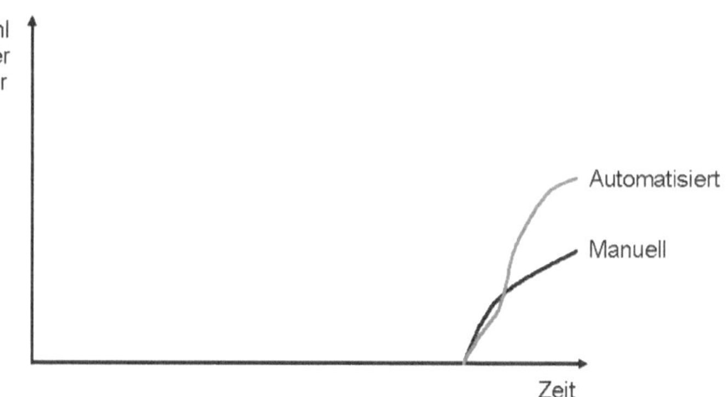

Was können Sie tun, wenn Sie nun genau in dieser Phase stecken? Sollten Sie dann auf eine Testautomatisierung verzichten? Zumindest sollten Sie einen guten, mit dieser Situation vertrauten und erfahrenen Berater hinzuziehen, wenn Sie es dennoch versuchen wollen.

Sollten Sie noch mitten in ihrem Projekt sein, haben Sie eine realistische Chance, mit der Einführung von Tests erfolgreich zu sein. In diesem Fall sollten Sie tatsächlich den Entwicklungs- und Testprozess entkoppeln und an bestimmten Stellen synchronisieren (siehe Kapitel 7.3).

Allerdings sollten Sie aufpassen, dass Ihnen dabei nicht das Phänomen der „Fehleranhäufung" begegnet. Es tritt zutage, indem bei einem Test einige Fehler gefunden wurden und die Entwickler keine Zeit haben die Fehler zu beheben.

Das Phänomen der „Fehleranhäufung" tritt mit Zeitverzögerung auf. Zu Beginn der Projekts haben ihre Entwickler noch die Zeit, die wichtigsten Fehler zu beheben. Das ändert sich dann im weiteren Projektverlauf. Die Entwickler haben immer weniger Zeit, um die gefundenen Fehler zu korrigieren. Stattdessen sind sie gezwungen, weitere neue Funktionalität auf der bereits bestehenden und fehlerhaften zu implementieren. Was dabei rauskommt, können Sie sich sicherlich denken.

Nun wird wieder getestet. Die Tester ärgern sich darüber, dass immer noch die alten Fehler im Produkt zu finden sind. Wissen die

Entwickler eigentlich, wie frustrierend es ist, immer den gleichen Fehlern zu begegnen? Und überhaupt, die Entwickler verstehen die Tester nicht.

Die Tester finden weitere Fehler. Die Entwickler ärgern sich darüber, dass die Tester ihnen gegenüber kein Verständnis haben und Ihnen weitere Fehler zur Korrektur „aufbürden". Obwohl Sie genau wissen, dass die Entwickler keine Zeit haben. Und überhaupt, die Tester verstehen die Entwickler nicht.

Und wieder haben die Entwickler keine Zeit, die gefundenen Fehler zu beheben. Die Tester ärgern sich, finden weitere Fehler, die Entwickler ärgern sich, (siehe Abbildung 37).

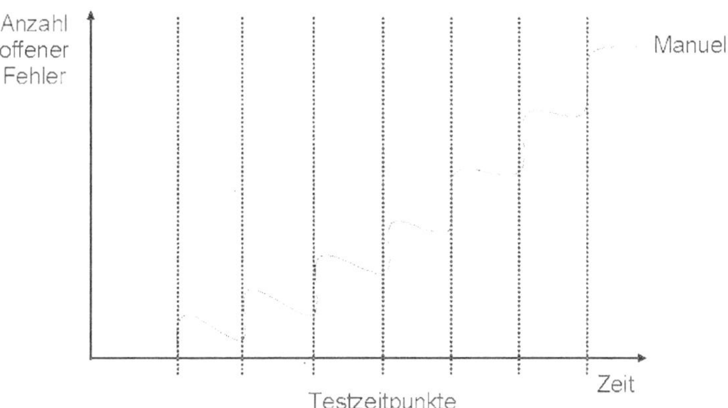

Abbildung 37: Testen ohne Zeit zur Fehlerbehebung

Wie denken Sie wohl sieht diese Grafik aus, wenn Sie nun auch noch automatisiert Testen und so ihren Testdurchsatz erhöhen? Ich glaube, dass ich Ihnen die entsprechende Grafik ersparen kann.

Was aber tun? Ganz einfach: Geben Sie ihren Entwicklern nach einem Test Zeit für die Fehlerbehebung und planen Sie diese Zeit im Projektzeitplan mit ein!

Legen Sie zu Beginn des Projektes einen Qualitätslevel fest. Sollten Sie diesen nach einem Test nicht erreicht haben, stoppen Sie die Entwicklung von neuer Funktionalität. Das gesamte Projektteam ist nun damit beschäftigt, wieder den Qualitätslevel zu erreichen (siehe Abbildung 38).

Zeit für die Fehlerbehebung von Anfang an einplanen

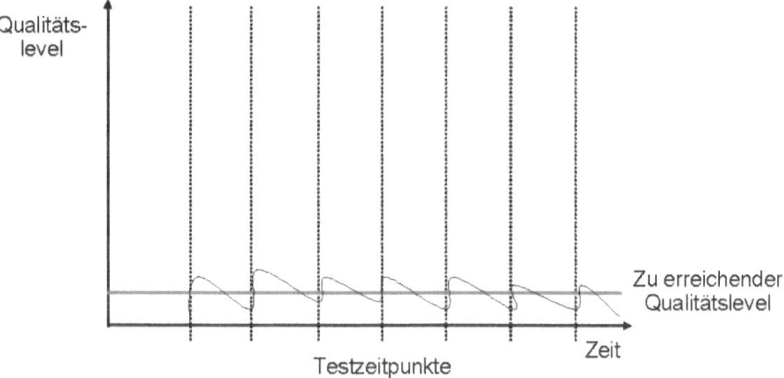

Abbildung 38:
Testen mit der
Zeit zur Fehler-
behebung

Was haben Sie davon, so zu arbeiten? Eine ganze Menge! Zum einen wissen Sie, dass Ihr Produkt zu jedem Zeitpunkt stabil genug läuft und die bereits implementierte Funktionalität stimmt. Das schafft Vertrauen in die eigene Arbeit. Das schafft Vertrauen beim Kunden und Endbenutzer, weil Sie denen immer etwas Funktionierendes zeigen können. Zum anderen üben Sie das Stabilisieren ihres Produktes. Je näher Sie dem Fertigstellungstermin kommen, desto wichtiger ist diese Erfahrung. In der Hektik am Projektende behält so das gesamte Projektteam einen klaren Kopf, denn sie wissen, dass Sie eine Version stabilisieren und fertig stellen können. Schließlich haben Sie dies schon mehrfach vorher trainiert.

7.6.4
Problem: Verschiebung der Aufwandsverteilung

Wenn Sie mit der Testautomatisierung beginnen, werden Sie in die Testplanung und die Entwicklung ihrer Testskripte viel Zeit investieren. Ihre ersten Testläufe werden recht kurze Laufzeitenbenötigen, da Sie zu einem so frühen Zeitpunkt eher wenige Testskripte zur Ausführung zur Verfügung haben. Bei kurzen Testlaufzeiten wird auch die Zeit für die Analyse der Testergebnisse gering sein.

Anzahl der
Testskripte
steigt im Laufe
der Projektzeit

Nach einiger Zeit werden Sie immer mehr Testskripte erstellt haben. Dies hat zur Folge, das ihre Testlaufzeiten steigen und damit auch die Zeit, die Sie für die Analyse der Testergebnisse benötigen. Im Gegensatz dazu nimmt der Testplanungsaufwand ab.

Zum Projektende hin werden sich die Verhältnisse im Vergleich zum Projektstart nahezu umgekehrt haben. Sie brauchen nur noch die Tests für Änderungen zur nächsten Produktversion zu planen. Auch der Aufwand für die Erstellung und Anpassung von Testskripten beschränkt sich auf neue oder geänderte Funktionalitäten in der neuen Produktversion. ihre Testlaufzeiten werden im Vergleich zum

Projektbeginn sehr lang sein, da im Sinne von Regressionstests möglichst viele Testskripte ausgeführt werden. Dadurch kann der Aufwand für die Ergebnisanalyse drastisch ansteigen (siehe Abbildung 39).

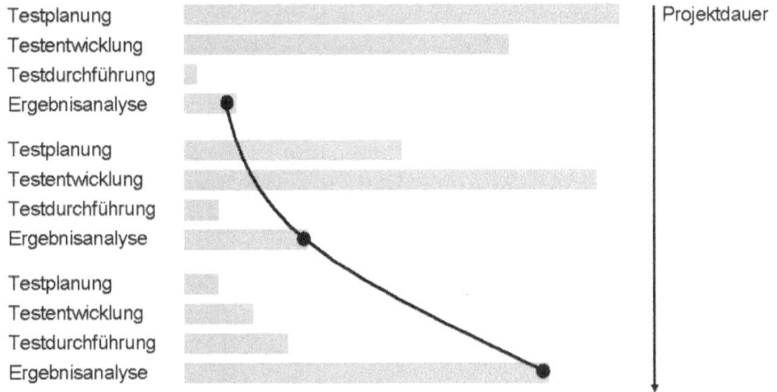

Abbildung 39: Verschiebung der Aufwandsverteilung

An dieser Stelle werden Sie Schwierigkeiten haben, ihrem Projektleiter oder ihren Entwickler klar zu machen, dass Sie auf die Testergebnisse mehrere Tage zu warten haben, obwohl der Tests innerhalb von 12 Stunden absolviert wurde.

Wenn Sie sich Abbildung 39 betrachten, sollten Sie zu Beginn ihrer Tests möglichst effektiv ihre Testplanung und -entwicklung betreiben. Auf eine effektive Testdurchführung oder Ergebnisanalyse werden Sie wenig Wert legen. Am Ende des Projekts werden Sie versuchen, ihre Ergebnisanalyse so effektiv und effizient wie möglich zu gestalten.

Ergebnisanalyse so effektiv und effizient wie möglich gestalten

Dummerweise legen Sie bereits in der Testplanung und -entwicklung den Grundstock für eine effektive und effiziente Ergebnisanalyse. Sie müssen also bereits in den ersten beiden Phasen ihres Testprozesses an morgen, d.h. die Analyse von vielen Ergebnissen, denken. Dies ist nicht einfach, aber notwendig.

7.6.5
Problem: Testautomatisierung ohne Plan(ung)

Vielleicht wundern Sie sich, dass ich diesen Punkt aufgreife. Aus Erfahrung kann ich Ihnen sagen, dass ich viele Projekte erlebt habe, in denen einfach begonnen wurde zu testen und dies dann auch noch unkoordiniert.

Vergleiche ich das wiederum mit dem Abnehmen, käme das einem planlosen Vorgehen beim Abnehmen und einer durchgeführten

Trennkost mit gleichzeitigem „Friss-die-Hälfte" gleich. Dies kann in der Regel nicht funktionieren, da zumindest die beiden Verfahren aufeinander abgestimmt werden müssen. Ganz zu schweigen von der Notwendigkeit, sich eine generelle Taktik für das Abnehmen zu überlegen. Evtl. spricht man diese sogar mit einem Arzt oder Ernährungsexperten durch.

Übertragen auf das Testen bedeutet dies: Wenn Sie also mehrere Tester in ihrem Projekt haben, sollten Sie dafür sorgen, dass diese aufeinander abgestimmt testen. Auch hier kann das Hinzuziehen eines Experten zu Beginn hilfreich und damit sinnvoll sein.

Dass Sie ohne Plan(ung) und ohne Koordination nicht testen sollten, gilt gleichermaßen für die Durchführung von manuellen und automatisierten Tests. Bei letzteren verschlimmert sich die Sachlage alleine dadurch, dass Sie es sich nicht leisten können, schlecht entwickelte Testskripte neu erstellen zu müssen, wenn der Kollege, der diese Testskripte geschrieben hat, zufälligerweise mitten im Projekt das Unternehmen verlässt.

Sie benötigen also zumindest in ihrem Projekt allgemein bekannte Testvorgaben. Somit sind wir bei dem Thema Testprozesse angelangt.

7.7
Testprozesse

7.7.1
Einführung

Wie bereits in Kapitel 7.6.5 erwähnt, dient ein Testprozess der Strukturierung, Koordination und Steuerung der während des Testens anfallenden Tätigkeiten und ist damit eine wichtige Voraussetzung, um Testerfolge zu erzielen und vor allem wiederholbar zu machen. Ein Testprozess besteht für mich aus

* einer Dokumentation und
* seiner Implementierung.

Beides halte ich für wichtig. Dennoch liegt die Priorität bei der Implementierung des Testprozesses, denn Prozesse, die nicht gelebt werden – und das heißt implementiert in diesem Zusammenhang –, existieren nicht!

Die Dokumentation ist als Stütze für den Einzelnen sehr wichtig. Aus Erfahrung kann ich sagen, dass kaum jemand eine Prozessdokumentation komplett liest. Prozesse lernt man durch die praktische Anwendung und nicht nur durch eine theoretische Schulung oder das Studium von Büchern.

Niemand liest eine zu umfangreiche Prozessdokumentation

Eine Dokumentation sollte Hilfestellungen bieten. Sie sollte so strukturiert sein, dass der Hilfesuchende schnell zu der Stelle kommen kann, die seine Frage beantwortet. Ich habe Prozessbeschreibungen gesehen, die über 1.000 Seiten dick waren. Glauben Sie mir, das liest außer den Autoren keiner mehr. Vom Behalten der Inhalte möchte ich lieber nicht schreiben. Nachdem eine solche Prozessbeschreibung auf nur 200 Seiten zusammengefasst wurde, wurde sie von nahezu allen gelesen, verstanden und letztlich auch umgesetzt. Der Erfolg war gesichert. Ein Testprozess sollte im Minimum

- Arbeitsschritte (inkl. Koordination und Steuerung derselben),

- deren Ergebnistypen und

- Verantwortlichkeiten (sprich Rollen)

- beschreiben. Weitere Themengebiete – wie zum Beispiel grundlegende Testkonzepte – können bei Bedarf ergänzt werden.

Inhalte eines Testprozesses

Meine Prämisse hier ist ganz klar: Schlanke Prozesse, die den involvierten Mitarbeitern Freiräume zur individuellen Entfaltung bieten, haben eine sehr gute Chance, zu überleben.

Für diese Prämisse kenne ich mittlerweile einige gute Beispiele aus eigener Erfahrung. Meine Erfahrungen mit dem Gegenteil überwiegen leider und sind in der Regel nicht positiv.

7.7.2
Arbeitsschritte

Arbeitsschritte beschreiben konkret

- was,

- wann,

- wie und

- von wem

Aufgabe von Arbeitsschritten

zu tun ist.

Dabei ist auch die zeitliche und inhaltliche Koordination verschiedener Arbeitsschritte ein ganz wichtiger Aspekt. Auch die Beantwortung von Fragen wie

- „Wie erkenne ich, wie lange ich noch für den Arbeitsschritt benötigen werde?",

- „Wie erkenne ich das Ende des Arbeitsschrittes?" und

- „Wem muss ich meine Ergebnisse zur Kontrolle vorlegen?"

sollten bei der Beschreibung der Arbeitsschritte nicht zu kurz kommen. Ein Arbeitsschritt hat auch immer

- einen Startpunkt,

- einen Endpunkt und

- einen Ergebnistyp,

d.h., ein Arbeitsschritt erzeugt auf jeden Fall ein nachweisbares und überprüfbares Ergebnis.

Typische Arbeitsschritte in einem Testprozess:

- Festlegung der Teststrategie

- Definition der Testumgebung

- Aufsetzen der Testumgebung

- Festlegung der Testanforderungen

- Design von Testfällen

- Implementierung der Tests

- Testdurchführung

- Analyse der Testergebnisse

- Review des Testprozesses

- etc.

Die zeitliche Abfolge und auch die Koordination gröberer Arbeitspakete kann dann in der Form geschehen, wie in Abbildung 40 dargestellt. Abbildung 40 gibt die Testdisziplin aus dem Rational Unified Process® (RUP®) wieder.

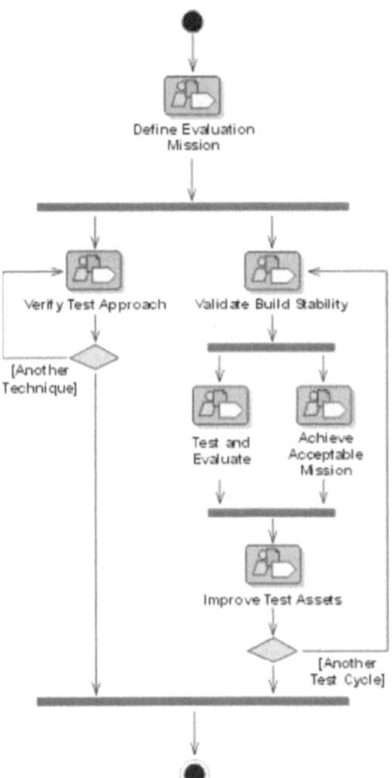

Abbildung 40: Koordination gröberer Arbeitspakete in einem Testprozess

Eine detailliertere Darstellung eines Teils des Arbeitspakets „Test and Evaluate" finden Sie in Abbildung 41.

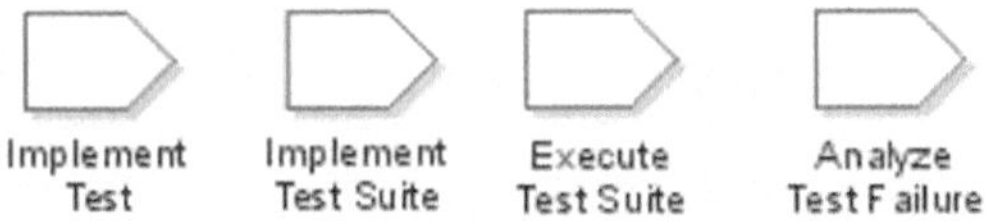

Abbildung 41: Genauere Beschreibung der Arbeitsschritte im Arbeitspaket "Test and Evaluate"

Wie nun genau zum Beispiel der Arbeitsschritt „Implement Test" durchgeführt werden soll, liegt meistens in Form von geschriebenen Arbeitsanweisungen vor.

Vor einem sollten Sie sich allerdings bei der Definition von Arbeitsschritten hüten. Denken Sie immer daran, dass Menschen die meisten der geplanten Arbeitsschritte durchführen werden. Nehmen Sie bei der Definition der Arbeitsschritte Rücksicht auf diese Menschen. Ansonsten werden Sie Schiffbruch erleiden, und Ihr Prozess ist zwar schön beschrieben, aber gelebt wird er nicht. Denken Sie daran: Prozesse, die nicht gelebt werden, existieren nicht!

Lassen Sie mich an einem kleinen Beispiel, die Wichtigkeit des „Faktors Mensch" bei der Prozessimplementierung verdeutlichen.

Einer ihrer Kollegen findet seit acht Jahren auf eine bestimmte Weise seine Testfälle. Dieses Verfahren ist nirgendwo dokumentiert. Ihr Kollege ist damit sehr erfolgreich. Er findet in der Regel durch seine Tests viele Fehler. Nun kommen Sie daher und sagen im: „Ab morgen verwendest Du bitte das Verfahren „Gute Testfälle finden" aus unserem neuen Testprozess. Die Testfälle beschreibst Du bitte zukünftig in Microsoft Word für Windows und nicht wie Du es bisher gemacht hast in Microsoft Excel für Windows."

Was glauben Sie, wird Ihr Kollege als Erstes denken? Ihm muss es so vorkommen, als habe er die letzten Jahre falsch oder schlecht gearbeitet. Seine bisherige Arbeit erfährt plötzlich keine Wertschätzung mehr. Er wird – zumindest unterbewusst – mit Ablehnung reagieren. Dies ist für die Implementierung eines Testprozesses reines Gift.

Menschen haben oft Angst vor Veränderungen. Neue Arbeitsschritte einzuführen, bedeutet, Arbeitsweisen von Menschen zu verändern. Das stößt oft auf Ablehnung. Über Change-Management Prozesse gibt es eine ganze Reihe sehr guter Bücher. Ich kann Ihnen nur empfehlen, sich damit auseinander zu setzen, wenn Sie planen, einen Testprozess in ihrem Unternehmen oder Projekt einzuführen (selbstverständlich ist dieses Thema bei allen Prozessimplementierungen anzutreffen und wichtig).

7.7.3
Rollen

Rollen beschreiben konkret

- was

- von wem

zu tun ist. Dabei ist der Begriff Rolle nicht mit einer Person gleichzusetzen. Eine Rolle ist vielmehr eine Verantwortlichkeit. Zum Beispiel ist die Rolle „Tester" in der Testdisziplin des Rational Unified Process für die Implementierung, die Testdurchführung und die Ergebnisanalyse verantwortlich.

Selbstverständlich haben Sie mehrere Personen, die sich diese Verantwortung teilen, d.h., mehrere Personen teilen sich diese Rolle. Auch das Bündeln von Rollen in einer Person ist üblich. Dabei ist darauf zu achten, dass die jeweiligen Interessen und Ziele der unterschiedlichen Rollen keine Konflikte beinhalten. Ein solcher Interessekonflikt kann in der Regel von einer Person nicht gelöst werden.

Mindestens eine der Rollen bleibt dabei auf der Strecke. In einem Testprozess gibt es klassischerweise

- den Testmanager,
- den Testanalysten,
- den Testdesigner und
- den Tester

als Rollen.

In Abbildung 42 sehen Sie eine mögliche der Darstellung der Zuordnung von Arbeitsschritten zu einer Rolle. Die Darstellung stammt abermals aus dem RUP.

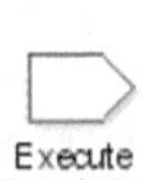

Abbildung 42: Zuordnung von Arbeitsschritten zu einer Rolle

Bei der Zuordnung von Rollen zu Personen sollten Sie darauf achten, dass die Person die Fähigkeit besitzt, die die Rolle verlangt.

Ein häufiges Beispiel, wie es nicht sein sollte, kommt nicht aus dem Testbereich. Es ist der Projektleiter. Oft werden sehr gute Techniker plötzlich als Projektleiter eingesetzt. Die Gründe dafür reichen von einem Karriereschritt bis hin zu einem Mangel an Mitarbeitern. Ein guter Projektleiter benötigt allerdings auch eine Menge an so genannten „soft skills". Dies sind zum Beispiel:

- Gruppendynamik,
- Kommunikation- und Moderationsfähigkeiten oder
- Konfliktlösungsmethoden.

Leider lernt ein Projektleiter diese nicht einfach mal so nebenbei. Eine Ausbildung der neuen Projektleiter in diese Richtung findet in der Regel nicht statt. Als exzellente Techniker sind solche „soft skills" nicht zwingend notwendig, um erfolgreich zu sein. Als Projektleiter schon. Was passiert? Der Projektleiter ist überfordert und scheitert. Das Projekt kommt in Verzug, die Projektmitarbeiter verlassen evtl. demotiviert das Unternehmen etc. Der Projektleiter selber wäre dann doch lieber Entwickler geblieben und will zurück zu seiner vertrauten Technik. Da kann ihm nichts passieren, da kennt er sich aus, und er ist um eine frustrierende Erfahrung reicher. Und das

alles nur, weil man dem Projektleiter keine Chance gegeben hat, die
notwendigen Fähigkeiten zu erlernen.

7.7.4
Ergebnistypen

Ein Ergebnistyp beschreibt das Ergebnis eines Arbeitsschrittes. Es
sollte pro Arbeitsschritt nur einen Ergebnistyp geben. Typische Ergebnistypen in einem Testprozess sind:

- Testplan

- Testfall

- Testskript

- Testergebnisse

- Beschreibung der Testumgebung

- Testrichtlinien

- etc.

Es spielt keine Rolle, in welcher Form ein Ergebnistyp vorliegt. Es
kann sich um ein Microsoft Word für Windows®-Dokument, eine
Datenbank oder eine Grafik handeln. Wichtig ist allerdings, dass ein
Ergebnistyp immer einem Arbeitsschritt zugeordnet ist. Auch sollte
damit klar sein, welche Rolle für die Erstellung und Pflege des Er-
gebnistyps verantwortlich ist.

Vermeiden Sie es, die Verantwortung für einen Ergebnistyp auf
mehrere Personen oder gar Rollen zu verteilen. Kennen Sie in diesem Zusammenhang die Bedeutung von TEAM: Toll ein anderer
macht's. Sobald mehr als eine Person für etwas zuständig ist, besteht
die Gefahr, dass der eine sich auf den anderen verlässt: „Mein Kollege wird das Dokument schon schreiben."

In Abbildung 43 und Abbildung 44 finden Sie wiederum Beispiele für Darstellungen der Zuordnungen von Ergebnistypen zu Rollen
und zu Arbeitschritten aus dem RUP.

Abbildung 43:
Zuordnung von Ergebnistypen zu einer Rolle

Um ihren Mitarbeitern die Arbeit zu erleichtern, sollten Sie für jeden Ergebnistyp eine einheitliche Vorlage bereitstellen. Zusammen mit den Arbeitsanweisungen für die Durchführung von Arbeitsschritten (siehe Kapitel 7.7.2) und der Aufgabenbeschreibung der Rolle ergibt sich so eine echte Hilfestellung für den Mitarbeiter.

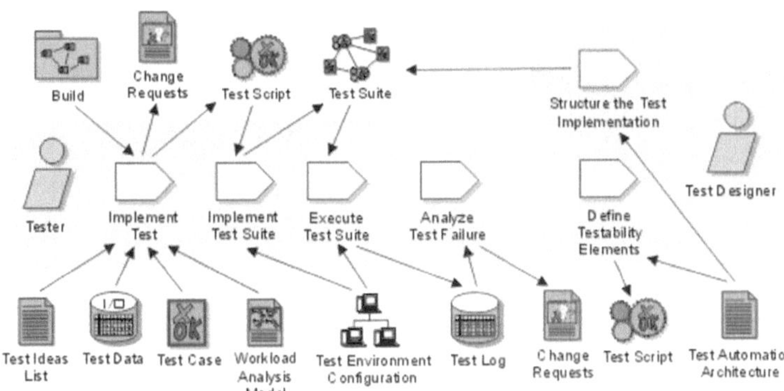

Abbildung 44:
Zuordnung von Ergebnistypen zu Rollen und Arbeitsschritten

7.7.5
Beschreibung und Implementierung eines Testprozesses

Zum Abschluss möchte ich Ihnen nicht verschweigen, was Sie ohnehin schon ahnen. Ein Testprozess ist eine komplexe Angelegenheit. Er besteht aus einer Reihe von Grafiken und Dokumenten.

Um Ihnen von der Komplexität einen Eindruck zu vermitteln, gebe ich die kompletten Darstellungen aus dem RUP, die ich für die grafischen Auszüge in diesem Kapitel weiter oben verwendet habe, wieder.

Abbildung 45:
Arbeitspaket
"Test and
Evaluate"

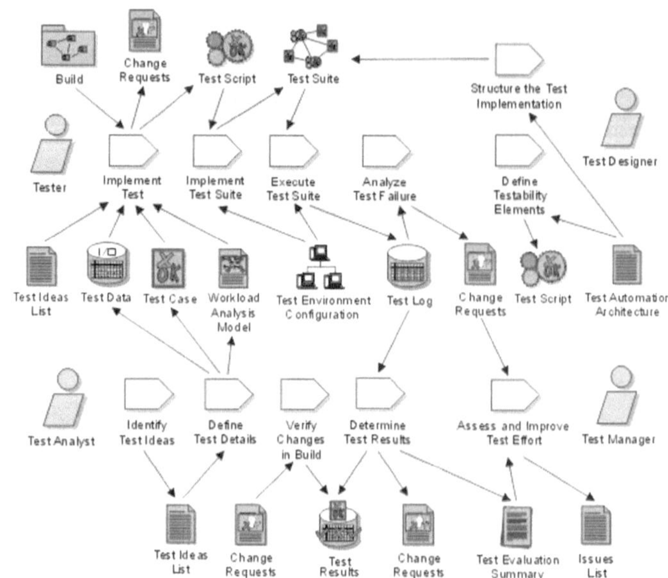

Abbildung 46:
Zuordnung von
Arbeitschritten
zu Rollen

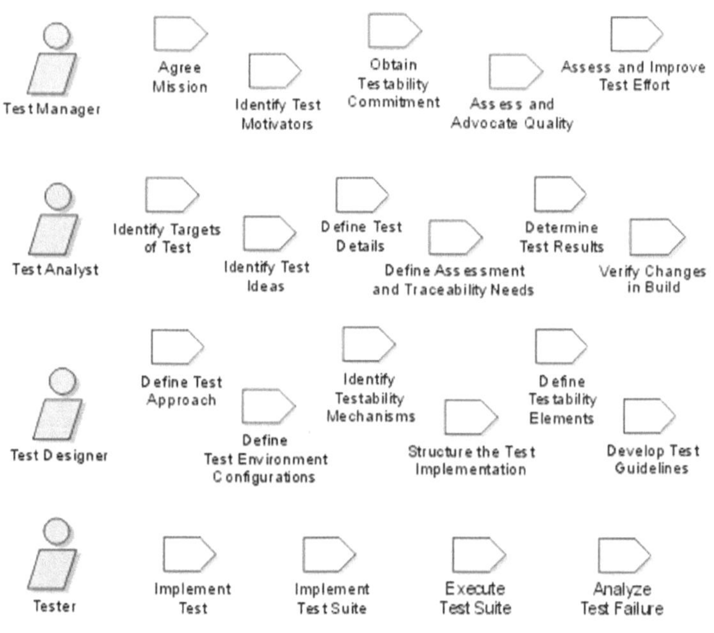

7 Das ständige Testen nicht vergessen

Abbildung 47: Zuordnung von Ergebnistypen zu Rollen

Zu den grafischen Elementen kommen noch eine Menge an Arbeitsanweisungen, Rollenbeschreibungen, Beschreibungen von Ergebnistypen, Vorlagen zu den Ergebnistypen und die Beschreibung grundlegender Testkonzepte hinzu.

Nun lassen Sie sich bloß nicht von dieser Komplexität entmutigen. Wie bereits erwähnt, haben Sie ohne einen Testprozess kaum eine Chance, ihre Testerfolge wiederholbar zu machen. Es bleiben dann doch eher Zufallserfolge.

Nicht von der Komplexität entmutigen lassen

Durch die Komplexität wird aber deutlich, dass Sie für die Dokumentation und Implementierung eines Testprozesses Zeit benötigen. Das geht nicht von heute auf morgen.

Bei der Dokumentation können Sie eine Menge Zeit und Geld sparen, indem Sie auf einen bereits vorhandenen und beschriebenen Testprozess – wie zum Beispiel den Rational Unified Process – zurückgreifen und diesen an ihre speziellen Bedürfnisse anpassen. Als Medium für die Dokumentation hat sich das Intranet durchgesetzt. Es ermöglicht den Zugriff von überall und zu jeder Zeit. Auch die Pflege ist, verglichen mit einer schriftlichen Form, leichter und einfacher zu realisieren.

Bei der Implementierung funktioniert das nicht so einfach. Hier haben Sie nur die Möglichkeit, durch die Unterstützung von einem erfahrenen Berater Fehler zu vermeiden. Achten Sie bei der Auswahl des Beraters besonders auf dessen „soft skills". Neben dem Prozess-Know-how braucht er eine Menge Erfahrung im Umgang

Die „soft skills" sind entscheidend

mit Menschen. Auch sollte er ein guter Vermittler und erfahrener Projektmanager sein.

7.8
Fazit

Testen ist notwendig, um die gesteckten Qualitätsziele im Projekt zu erreichen. Ohne ein Werkzeug zur Testautomatisierung ist der erforderliche Testdurchsatz kaum zu erreichen. Allerdings lauern – wie bei jedem Werkzeugeinsatz in der IT – Gefahren auf dem Weg zum effektiven Einsatz eines Testwerkzeugs. Sind diese bekannt, können Sie leicht umgangen werden und dem erfolgreichen Einsatz eines Testwerkzeugs steht nichts mehr im Wege. Bedenken Sie: „A fool with a tool is still a fool."

Ohne einen praktikablen Testprozess ist der Erfolg des Testens prinzipiell in Frage gestellt. Zumindest wird die Wiederholbarkeit von Erfolg beim Testen zur Glückssache.

8 Rechtzeitiges Konfigurationsmanagement

Rainer Heinold

8.1 Konfigurationsmanagement heute

Es ist heute keine Frage mehr, ob ein ernsthaftes Projekt ein Konfigurationsmanagement (KM) braucht. Vielmehr geht es darum, wie viel davon es denn sein soll. Im Gegensatz zu anderen Bereichen innerhalb der Softwareentwicklung gibt es aber hier einen geradezu abenteuerlichen Wildwuchs. Standardisierung? Weitgehend Fehlanzeige. Ein und derselbe Begriff bezeichnet mal dies und mal das.

Aber auch der immer höhere Druck auf die Projekte sorgt für minimalistische Ansätze, da das Konfigurationsmanagement oftmals als Overhead angesehen wird. Was bedeutet also rechtzeitiges Konfigurationsmanagement und wie sollte es ausgeprägt sein?

8.2 Von Anfang an

Im Grunde ist die Definition von rechtzeitigem Konfigurationsmanagement ganz einfach: der KM-Plan und das Setup des Projekt-KM-Systems müssen mit offiziellem Beginn des Projektes abgeschlossen sein.

Einige Projektpläne sehen immer noch vor, das KM-System mit dem Beginn der Codierungsphase in Betrieb zu nehmen. Dies geht schon in Richtung Fahrlässigkeit, denn in jedem Projekt entstehen bereits vorher Artefakte, die unter Umständen in mehreren Versionen reproduziert werden müssen.

Diese späte Inbetriebnahme stammt häufig noch aus einer Zeit, in der die Prozessmodelle überwiegend in Wasserfällen organisiert

Konfigurationsmanagement ist Pflicht

Definition von rechtzeitigem Konfigurationsmanagement

waren und Software noch ausschließlich aus Software bestand.
Diese Zeit ist aber, so es sie den jemals wirklich gegeben hat, vorüber.

Moderne Softwareprozesse (iterativ oder nach dem Spiralmodell)
erwarten geradezu Änderungen an allen möglichen Artefakte über
den gesamten Entwicklungszyklus hinweg.

Und um moderne, häufig sehr komplexe Systeme zu verstehen,
braucht es viel mehr als nur die Sourcen, nämlich Dokumentation,
Modelle, Anforderungen, Tests usw. Selbst der Begriff Source ist in
einer Zeit, in der Code, Content und Layout miteinander verschmel-
zen, nicht mehr so klar wie noch im Prä-Internet-Zeitalter zu Beginn
der 80er Jahre des letzten Jahrhunderts.

Selbst wenn der zweite Teil der Definition aufgeweicht würde,
z.B. „... mit Entstehen der ersten Artefakte, die eventuell in unterschiedlichen Versionen zu reproduzieren sind ...“ – in der Praxis
würde es kaum einen Unterschied bedeuten, da solche Artefakte von
Anfang an entstehen.

8.3
Vom Umgang mit Artefakten

Wie werden Artefakte am sinnvollsten behandelt? Diese Frage ist
wesentlich schwieriger zu klären als die Frage nach dem Zeitpunkt
der Einführung, hat sie doch direkte Auswirkung auf die Produktivität und die Akzeptanz der KM-Lösung durch die Anwender.

8.3.1
Artefakt oder Aktivität – wer führt?

Bevor die Abbildung der Artefakte im KM-System betrachtet wird,
geht es um die grundsätzliche Organisation der Tätigkeiten. So banal
die Frage auch klingen mag, so hat sie doch einen wesentlichen Einfluss auf die KM-Umgebung.

8.3.1.1
Artefaktorientiertes KM

Betrachten wir zunächst die Merkmale eines artefaktorientierten
KM. Im Zentrum steht ein Artefakttyp, an den der gesamte Prozess
und Workflow gekoppelt ist. Jedes im KM-System abgelegte Objekt
gehört zu einem solchen Typ; seine Bearbeitung unterliegt damit den
definierten Regeln. Die Arbeitsumgebungen werden zumeist über
zusammengesetzte Objekte identifiziert (Change Sets), welche eben-

falls in unterschiedlichen Versionen selektiert werden können. Die durchzuführenden Aktivitäten besitzen in der Regel einen sehr einfachen Ablauf (Ready->Activ->Closed).

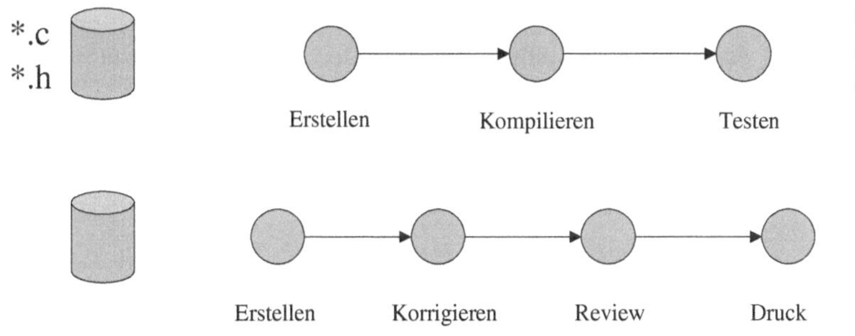

Abbildung 48:
Artefakt-
orientiertes KM

8.3.1.2
Aktivitätsorientiertes KM

Im Gegensatz zum artefaktorientierten KM ist hier der *Aktivitätstyp* der Dreh- und Angelpunkt. An ihn sind der Lifecycle, der Prozessablauf und die Sicherheitsmechanismen gekoppelt. Der Begriff des Change Set hat hier die genau entgegengesetzte Bedeutung. Er ist nicht Grundlage der Arbeitsumgebung, sondern quasi ein Protokoll sämtlicher Änderungen an Artefakten, die auf Grund der Aktivität durchgeführt wurden.

Für die Arbeitsumgebung werden zumeist alle Artefakte bereitgestellt, welche in einer bestimmten zusammengehörenden Version selektiert werden.

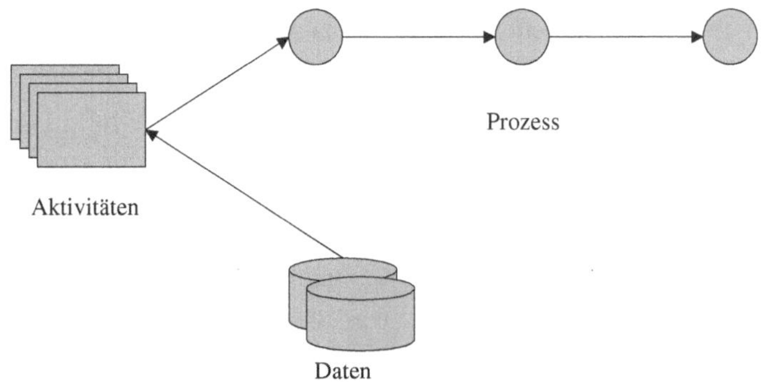

Abbildung 49:
Aktivitäts-
orientiertes KM

8.3.1.3
Eine Mischung aus beidem

Jede der beiden Varianten hat Vor- und Nachteile. Ein artefaktorientiertes System ist einfach aufzusetzen, es berücksichtigt aber nicht den Fortschritt im Projekt. Komplexe Prozesse, die in den einzelnen Phasen der Entwicklung unterschiedliche Bearbeitungsschritte von Artefakten verlangen, sind damit nur schwer abbildbar.

Ein aktivitätsorientiertes System verlangt zumindest zusätzliche Mechanismen zur Einhaltung geltender Regeln, da die Entwickler bei der Änderung der Objekte größere Freiheiten und Möglichkeiten haben.

Die Wahrheit liegt, wie so oft im Leben, nicht im Extrem, sondern in der Mitte. Bestimmt wird die exakte Ausprägung durch folgende Faktoren:

Faktoren für eine exakte Ausprägung

- Komplexität des Projektes

- Größe des Projektes

- Externe Anforderungen (z.B. Normen, Audits etc.)

- Erfahrung des Projektteams im Umgang mit KM

Aber nochmals: Egal wie die Anforderungen lauten, das KM-System muss von Anfang an bereitstehen.

8.3.2
Der KM-Plan und dessen Implementierung

Wesentliche Inhalte eines KM-Plans lassen sich nicht pauschalisieren

Eine der am meisten diskutierten Fragen ist die Frage nach Umfang und Inhalt des KM-Plans. Was muss hinein, was ist überflüssiger Ballast? Obwohl es keine pauschalen Antworten darauf gibt, da die Projekt- und Unternehmensbesonderheiten sehr großen Einfluss darauf haben, kann man doch einige bewährte Punkte aufführen, welche nachfolgend aufgezeigt werden.

8.3.2.1
Zeitpunkt und Beteiligte

Die Planung sowie der damit verbundene Implementierungsplan sollten als eigener Unterpunkt im gesamten Projektplan aufgenommen werden. Moderne Softwareentwicklungsprozesse auf Basis des iterativen Ansatzes (z.B. der Rational Unified Process) propagieren einen gesamten Durchstich durch die einzelnen Workflows bereits in der ersten Iteration mit dem Ziel, zu einer sehr frühen Projektphase bereits über testbare Ergebnisse zu verfügen.

Doch auch klassische, auf dem Wasserfall- oder einem verwandten Modell basierende Prozesse produzieren von Anfang an Artefakte, die für das Gesamtprojekt von Bedeutung sind und somit in einem KM-System abgelegt werden sollten.

Wer sollte aber an der Planung beteiligt werden? Die in vielen Fällen gängige Praxis besteht dann, dass dies vom KM-Verantwortlichen oder vom KM-Team erledigt werden soll. Gerade diese Sichtweise führt aber in späteren Projektphasen zu unnötigen, weil vermeidbaren Problemen.

Generell sollte jeder, *dessen Arbeitsbereich vom KM-System betroffen ist*, an der Planung beteiligt sein, zumindest muss er seine Zustimmung geben. Auf Grund der Besonderheit des KM-Systems, in allen Bereichen des Projektes präsent zu sein und die dortige Arbeit aber auch zu beeinflussen, bedeutet dies die Einbeziehung von:

* Projektmanagement

* KM-Verantwortlichen

* Produktions- und Releaseverantwortlichen

* IT-Abteilung

Trotz allem sollte die Koordination beim KM-Verantwortlichen bleiben.

8.3.2.2
Was ist zu regeln?

Im Wesentlichen sind dies drei Punkte:

* Wie sehen die KM-Workflows aus?

* Wie sieht die Infrastruktur aus?

* Wer ist für was der verantwortliche Ansprechpartner?

Für die KM-Workflows sollte geregelt werden:

* Erzeugen, Verändern und Löschen von Artefakten

* Erzeugen, Verändern und Löschen von Metainformation (z.B. Label)

- Art und Umfang von Branching und Merging
- Softwareproduktion und Ablage der Ergebnisse
- Zugriffsregeln auf die Artefakte
- Workspace-Management
- Erzeugen von reproduzierbaren Projektständen (Baselines)
- Freigabeprozeduren und Auslieferung

Für die Infrastruktur sollte geregelt werden:

Regelungen für die Infrastruktur

- Aufbau und Ort der Datenablage (Server)
- Zugriffsregeln auf die Server
- Datensicherung
- Worst-Case-Szenarien und Eskalationsprozeduren

Speziell der letzte Punkt wird häufig übersehen. Gerade er ist aber entscheidend dafür, wie kurz oder lange die Stillstandszeiten im Projekt sind, falls der KM-GAU eintritt. Diese Szenarien sollten auch einmal im Probebetrieb durchgespielt und auf Vollständigkeit und Machbarkeit hin geprüft werden. Die Datensicherung alleine ist noch keine Garantie dafür, dass ein Projekt bei Serverausfall oder Crash schnell wieder arbeiten kann.

Für die Verantwortlichkeiten sollte geregelt sein:

Regelungen für die Ansprechpartner

- Wer ist der Ansprechpartner für einen Bereich?
- Wie kann er kontaktiert werden?
- Wer ist sein Stellvertreter?

Gerade bei Problemsituationen muss jeder im Projektteam die Informationen haben, wen er zu welchem Thema kontaktieren soll. Mindestens sollte klar geregelt sein, wer für die *Infrastruktur* und wer für die *Workflows, also den KM-Prozess*, verantwortlich ist.

8.3.2.3
Die Umsetzung des KM-Plans

Steht der KM-Plan als Dokument und haben alle Beteiligten ihre Zustimmung dazu abgegeben, so ist die erste große Hürde genommen. In einem zweiten Schritt geht es nun an die Umsetzung. Sofern noch nicht geschehen, muss jetzt die Entscheidung über das Werkzeug getroffen werden. Darauf soll aber nicht weiter eingegangen werden.

Die Implementierung sollte idealerweise als eigenes Teilprojekt angesehen und als solches behandelt werden. Als grober Rahmen für die durchzuführenden Arbeiten hat sich die folgende Aufstellung in der Praxis vielfach bewährt:

- Aufbau und Inbetriebnahme der Serversysteme
- Anlegen der Datenstrukturen und ggf. erste Übernahme von Artefakten
- Test von Datensicherung und Maßnahmen für den Worst-Case
- Customizing des KM-Werkzeugs im Hinblick auf die im KM-Plan festgelegten Regeln und Workflows
- Aufbau und Inbetriebnahme von Testclients
- Prüfen der Workflows und evtl. Feintuning
- Planung des Roll-out für die Projektmannschaft
- Installation und Test der Arbeitsplätze
- Datenmigration
- Umgebungsspezifisches Training der Anwender (Tool, Umgebung, Workflow, Namenskonventionen)

Einige Aufgaben können auch parallelisiert werden, entscheidend ist vor allem eine vernünftige Planung. Insbesondere muss darauf geachtet werden, dass die für die einzelnen Aufgaben geplanten Zeiträume ausreichend lang sind und zu den definierten Terminen die benötigten Ressourcen (Administratoren, Hardware, Räume usw.) auch tatsächlich zur Verfügung stehen.

8.3.2.4
Was kommt danach?

Eine Eigenschaft von KM-Systemen ist eine lange Lebensdauer. Dieses ist in der Aufgabe von solchen Systemen begründet, über die gesamte Lebensdauer eines Projektes die zugehörenden Artefakte jederzeit und in beliebigen Versionen reproduzieren zu können. Trotz alledem sind sowohl das KM-System als auch der KM-Plan im Lauf eines Projektes Änderungen unterworfen.

Das Projektumfeld ändert sich, die Projektpläne ändern sich, das Team ändert sich. Dies alles kann sich auf den KM-Plan und die KM-Umgebung auswirken. Dies ist auch nichts Schlechtes, wenn die Änderung dokumentiert und vor allem, wie bei der Einführung, geplant durchgeführt wird.

Ein Punkt soll trotzdem besonders herausgegriffen werden, nämlich die im KM-Plan namentlich genannten Verantwortlichen. Sobald sich hier etwas ändert, sollte dies jedem im Team bekannt sein, denn in der Regel braucht man den Kontakt dann, wenn etwas schiefgelaufen ist und schnell wieder bereinigt werden soll.

8.4
Artefakte im KM-System

Ein Aspekt, über den in der täglichen Praxis noch immer viel diskutiert wird, ist die Frage, welche Artefakte überhaupt im Rahmen des Konfigurationsmanagements verwaltet werden sollen. Eng damit verbunden ist das Wie der Verwaltung. Dieses soll jetzt näher beleuchtet werden.

8.4.1
Was wird abgelegt?

Häufig werden die Begriffe Konfigurationsmanagement und Sourcecodeverwaltung noch als Synonyme betrachtet. Diese Vereinfachung ist aus zweierlei Gründen gefährlich. Zum einen leisten moderne KM-Werkzeuge wesentlich mehr als nur die Versionskontrolle, zum anderen gehört zu heutiger Software wesentlich mehr als nur der Sourcecode.

Als Faustregel gilt: Jedes Artefakt, welches für das Projekt relevant ist und reproduzierbar sein muss, sollte im KM-System abgelegt werden.

Neben dem Sourcecode gilt dies für alle Planungsdokumente, Modelle und die Testumgebung (Skripte, Testdaten, Testpläne) oder Binärdaten wie zum Beispiel Grafiken. Ausführbare Programme wie die zu entwickelnde Software (also die Executables) oder andere benötigte Werkzeuge (Third-Party-Bibliotheken oder die Entwicklungswerkzeuge) *sollten*, noch besser *müssen*, damit eine Reproduzierbarkeit gewährleistet ist, ebenfalls aus einem KM-System heraus wiederherstellbar sein.

In Folge bedeutet dies auch, dass solche Objekte ebenfalls in die Freigabe- oder Releaseprozedur miteinbezogen werden.

8.4.2
Ablage und Workflow

Wie bereits zu Anfang dargestellt, gibt es einen Unterschied in der Bearbeitung der Objekte. Dies hängt zum einen an der Häufigkeit der Änderungen, zum anderen an der Notwendigkeit, dass ein Artefakt von mehr als einer Person geändert wird. Je nachdem, wie diese Aspekte für ein bestimmtes Artefakt oder einen Artefakttyp aussehen, sollte einer der folgenden Workflows genutzt werden.

Unterschied in der Bearbeitung der Objekte

8.4.2.1
Baselining

Dieses Konzept sollte immer dann genutzt werden, wenn Artefakte starke Querbeziehungen zu anderen Artefakten haben, diese aber nur in ganz bestimmten Versionsständen gemeinsam sinnvoll eingesetzt werden.

Abbildung 50: Baselining

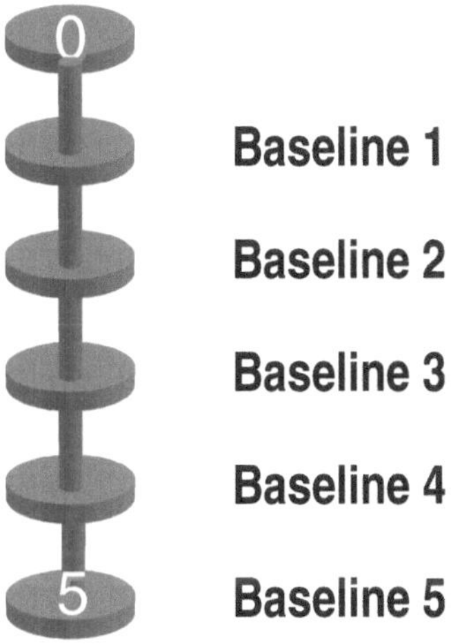

Typische Beispiele dafür sind Anforderungsdokumente oder die Dokumentation der zu entwickelnden Software. Diese werden in bestimmten Projektphasen häufig geändert, es ist aber in der Regel nicht nötig, im Sinne eines Fall-back auf einen bestimmten Stand eines einzelnen Dokumentes zurückzugehen. Auf Grund der Querbeziehungen ist es ausreichend, dass ein Gesamtstand (eine Baseline) reproduziert werden kann.

Typische Beispiele

Dieses Variante sollte dann zum Einsatz kommen, wenn jede Version reproduzierbar sein muss, das Artefakt aber nur von einem Anwender zur selben Zeit geändert werden kann.

Gerade im Bereich der Entwicklung von Embedded Software ist diese Form häufig anzutreffen, gerade dann, wenn nicht mehrere Versionen der Software parallel gepflegt werden müssen (sehr oft wird die Software nicht gepatcht, sondern zusammen mit einem Teil der Hardware ausgetauscht).

Eine Entwicklung in den vergangenen Jahren sorgt aber dafür, dass sich diese Art der Bearbeitung, zumindest was den Softwareanteil eines Projektes angeht, auf dem Rückzug befindet. Der ständig steigende Innovationsdruck führte zu einer deutlichen Verkürzung der Releasezyklen, so dass parallel gearbeitet werden muss.
Neben Sourcecode sind Dokumentation, Modelle und andere Objekte, die seltener geändert werden, geeignete Kandidaten für diese Form der Bearbeitung.

Abbildung 51:
Versionierung

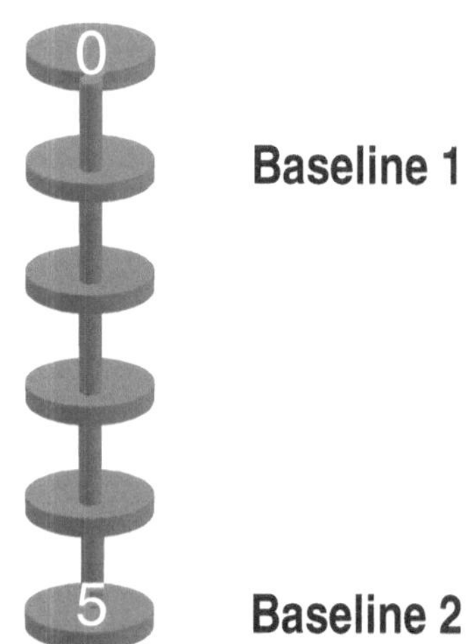

8.4.2.3
Varianten

Diese Form kommt immer dann zum Einsatz, sobald gewährleistet sein muss, dass ein Artefakt von mehreren Anwendern zur selben Zeit bearbeitet werden kann. In einer solchen Umgebung muss aber auch klar geregelt werden, wie die Änderungen wieder zusammengeführt, also gemergt werden.

Man findet diese Form meistens in Projekten, die Software über lange Zeit entwickeln und einzelne Releasestände oder Varianten pflegen müssen, aber auch, wenn Teams geografisch verteilt arbeiten. Unabhängig von dem jeweiligen Grund sollte darauf geachtet werden, dass eine sehr gute Unterstützung durch das KM-Tool für das Mergen, also das Zusammenführen der Änderungen vorhanden ist; die Wahrscheinlichkeit dafür ist hoch, dass es dazu kommt.

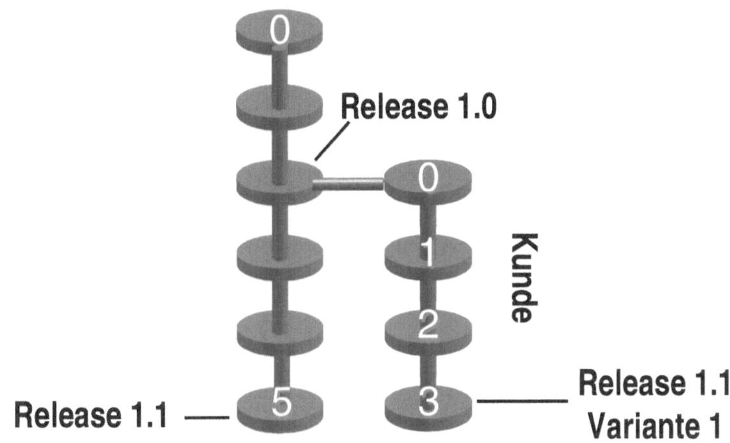

8.5
Verteilte Teams

Gerade in den letzten Jahren ist die Zahl der verteilt arbeitenden Entwicklungsteams stetig angestiegen. So unterschiedlich die Motivation im Einzelfall auch ist, sie stellen die KM-Verantwortlichen vor nicht unerhebliche zusätzliche Probleme. Nachfolgend sollen die nötigen Schritte aufgezeigt werden, mit denen solche Teams erfolgreich werden.

8.5.1
Die zusätzliche Dimension

Die größte Herausforderung von verteilten Teams liegt in der Tatsache begründet, dass die Kommunikation schwieriger geworden ist. Dies gilt vor allem dann, wenn Teams über mehrere Zeitzonen hinweg verteilt sind. Betrachtet man gescheiterte verteilte Projekte, so lassen sich die Gründe in vier Kategorien einteilen:

- Technische Hürden (Infrastruktur)
- Psychologische Hürden (Einzelne Anwender)
- Kulturelle Hürden (Mentalitätsunterschiede)
- Politische Hürden (Einfluss innerhalb des Projektes)

Auch hier wird deutlich, warum ein KM-Plan nicht nur Sache der KM-Verantwortlichen sein kann. Etliche Ursachen können nur beseitigt werden, wenn alle Beteiligten an einem Strang ziehen.

8.5.1.1
Technische Hürden

Diese Probleme sind in der Regel am einfachsten zu lösen. Die Bereitstellung von zusätzlichen Ressourcen, egal ob Hardware, Telekommunikation oder Ähnliches ist zwar mit Kosten verbunden, aber sehr schnell planbar.

Das Werkzeug kann zum K.-O.-Kriterium werden

Einzig ein Punkt kann sich zu einem echten K.-O.-Kriterium entwickeln, nämlich das eingesetzte Werkzeug. Liefert dieses keine oder nur eine unzureichende Unterstützung, so können die Auswirkungen bis zum Scheitern des Projektes führen.

8.5.1.2
Psychologische Hürden

Dabei handelt es sich um Hürden, die in den Köpfen von Mitarbeitern entstehen. Sie tauchen zumeist in Phasen von Unsicherheit in den Projekten auf, z.B. nach Firmenzusammenschlüssen oder Übernahmen.

Zahlreiche Unsicherheiten

Auslöser sind Unsicherheiten, da ein Teil der Gesamtverantwortung für das Projekt plötzlich an einen anderen Standort geht. Was, wenn die neue Gruppe erfolgreicher arbeitet? Schneller entwickelt? Mehr Aufgaben übernehmen wird?

Ein weiteres Merkmal solcher Barrieren ist, dass sie nicht offen angesprochen werden und so über lange Zeit unentdeckt bleiben. Es gibt keine Patentrezepte, aber Offenheit des Managements und Proaktivität helfen, dass keine unüberwindbaren Gräben entstehen.

8.5.1.3
Kulturelle Hürden

So ähnlich sich Entwickler in der ganzen Welt auch sind – es sind Menschen, die durch einen Kulturkreis geprägt werden. Dazu ist es nicht einmal notwendig, über Kontinente hinweg zu denken. Selbst innerhalb eines Landes werden Begriffe unterschiedlich interpretiert, sehen Zusagen anders aus und vieles mehr.

Auch diese Hürden haben mit den technischen Rahmenbedingungen im Projekt nichts zu tun. Sie können dennoch weitreichende Auswirkungen haben.

Gerade auch deshalb ist es wichtig, von allen Beteiligten aus den einzelnen Standorten des Projektes ein gemeinsames Commitment zum KM-Plan und den darin definierten Spielregeln zu bekommen. Erfahrungsgemäß wirken sich ungeklärte Aspekte stets zum ungünstigsten Projektzeitpunkt negativ aus.

8.5.1.4
Politische Hürden

Auch diese Punkte sind mit einem rein technischen Ansatz nicht zu lösen. Gerade hier ist die Gefahr sehr groß, sich ohne Karte in einem Minenfeld zu verlieren. Speziell in Streitsituationen, egal ob diese offen oder verdeckt ausgetragen werden, braucht der KM-Verantwortliche die Rückendeckung des *Managements*. Ziel ist stets eine gemeinsame Lösung, im Sinne des Projektes müssen aber irgendwann Entscheidungen getroffen werden, die in der Regel die Kompetenzen des KM-Verantwortlichen übersteigen.

Es sollte allen Beteiligten klar sein, dass es nie nur einen Bereich gibt, der von einer Entscheidung betroffen ist. Änderungen in der Projektstruktur wirken sich auf die KM-Umgebung aus und umgekehrt.

8.5.2
Aller Anfang ist schwer

Es ist für jedes Projekt mehr als sinnvoll, bereits zum Start des Projektes eine stabile KM-Umgebung als Basis für die weiteren Schritte zu haben. Für verteilte Teams gilt dies in noch höherem Maße. Der Grund dafür ist offensichtlich: Jede Änderung und jedes Aufsetzen, die nach dem Start des Projektes durchzuführen sind, können nicht im Rahmen kurzer Wege erfolgen, sondern müssen von langer Hand geplant und koordiniert werden.

Auch wenn es aufwendig erscheinen mag, sollten zusätzliche Punkte in den KM-Plan aufgenommen, geplant und entschieden werden. Dazu gehören:

- Art der Datenablage (zentral/verteilt)
- Umfang des Zugriffes auf Daten
- Art und Häufigkeit der Synchronisierung
- Aktionen im Fehlerfall
- Verantwortlichkeiten (Artefakte, Metadaten, Prozesse)

Diese Themen sollen jetzt genauer beleuchtet werden.

8.5.2.1
Datenablage

*Zwei Grund-
muster möglich*

Generell gibt es zwei Grundmuster, wie die Artefakte abgelegt werden können. Entweder arbeiten alle Teammitglieder auf einem zentralen Archiv oder jeder Standort verfügt über lokale Kopien, so genannte Replikas.

Die Entscheidung, welches der beiden Muster oder ob eine Mischform eingesetzt wird, sollte genau überlegt werden. Zum einen werden wesentliche Weichen für die Arbeit gestellt, zum anderen hat jede dieser Vorgehensweisen bestimmte Vor- und Nachteile sowie Voraussetzungen, die erfüllt sein müssen.

*Vorteile des
zentralen
Ansatzes*

Beginnen wir mit dem zentralen Ansatz. Einer der Vorteile liegt sicher darin, dass alle an einer Stelle Zugriff auf alle Artefakte haben und auch die aktuellsten Änderungen, sowohl am Artefakt als auch am Prozess, sofort verfügbar sind. Damit ist eine Fehlerquelle ausgeschlossen. Auch die Administration der Infrastruktur (Hardware, Upgrades der Software) ist mit geringeren Aufwänden verbunden.

*Single-point-of-
failure*

Auf der Seite der Nachteile ist ein Single-point-of-failure einzuordnen. Ist der zentrale Standort, aus welchem Grund auch immer, nicht verfügbar, so steht die Arbeit im ganzen Projekt. Eine garantierte Verfügbarkeit kann durch Hochverfügbarkeits-Komponenten und auch durch zusätzliche Absprachen mit den Systemadministratoren erhöht werden.

Weiterhin müssen zusätzliche Zugriffsbeschränkungen auf dem zentralen System geregelt werden. Gerade bei benutzerbezogenen Einschränkungen und häufigen Änderungen (Fluktuation o.Ä.) muss die Absprache zwischen den Standorten sehr gut funktionieren, damit es zu keinen vermeidbaren Behinderungen kommt.

Voraussetzungen für eine solche Lösung sind eine ausreichende Anbindung der Standorte (Leitungskapazität, Sicherheitsaspekte, Performance) und eine ausreichend dimensionierte Serverlandschaft. Nicht zwingend, aber wichtig ist die Möglichkeit einer zentralen Softwareproduktion. Ansonsten müssen die beteiligten Standorte unter Umständen vor der Generierung noch große Datenmengen abgleichen. Kann die Software zentral produziert werden, so muss natürlich das Produktionssystem ausreichend dimensioniert werden.

Eine interessante Entwicklung der vergangenen Jahre sind die Web-Schnittstellen zu KM-Werkzeugen. Im Gegensatz zu ihren rudimentären Anfängen stellen sie heute bereits eine Alternative dar. Derzeit ist aber noch nicht die gesamte Funktionalität des Gesamtsystems verfügbar. Trotzdem lohnt sich eine Prüfung, ob diese Einschränkungen einem Einsatz im Wege stehen.

Wie sieht es jetzt mit dem dezentralen Ansatz der Datenhaltung aus? Die Vorteile liegen hier vor allem darin, dass eine gute Performance auch mit einer nicht so leistungsfähigen Infrastruktur gewährleistet ist. Der Zugriff erfolgt im lokalen Netzwerk, nur zum Abgleich der aufgelaufenen Unterschiede wird auf die WAN-Verbindung zugegriffen; dabei gehen aber geringere Datenmengen über das Netz.

Ebenfalls positiv zu sehen ist der Aspekt einer ‚natürlichen' Ausfallsicherheit. Selbst wenn ein Standort nicht verfügbar ist, können die anderen zum einen auf ihren lokalen Kopien weiterarbeiten, zum anderen sind selbst im Worst-Case (totaler Datenverlust an einem Standort) nur die letzten, noch nicht synchronisierten Änderungen verloren. Alles andere kann wieder reproduziert werden.

Auf der Negativseite steht die mehrfache Administration an jedem Standort (Server, Prozesse usw.), aber auch zusätzliche Merge-Aktivitäten, also das Zusammenführen von Änderungen, die auf Grund der redundanten Datenhaltung entstehen können. Ansätze zur Minimierung werden noch besprochen.

Es gibt nur eine besondere Voraussetzung: Eine Unterstützung durch das KM-Tool für eine verteilte Datenhaltung muss vorhanden sein. Gut ist es, wenn eventuell auftretende Konflikte (ein Artefakt wurde in beiden Replikationen in derselben Version an derselben Stelle geändert) nicht zum Zeitpunkt der Synchronisierung gelöst werden muss, sondern dies später erfolgen kann. Damit ist eine Automatisierung möglich.

Darüber hinaus gibt es aber einige Punkte, die geklärt werden müssen. Wer ist der Administrator? Wie sind die Eskalationswege im Fehlerfall? Wer führt die Änderungen zusammen? Und der größte Streitpunkt: Wer ist der führende Standort? Auch diese Punkte werden noch besprochen.

8.5.2.2
Umfang des Zugriffes auf Daten

Ist die Entscheidung für eine dezentrale Datenhaltung gefallen, so muss jetzt noch entschieden werden, welche Daten an welchen Standorten repliziert werden müssen.

Am einfachsten ist es, alles an alle Standorte zu bringen. Bei genauerem Hinsehen lässt sich problemlos einiges Unnötige einsparen, denn Ziel ist es, dass zu einem definierten Zeitpunkt alle Standorte wieder abgeglichen sind.

Neben der Synchronisierung spielen andere Aspekte eine wichtige Rolle. Was wird benötigt, um lokal Ergebnisse zu produzieren und diese zu testen? Gibt es Artefakte, die an bestimmten Standorten nicht sichtbar sein dürfen (z.B. bei Subauftragnehmern)? Wo müssen Artefakte geändert werden? Wie ist das Projekt geschnitten?

Die Erfahrung hat gezeigt, dass ein minimalistischer Ansatz, also die Beschränkung auf das Nötige, vorteilhaft ist, da auch hier mögliche Fehlerquellen ausgeschaltet werden.

8.5.2.3
Art und Häufigkeit der Synchronisierung

Die Frage, die hier im Vordergrund stehen sollte, ist die nach der Aktualität. Wie schnell müssen Änderungen, die an einem Standort durchgeführt werden, an den übrigen Replikationen zur Verfügung stehen. Nach einem Tag, nach einer Woche, nach 15 Minuten?

Eine pauschale (und damit einfache) Antwort auf diese Frage ist nicht möglich. Die einzige Regel, die abgeleitet werden kann, ist an die Generierung gekoppelt:

Führt ein Standort Generierungen durch, so sollten vor der Generierung alle Änderungen an Artefakten lokal vorliegen, die in die Generierung einfließen, aber von anderen Standorten geändert werden.

Ansonsten gibt es eine Vielzahl von Parametern, welche die Häufigkeit der Synchronisierung beeinflussen. Neben technischen Gründen (Kapazität der Verbindungen, Serverlast, Wartungsarbeiten usw.) gibt es eine Reihe von projektspezifischen Punkten (Generierungszeitpunkte, Projektphase, Meilensteine, Arbeitsanfang und -ende pro Arbeitstag usw.), die zu berücksichtigen sind. Hilfreich für die Entscheidungsfindung ist das in Abbildung 53 dargestellte Diagramm.

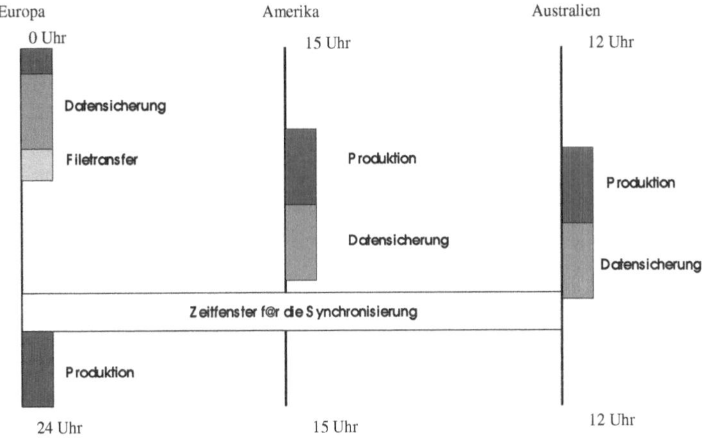

Abbildung 53:
Planung der
Synchroni-
sierung

Pro Standort gibt es eine vertikale Linie, die einen Zeitraum von 24 Stunden darstellt. Beginnen sollte man mit dem führenden oder, falls es einen solchen nicht gibt, mit dem größten Standort.

Das obere Ende stellt 0 Uhr, das untere Ende 24 Uhr dar. Liegt ein Standort in einer anderen Zeitzone, so sollte die Tageszeit relativ zum führenden Standort eingetragen werden.

Im nächsten Schritt werden alle Zeiträume markiert, in denen eine Synchronisierung mit diesem Standort ungünstig oder ausgeschlossen ist. Im Beispiel sind dies Produktionsläufe in der Nacht (diese sollten besonders auffällig markiert werden), die automatische Datensicherung der Serversysteme, Abwesenheit von Administratoren, große Filetransfers usw.

Gibt es an einzelnen Tagen einer typischen Arbeitswoche signifikante Unterschiede, so sollten mehrere dieser Diagramme angelegt werden. In vielen Fällen ergeben sich so zwangsläufig Zeitfenster, die geeignet sind und in denen beliebig oft synchronisiert werden kann, auf der anderen Seite aber auch Fixpunkte, zu denen synchronisiert werden muss.

Unter Umständen mehrere Diagramme anlegen

Gleichzeitig hilft dieses Diagramm auch bei der Planung, wie die Änderungen zwischen den Standorten ausgetauscht werden. Grundsätzlich gibt es zwei Grundmuster, die pro zu synchronisierendem Archiv in Frage kommen: den unidirektionalen und den bidirektionalen Abgleich.

Unidirektional bedeutet in diesem Zusammenhang, dass ein Standort stets der Sender, der andere immer Empfänger ist. Beim bidirektionalen Abgleich wechselt dieses. Wichtig in diesem Zusammenhang ist auch, ob das KM-Tool Änderungen transitiv weiterreicht, also ob Änderungen, die von Standort A nach Standort B übertragen wurden, von dort mit zu Standort C übergeben werden. Ziel sollte hier sein, dass erkanntermaßen überflüssige Synchronisie-

Standorte als Sender und Empfänger

rung vermieden werden, da jede Synchronisierung eine kleine Störquelle sein kann, diese sich aber unterschiedlich auswirken.

Ist dies gegeben, so steht eine ganze Reihe bewährter Muster zur Verfügung, die bei komplexen Projekten beliebig kombiniert werden können. Beide Aspekte, Art und Häufigkeit der Synchronisierung, sollten mit in den KM-Plan aufgenommen werden. Idealerweise als Grafik, denn hier sagt ein Bild wirklich mehr als 1000 Worte.

8.5.2.4
Aktionen in Fehlerfall

Schon bei Projekten an einem Standort sind definierte und erprobte Eskalationsmaßnahmen eine wichtige flankierende Unterstützung; bei verteilten Teams gilt dies umso mehr, damit sich kleine Probleme nicht zu einem Alptraum auswachsen können.

Sollten Sie zwei Standorte haben, so sieht es noch relativ einfach aus. Bei dem uns bekannten ‚Rekordhalter', einem Projekt über 26 Standorte mit mehr als 300 Mitarbeitern, ist dies eminent wichtig, damit nicht eine Störung an einem kleinen Standort den gesamten Ablauf zum Stillstand bringt.

Deshalb nochmals: Definieren Sie die Ansprechpartner, den Stellvertreter, die Wege, mit denen diese kontaktiert werden können, dokumentieren Sie diese Angaben und halten Sie diese aktuell. Nichts ist frustrierender als im Fehlerfall herauszufinden, dass die Kontaktperson das Unternehmen zwischenzeitlich verlassen hat.

Auch hier gilt, dass die definierten Szenarien durchgespielt werden sollten. Und da trotz allem noch etwas daneben gehen kann, sollte zumindest der Remote-Zugriff auf die Server möglich sein, über die der Datenabgleich durchgeführt wird.

8.5.2.5
Verantwortlichkeiten

Bei allen in der Vergangenheit begleiteten Projekten war dieser Punkt immer derjenige mit dem höchsten Zeitbedarf und den heißesten Diskussionen.

Gleichzeitig ist es auch derjenige Aspekt, der für den weiteren Verlauf des Projektes die größten Risiken aus KM-Sicht in sich birgt. Entscheidungen werden häufig nicht auf Grund harter Fakten getroffen; das politische und psychologische Element spielt hier auf allen Ebenen der Projekt- und Unternehmenshierarchie eine gewichtige Rolle.

Betrachten wir jetzt einige zu regelnde Punkte. Was ist bezüglich Artefakten zu regeln? An erster Stelle steht hier, wer wann an welchem Artefakt ändern kann. Welcher Standort kann an einem Branch (einer Seitenentwicklungslinie) ändern? Wird das Artefakt als Ganzes nur an einem Standort bearbeitet? Sehr gut ist es, wenn auch auf einer höheren Abstraktionsebene Regeln getroffen werden können, z.B. auf Ebene einer Komponente oder eines Archivs. Gerade dies sorgt dafür, dass echte Erzeuger-Verbraucher-Beziehungen aufgesetzt werden können.

Widerstände rufen Kompromisse hervor

Widerstände sind immer dann zu erwarten, wenn Mitarbeiter entgegen bisheriger Gewohnheiten an Artefakten keine Änderungen mehr vornehmen können. Durch solche Widerstände werden häufig Kompromisse eingegangen, z.B. erlaubt man Änderungen an global genutzten Sourcen. Dadurch werden allerdings kritische Merges nötig, da die unterschiedlichen Varianten trotzdem irgendwann zu konsolidieren sind, gleichzeitig aber alle Teile der Software gegen das Ergebnis getestet werden müssen. Sinnvoller ist es, wenn es durchsetzbar ist, solche Artefakte zu einem kleinen Teilprojekt zusammenzufassen und an einer Stelle zentral zu bearbeiten. Dadurch wird zumindest sichergestellt, dass vor der Änderung eine Impact-Analyse durchgeführt werden kann und entsprechende Gegenmaßnahmen möglich sind.

Für jede Metainformation muss es genau einen Verantwortlichen geben

Wie sieht es bei Metainformation, wie z.B. Labels, aus? Die Entscheidungen sind zweigeteilt, zum einen dahingehend, wer solche Objekte erzeugen und wer sie vergeben darf. Beides sollte von der Sichtbarkeit und der Bedeutung abhängig gemacht werden. Je sichtbarer eine Metainformation innerhalb (und auch außerhalb) des Projektes ist, umso weniger Beteiligte sollte es geben. Wichtiger als das Objekt sind hier die dahinter liegenden Abläufe. Für jede Metainformation sollte es genau einen Verantwortlichen geben.

Zwei Beispiele: Für die Softwareproduktion werden Labels benötigt, welche den Zustand für die Produktion markieren. Diese sollten gemäß definierter Namenskonventionen an jedem Standort erzeugt und auch vergeben werden können. Dies ist relativ unkritisch, da schlimmstenfalls nur eine Produktion betroffen ist.

Restriktiver Umgang mit Labels erforderlich

Ähnliches geschieht zum Releasezeitpunkt. Auch hier wird der Stand, der letztlich an den Kunden ausgeliefert wird, über ein Label eingefroren. Hier muss der Umgang restriktiver sein, da in der Regel Fehler gegen diesen Stand gemeldet werden. Ist es hier möglich, dass viele Mitarbeiter dieses Label vergeben oder nachträglich verschieben können, so ist das Risiko sowohl für das Projekt, aber auch für den Kunden enorm.

Kommen wir zum letzten Aspekt, nämlich dem KM-Prozess und den damit verbundenen Abläufen. Um ein einheitliches Qualitätsniveau im Projekt zu erreichen, müssen die Abläufe miteinander vergleichbar sein; idealerweise sind diese an allen Standorten identisch.

Gerade hier gilt, dass zu viele Köche den Brei verderben. Alle Beteiligten müssen am Entscheidungsprozess mitwirken. Ist dieser aber festgelegt, so sollte die Umsetzung über eine zentrale Stelle durchgeführt und der Roll-out geplant werden.

8.5.3
Änderungen proaktiv planen

An und für sich hat ein KM-System in der Theorie die Aufgabe, einen bestimmten Zustand eines Projektes jederzeit wieder reproduzieren zu können. Damit wird auch eine gewisse Kontinuität im Projekt verbunden. Erkennbar ist dies schon alleine an der Tatsache, dass der Wechsel eines KM-Tools im laufenden Projekt unter allen Umständen vermieden wird, ja selbst der Update eines Tools wesentlich kritischer gesehen wird. Wer würde sich Gedanken bei einer Textverarbeitung machen?

Vergleicht man ein Projekt mit dem menschlichen Organismus, so fällt dem KM-Werkzeug am ehesten die Rolle des Herz-Kreislauf-Systems zu. Es ist für alle Bereiche des Projektes von lebenswichtiger Bedeutung und stellt die Informationen bereit. Spinnt man den Vergleich weiter, so ist ein Update im übertragenen Sinne gleichzusetzen mit einer Herzoperation, ein Wechsel des KM-Tools entspräche dann einer Herztransplantation. Geht dieses daneben, so kann das Projekt sterben.

Und genauso ist eine optimale Vorbereitung, wenn es denn notwendig wird, der Schlüssel zum Erfolg.

8.5.3.1
Technologische Änderungen

Bei technologischen Änderungen geht es zum einen um das KM-Werkzeug selbst (neue Patches, neue Releases), aber auch um die für den Betrieb nötige Infrastruktur.

Hier hilft eine enge Zusammenarbeit mit den Verantwortlichen für die Infrastruktur. Wie sehen die Planungen für die kommenden Monate aus? Wie lange ist die Lebensdauer von betroffenen Komponenten angesetzt?

Genauso wichtig ist aber eine Partnerschaft mit dem Hersteller des KM-Werkzeuges. Je früher die Informationen über eventuelle Änderungen (z.B. wegfallender Support von Plattformen) und Neuerungen (z.B. Integrationen, Änderungen der Architektur und Oberflächen, nötige Third-Party-Produkte, neue Funktionalität) vorliegen, umso mehr Zeit bleibt für die Vorbereitung des Einsatzes oder die Entscheidung, noch auf dem bisherigen Stand zu bleiben. Die meisten Hersteller sind bereit, auf Basis eines Non-Disclosures darüber zu reden.

8.5.3.2
Projektspezifische Änderungen

Auch hier bleibt die Welt nach dem Start eines Projektes nicht stehen. Projekte ändern sich häufiger als früher in Größe und Umfang. Gerade die iterative Vorgehensweise in der Entwicklung sorgt hier für eine wesentlich höhere Dynamik, da in den einzelnen Iterationen die Schwerpunkte bei den durchzuführenden Änderungen jeweils anders liegen. Damit werden von einzelnen Rollen unterschiedlich viele Mitarbeiter benötigt. Ziel ist generell die bessere Nutzung der knappsten aller Ressourcen, nämlich der Mitarbeiter.

Auch viele äußere Einflüsse wie externe Richtlinien, Audits und anderes schlagen direkt oder indirekt auf die KM-Umgebung durch. Wie vorher sollte es ein Frühwarnsystem im Projekt oder dem Unternehmen geben, da dieses in der Regel außerhalb der direkten Sicht der KM-Verantwortlichen liegt.

Projekte ändern sich immer häufiger in Größe und Umfang

8.5.3.3
Unternehmensweite Änderungen

Hier geht es um alle Aspekte, von denen nicht ein einzelnes Projekt, sondern alle Projekte betroffen sind. Firmenzusammenschlüsse oder Übernahmen sind dabei nur die sichtbarsten Änderungen. Businesspläne sind ebenfalls häufig Auslöser für Änderungen, wenn beispielsweise neue Niederlassungen geplant eröffnet werden oder sich ein Projekt auf Grund der geänderten wirtschaftlichen Lage als überlebenswichtig herausstellt, also unternehmenskritisch wird.

Die Auswirkungen auf das einzelne Projekte werden unterschiedlich sein, jedoch gilt auch hier, dass ein Mehr an Zeit hilft, diesen Wechsel zu meistern.

Unterschiedliche Auswirkungen sind möglich

8.5.3.4
Der kritische Blick in die Glaskugel

Planung benötigt Zeit. Jede Änderung, die unerwartet kommt, ist ein erhöhtes Risiko. Wie sollte aber mit Änderungen und Umbrüchen umgegangen werden, die sich bereits andeuten?

Zunächst gilt: Die Gegenwart hat immer Vorrang vor der Zukunft. Gibt es also aktuell wichtige Punkte, so sollten diese auch angegangen werden. Ein bewährtes und praktikables Hilfsmittel ist eine Tabelle (siehe auch Abbildung 54), die die folgenden Spalten beinhalten sollte:

- Was ändert sich?
- Erwarteter Zeitpunkt des Eintretens
- Wahrscheinlichkeit des Eintretens
- Ansprechpartner/Kontakte
- Verantwortlicher
- Definierte Maßnahmen
- Vorlaufzeit

Abbildung 54:
Tabelle für
das Risiko-
management

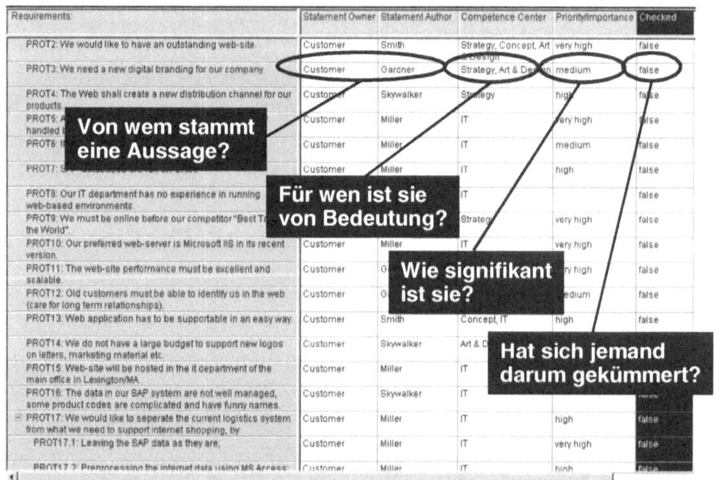

Wichtig sind die Spalten über das Eintreten der Änderung und die definierten Gegenmaßnahmen. Obwohl beides auf Annahmen beruht, sollten diese anhand der verfügbaren Information realistisch getroffen werden, auch wenn es unangenehm ist, da man sich mit möglichen Problemen beschäftigen muss, aber in der Praxis ist das Risiko viel größer, wenn diese Risiken gedanklich ausgeblendet werden.

Die Eintritts-
wahrscheinlich-
keit berücksich-
tigen

Kritischer Blick heißt auch, nicht alles an potenziellen Änderungen in diese Tabelle aufzunehmen. Bewährt hat es sich, erst ab einer Eintrittswahrscheinlichkeit von 30 % einen Eintrag vorzunehmen. Steigt dieser Wert im Lauf der Zeit auf einen höheren Härtegrad von über 80 %, dann ist es sinnvoll, von einem Verantwortlichen Ge-

8 Rechtzeitiges Konfigurationsmanagement

genmaßnahmen planen zu lassen; dies beinhaltet immer auch eine Abschätzung der benötigten Vorlaufzeit, um diese umzusetzen.

Eines ist auch klar: Einen hundertprozentigen Schutz vor Risiken und Fehlern gibt es nicht. Alle hier vorgestellten Maßnahmen müssen auch immer in einer vernünftigen Verhältnismäßigkeit zum gesteckten Projektziel gesehen und umgesetzt werden.

Sie helfen aber dabei, von Anfang an die stabile KM-Umgebung für ein Projekt bereitzustellen, das Projekt dabei zu unterstützen, die Vorgaben zu erreichen, und bieten eine Risikominimierung, um auch im laufenden Projekt nicht von unerwarteten Ereignissen überrollt zu werden.

8.6
Fazit

Konfigurationsmanagement ist ein wesentlicher Bestandteil im Software Engineering-Prozess. Besonders bei verteilten Entwicklungsteams, was heutzutage immer öfters anzutreffen ist, kann auf ein professionelles Konfigurationsmanagement nicht verzichtet werden. Der Einsatz eines professionellen Werkzeuges ist dabei Pflicht.

9 Generieren, was zu generieren ist

Rainer Heinold

9.1 Softwareproduktion – geht das nicht von alleine?

Wie immer in den nicht genormten Teilen der Welt ist die Bedeutung des Begriffes Softwareproduktion nicht eindeutig – ganz im Gegenteil.

Für den einen bedeutet es das Abarbeiten einiger Makefiles, für den anderen ist es ein ausgefeilter Prozess, beginnend mit einer Analyse der neu zu produzierenden Teile über die Produktion von Targets bis hin zu einem strengen Freigabeprozess.

Welche Faktoren wirken sich aus, wie sollte das KM-System dazuhelfen, wie geht man mit speziellen Themen, zum Beispiel Variantenproduktion, um?

> Der Begriff der Software-produktion ist nicht eindeutig

9.2 Was muss produziert werden?

So einfach die Fragestellung auf den ersten Blick erscheint, so schwierig erweist sich das Thema in der Praxis. Gemäß dem erwarteten Ergebnis könnte eine Definition folgendermaßen aussehen:

Jede durchgeführte Änderung an einem Artefakt, welches direk oder indirekt zu einem Teil der zu erzeugenden Software wird oder an der Softwareproduktion beteiligt ist, muss bei der Softwareproduktion berücksichtigt werden.

> Definition zur Software-produktion

‚Berücksichtigt' heißt nicht in jedem Fall, dass die Änderung in das Ergebnis einfließt, aber es muss geprüft werden, ob eine Produktion notwendig ist.

9.2.1
Die Änderungen sammeln

Solange ein Entwickler in seiner privaten Arbeitsumgebung Änderungen durchführt und generiert, wirken sich diese ausschließlich auf ihn aus. Aber spätestens, wenn seine Arbeitsergebnisse mit denen anderer Entwickler zusammengeführt werden, sollten die Aufgaben weitgehend erledigt sein und ein gewisses Qualitätsniveau besitzen.

Diese Zusammenführung bedeutet aber, dass die durchgeführten Änderungen einer Aktivität *gemeinsam, vollständig, konsistent und im Abgleich mit anderen Ergebnissen* aus dem Arbeitsbereich des Entwicklers in einen Bereich übertragen werden, innerhalb dessen dann die Generierung durchgeführt wird.

Gerade hierin liegen aber etliche Fehlerquellen verborgen. Bei fehlender Unterstützung durch das KM-Werkzeug ist der Entwickler selbst dafür verantwortlich, seine Ergebnisse bereitzustellen. Besonders der Abgleich mit den übrigen durchgeführten Änderungen im Rahmen von Parallelentwicklung (in diesem Fall die gleichzeitige Änderung von gleichen Versionen eines Objektes durch mehrere Entwickler) oder das Übertragen von Änderungen in andere Entwicklungslinien (behobener Fehler aus Release X muss auch in Release Y behoben werden) führen zu vielen vermeidbaren Arbeiten.

Aber auch auf Grund mangelnder Vollständigkeit der Ergebnisse werden unnötig Ressourcen verbraucht, zum Beispiel wenn von 10 geänderten Objekten nur 9 für die Produktion bereitgestellt werden.

9.2.1.1
Mergen – automatisch oder manuell

Das Mischen (oder Mergen) von Änderungen gehört immer noch zu den am häufigsten vermiedenen Arbeiten. Meistens werden die Änderungen an den Artefakten mit manuellen Mitteln zwangssequenzialisiert, dass heißt, immer nur ein Entwickler ändert zu einem bestimmten Zeitpunkt und es gibt auch nur eine Entwicklungslinie (Branch). Auf Grund der heutigen Situation vieler Projekte lässt sich diese Praxis aber kaum noch durchhalten. Die Nachteile liegen auf der Hand: erhöhter Verwaltungsaufwand bei Varianten der Soft-

ware, redundante Durchführung von Änderungen, geringe Parallelisierung von Aufgaben usw.

So beißt man notgedrungen in den sauren Apfel und führt den
Merge zumeist manuell durch. Wird der Merge durch den Entwickler ausgeführt, der auch vorher die Änderung bearbeitet hat, so ver-
liert man in der Regel nur ein wenig Zeit. Liegt die Verantwortung
aber bei einem Projektmitglied, welches nicht genau über die Semantik im zu mergenden Objekt und die Querabhängigkeiten Be-
schied weiß, so erhöht sich das Risiko deutlich.

Die Erfahrung aus Projekten hat aber gezeigt, dass bei entspre-
chender Planung und Training der Mitarbeiter viele Arbeiten vollständig und sicher automatisierbar sind; Voraussetzung ist dabei,
dass die Entwickler den späteren Merge bei der Änderung im Hin-
terkopf behalten.

Zumeist wird zwischen zwei Arten des Merges unterschieden,
dem sog. *trivialen* und *nichttrivialen* Merge. Für die trivialen Merges (siehe auch Abbildung 55) gibt es nochmals zwei Varianten, ein
einfaches Kopieren des gesamten Artefaktes in einen anderen
Branch oder ein konfliktfreies Mischen gemäß einer so genannten
Merge-Algebra. Ein Konflikt liegt immer dann vor, wenn die beiden
zu mischenden Varianten des Artefaktes an derselben Stelle geändert wurden.

Zwei Arten des
Merges

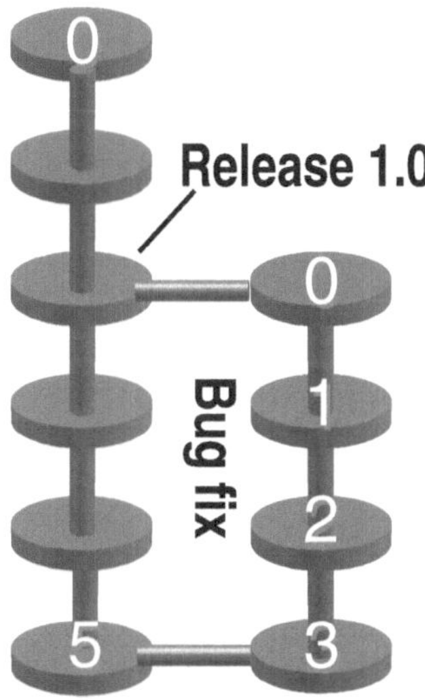

Abbildung 55:
Beispiel für ei-
nen trivialen
Merge

Zu einem einfachen Kopieren kommt es, wenn die Änderungen an
Artefakten nur von bestimmten Entwicklern durchgeführt werden,
das heißt, dass es eine explizite Verantwortlichkeit gibt.

Konfliktfreie Merges kann es dann geben, wenn die Entwickler zwar parallel arbeiten, aber nur in bestimmten Teilen des Codes ändern und bei Änderungen auch die dem Merge-Tool zu Grunde liegende Merge-Algebra berücksichtigen.

Nichttriviale Merges (siehe auch Abbildung 56), also solche, bei denen in den zu mischenden Versionen an derselben Stelle unterschiedliche Änderungen vorgenommen wurden, können teilautomatisiert werden, es muss aber immer eine Person mit den entsprechenden Kenntnissen entscheiden, wie an der Stelle des Konfliktes das Ergebnis des Merges aussehen soll.

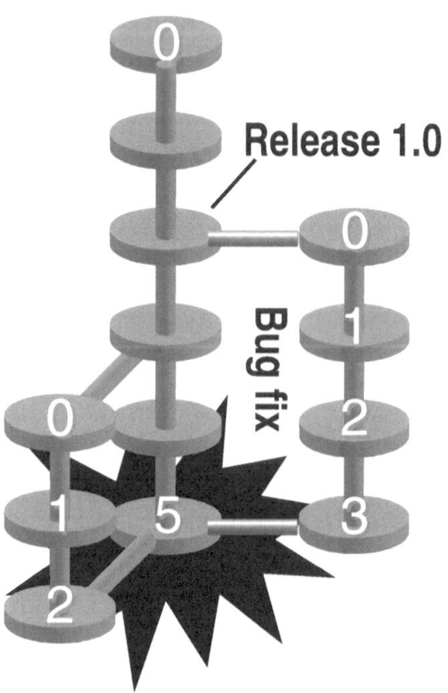

Welche Artefakte können überhaupt gemergt werden? Grundsätzlich kann jeder Artefakttyp gemischt werden, allerdings bieten die meisten Merge-Utilities nur eine Unterstützung für ASCII-Dateien (also solche, die kein binäres 0 enthalten) an. Aber auch bei reinen ASCII-Dateien helfen diese Utilities nicht immer weiter, nämlich wenn das Objekt auch Strukturinformation beinhaltet, zum Beispiel HTML- oder XML-Objekte. Ein rein zeilenweiser Merge führt in der Darstellung zumeist zu interessante Effekten; Ähnliches gilt für Modelle der Applikation oder bei Dokumentation.

Gibt es für den entsprechenden Artefakttyp keine Unterstützung im KM-Tool, so hängt es von dem Tool ab, mit dem die Objekte bearbeitet werden, ob dieses ein Mischen unterstützt. Microsoft Word hat eine solche Merge-Funktion für Dokumente. In diesem Fall muss das KM-Tool zumindest so konfiguriert werden können, dass es die zu mergenden Versionen des Dokumentes bereitstellt.

Aber auch wenn der eigentliche Merge-Vorgang sicher und vollständig ausgeführt wird, muss es im KM-Tool noch eine Unterstützung geben, mit der eine vollständige Übernahme aller durchgeführten Änderungen sichergestellt ist.

Beispielsweise wird im Rahmen von Unified Change Management (UCM), dem Out-of-the-box KM-Workflow von Rational ClearCase, dafür gesorgt, dass in einem so genannten Change Set für jede Aktivität alle Änderungen (Artefakt und Version) mitprotokolliert werden, die nötig waren, um die Anforderung zu implementieren. Dieses Change Set wird in späterer Folge ausgewertet, sobald diese Aktivität in die Integrationslinie für das gesamte Projekt übertragen werden soll. Für jedes darin enthaltene Artefakt wird geprüft, ob ein Merge nötig ist; dieser wird gegebenenfalls auch selbstständig angestoßen.

Was kommt nach dem Mergen? Zunächst sollte es einen Produktionslauf geben. Danach sind die wichtigsten Punkte: Testen, Testen und Testen, und zwar in dieser Reihenfolge. Noch bevor das Ergebnis des Merges als neue Version wieder in das Archiv zurückgestellt wird, sollte genau geprüft werden, ob das Ergebnis auch tatsächlich dem erwarteten Verhalten entspricht. Es sollte sichergestellt sein, dass keine fehlerhafte (im Sinne des Merges) Version von einem Entwickler als Basis für weitere Arbeiten aus dem Archiv geholt wird. Deshalb auch die klare Forderung, dass es für Produktionen des Gesamtsystems eigene Arbeitsbereiche gibt, die von denen der Entwickler klar abgegrenzt sind.

9.2.1.2
Änderungen identifizieren

Selbst wenn alle Änderungen in dem Arbeitsbereich für die Produktion eingebracht wurden, so ist im nächsten Schritt festzustellen, wo für die Generierung relevante Änderungen durchgeführt wurden. Um eine Generierung durchzuführen, müssen natürlich Zuordnungen getroffen sein.

Typischerweise sind diese in Makefiles (jedenfalls im Client-Server-Umfeld) hinterlegt. Zumeist wird von Produktionstargets gesprochen. Für komplexe Applikationen gibt es meistens mehrere, hierarchisch aufgebaute Makefile-Strukturen, mit denen über einen

Anstoß entweder Teile oder die gesamte Applikation neu produziert werden können.

Abbildung 57: Produktionstargets

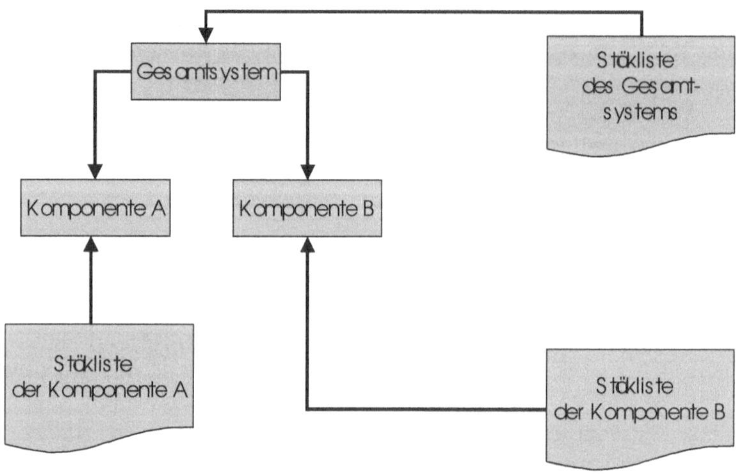

Somit ist eine der Regeln:

Wichtige Regel für die Produktionstargets

Wurde ein Artefakt verändert, so müssen die Produktionstargets, in welche dieses Artefakt einfließt, neu generiert werden.

Findet die Produktion außerhalb der KM-Umgebung statt, so wird als Erkennungsmerkmal für eine Änderung zumeist der Zeitstempel des letzten Zugriffs genutzt. Ist dieser aktueller als der Zeitstempel des momentan existierenden Produktionstargets, so wird dieses neu generiert.

Meistens ist dieses Kriterium nicht ausreichend. Zum einen können Zeitstempel aus diversen Gründen inkorrekt sein, so dass eine Generierung trotz Änderung nicht durchgeführt wird, zum anderen kann es beim Zurückgehen auf einen früheren Stand denselben Effekt geben.

Zielsetzung von modernen KM-Umgebungen

Zielsetzung bei modernen KM-Umgebungen ist es, die Produktion der Software innerhalb des KM-Systems ablaufen zu lassen. Um dadurch echte Fortschritte zu erziclen, sollte das KM-Tool vier Funktionen unterstützen. Zum Ersten sorgt ein leistungsfähiges Workspace-Management dafür, dass alle benötigten Artefakte für die Produktion zur Verfügung stehen. Zweitens wird sichergestellt, dass die Umgebung während des Produktionslaufs stabil bleibt; nachträgliche Änderungen an den Artefakten dürfen sich nicht mehr auf die laufende Produktion auswirken. Drittens stehen für die Entscheidung, ob ein Produktionslauf ausgeführt werden muss, zusätzliche Informationen bereit. Vierter Punkt ist die Speicherung der erzeugten Targets mit zusätzlichen Informationen über den Produktionslauf.

Die Bereitstellung der benötigten Artefakte leuchtet sicher auf Anhieb ein. Je nachdem, wie die Struktur der zu generierenden Software abgebildet ist, muss es einfach möglich sein, sich einen Workspace aufzubauen.

Auch das Einfrieren dieses Standes während der Generierung bedarf kaum weiterer Erklärung. Dieses hängt mit der Vollständigkeit der Ergebnisse zusammen; für eine fehlerfreie Generierung werden alle Änderungen benötigt, fehlt ein Teil, so enthält das Ergebnis mit hoher Wahrscheinlichkeit Fehler.

Die beiden letzten Punkte hängen eng zusammen. Es spielt nur dann keine Rolle, wenn die Software immer vollständig, das heißt ohne Nutzung bereits vorhandener Teilergebnisse, generiert wird. Dieses ist aber aus Effizienzgründen kaum mehr möglich. Werden Teilergebnisse genutzt, so muss das KM-System ermitteln können, welche Artefakte in welcher Version in das zuletzt erzeugte Target eingeflossen sind. In der Regel werden zusätzliche Informationen wie Compilerschalter, gesetzte Parameter und Ähnliches geprüft.

Liegen die für die Produktion nötigen Artefakte in einer anderen Version im Produktionsworkspace vor oder unterscheiden sich die sonstigen Parameter, so wird das Target neu produziert, unabhängig von Datums- und Zeitstempeln. Dieses erhöht die Sicherheit enorm. Leistungsfähige KM-Tools sind darüber hinaus in der Lage, während des Produktionslaufs vergessene oder versteckte Abhängigkeiten, die nicht explizit in den Makefiles hinterlegt wurden, zu erkennen und diese bei künftigen Generierungen zu berücksichtigen.

9.3
Optimierung der Produktion

Obwohl die in der Entwicklung eingesetzten Hardwaresysteme in den vergangenen Jahren ihre Leistungsfähigkeit vervielfacht haben, leisten sie laut Murphy genau in der kritischsten Phase des Projekts etwas zu wenig. In großen, komplexen Projekten sind Zeiten von mehreren Stunden für eine Vollproduktion keine Seltenheit. Warum spielt dies eine so große Rolle? Weil die Produktion nicht der letzte Schritt im Projekt ist. Die überwiegende Zahl von Tests kann erst nach der Produktion durchgeführt werden. Darüber hinaus finden im

Projektverlauf oftmals Tausende von Produktionen statt. Je früher diese beendet sind, umso eher und häufiger kann getestet werden.

Wo kann für eine Optimierung angesetzt werden? Es gibt mehrere Bereiche, die jetzt genauer betrachtet werden sollen:

- Infrastruktur (Hardware, Middleware)
- KM-Umgebung (Workspace, Datenablage)
- Produktionsvorbereitung und -ablauf

9.3.1
Optimierung der Infrastruktur

Auf den ersten Blick könnte man meinen, ein schnelleres, leistungsfähigeres System ist die Lösung in diesem Bereich. Ganz so einfach ist es aber nicht mehr, da wir heute in einer Welt der Netze leben. Die beste Performance liefert eine Infrastruktur, deren Komponenten aufeinander abgestimmt sind.

Aber auch die Aufteilung der Funktionen während der Produktion auf die einzelnen Systeme ist ein wichtiger Faktor. Wo liegen die Daten, wo wird kompiliert, wo die Ergebnisse abgelegt?

Wie sollte jetzt eine Produktionsumgebung aussehen? Generiert man schneller lokal oder über das Netzwerk? Wie so oft im Thema Konfigurationsmanagement gibt es keine pauschale Antwort darauf. Betrachten wir deshalb die einzelnen Vor- und Nachteile der Ansätze und die nötigen Voraussetzungen.

Lokal bedeutet in diesem Zusammenhang, dass ein System alle Rollen während der Produktion übernimmt. Dort liegt das Archiv, der Workspace, läuft der Compiler, wird die Software gebunden und schließlich werden auch noch die Ergebnisse dort gespeichert. Es ist mit Sicherheit die performanteste Lösung, solange Produktionen nicht parallel ablaufen (müssen). Dann gibt es zwei Ressourcen, die sich zu Flaschenhälsen entwickeln können:

Die CPU und die Harddisks. Hauptursache für abnehmende Performance ist in der Regel das I/O-System. Es sollte darauf geachtet werden, dass die vorhandenen Platten möglichst verteilt genutzt werden und sich nicht eine physikalische Platte zum Hot Spot entwickelt. Die beste, aber auch teuerste Lösung ist ein NAS (Network Attached Storage)-System, also eine speziell auf hohen Datendurchsatz optimierte Hardware. Doch auch vorher können durch einfache Maßnahmen wie Verlagern auf andere physikalische Platten Generierungszeiten verringert werden. Der größte Nachteil liegt im Single-point-of-failure; steht das Produktionssystem, so steht das Projekt.

Das genaue Gegenteil davon ist das Arbeiten mit vielen Rechnern und verteilten Aufgaben. So liegt das Archiv auf einem Server, ein zweites System kümmert sich um den Workspace, Compiler und Linker laufen auf einem Clientsystem, und das Ergebnis landet schließlich wieder auf dem Server.

Die wichtigste Voraussetzung für einen solchen Betrieb ist eine schnelle und vor allem stabile Netzwerkverbindung zwischen den beteiligten Systemen. Die Vorteile dabei sind wieder eine erhöhte Ausfallsicherheit, zum anderen ist eine viel höhere Parallelität in der Produktion sowie eine bessere Ressourcenausnutzung gegeben. Dies erlaubt auch eine sinnvolle Nutzung eventuell vorhandener, älterer Hardware, die so noch sinnvoll eingesetzt werden kann.

In den meisten Projekten wird eine Mischform gewählt, so dass dem Netzwerk und den darauf laufenden Protokollen (zum Beispiel SMB, NFS usw.) eine wichtige Rolle zukommt.

Neben der Hardware sollten auch alle softwareseitigen Optimierungsmöglichkeiten untersucht werden; zumeist handelt es sich um das Feintuning von Caches.

9.3.2
Optimierung der KM-Umgebung

Was kann in der Umgebung selbst optimiert werden? Je nach Struktur des Projektes liegen diese in der Datenablage und in den Richtlinien im KM-Prozess. Für die Datenablage gelten dieselben Regeln, die auch in einer Entwicklungsumgebung ohne KM-System für die Generierung gelten. Werden Sprachen eingesetzt, die mit Include-Konstrukten arbeiten, so sollten diese Includes auf möglichst wenige Verzeichnisse aufgeteilt werden, um die Suchläufe zu beschleunigen.

Bei der Generierung selbst sollte möglichst wenig mit Suchpfaden, sondern mit genauen Pfadangaben gearbeitet werden. Apropos Pfadvariablen: Die Suchpfade zu den Installationsverzeichnissen der eingesetzten Werkzeuge sollten möglichst früh in den Pfadvariablen auftauchen, in jedem Fall aber vor einem Eintrag, der auf ein über das Netzwerk verbundenes Laufwerk verweist.

Im KM-Prozess selbst können bestimmte Regeln dazu beitragen, Generierungen schneller durchzuführen. Dazu einige Beispiele. Es beginnt bei der Vergabe von Labeln. Diese werden häufig dazu genutzt, um die Objekte und Versionen zu identifizieren, die bei der Generierung berücksichtigt werden. Sieht der KM-Plan vor, dass

Label grundsätzlich zentral vergeben werden, so muss zunächst geprüft werden, was alles mit einem Label versehen wird, dann wird gelabelt und schließlich werden diese Änderungen in die Produktionsumgebung (den Produktionsworkspace) aufgenommen. Der Entwickler entscheidet aber ohnehin, dass er mit der Aufgabe fertig ist. Die meisten KM-Tools bieten die Möglichkeit, dass die Entscheidung gleichzeitig mit der Vergabe eines Labels erfolgt.

Aber auch bei Aufbau und Verwaltung der Produktionsworkspaces kann optimiert werden. So wird häufig verlangt, dass der Workspace vor jeder Produktion komplett neu aus dem Archiv aufgebaut wird. Möglichkeiten des KM-Tools, den Workspace in Teilen zu aktualisieren, bleiben so ungenutzt. Wie bei der Vergabe von Labeln ist es eine Frage des Vertrauens in die Fähigkeiten (des Entwicklers oder des Tools). Kleine Trainingsmaßnahmen oder genaue Untersuchungen, ob die Funktionalität eines Tools stabil und sicher ist, zahlen sich in diesen Fällen aber mehr als aus.

Häufig wird auch an der Zahl der Produktionsworkspaces gespart, zumeist aus Platzgründen. Bietet das KM-Tool (zum Beispiel Rational ClearCase) die Möglichkeit, Workspaces dynamisch (also ohne physikalischen Kopiervorgang bei Erzeugung des Workspaces, sondern über direkten Zugriff auf das Archiv) zu generieren, sollte diese Funktion auch genutzt werden. Aber auch bei Werkzeugen mit einem Copy-basierten Workspace-Ansatz sollte über die Anschaffung zusätzlicher Plattenkapazitäten nachgedacht werden; die Preise pro GB sind in den letzten Jahren geradezu dramatisch gefallen. Damit können dann unterschiedliche Produktionsworkspaces aufgesetzt werden, zum Beispiel ein Workspace pro Entwickler für Teilproduktionen während der Codierung, Workspaces für Teilintegrationen, Workspaces für Vollproduktionen usw. Durch eine klare Regelung, wer was in welchem Workspace tun darf, kann in der Vorbereitung einer Generierung Zeit eingespart werden.

Vertrauen ist auch nötig, wenn bereits produzierte Teilergebnisse genutzt werden sollen. Wie bereits dargelegt, müssen Änderungen, die gemacht wurden, auch dazu führen, dass ein Target wirklich neu produziert wird. Im umgekehrten Fall, nämlich dass bei einem Target keine Änderungen stattgefunden haben, könnte das bereits produzierte Ergebnis noch mal genutzt werden. Deshalb bieten hochwertige KM-Tools Funktionalitäten, welche die Wiederverwendung von Ergebnissen unterstützen, egal in welchem Arbeitsbereich diese Ergebnisse abgelegt wurden. Dies geht weit über das sog. Build avoidance heutiger integrierter Entwicklungsumgebungen hinaus, da diese nur in der lokalen Arbeitsumgebung prüfen, ob das Ergebnis bereits vorliegt.

In diesem Beispiel will Entwickler A sein Modul übersetzen und austesten. Dazu benötigt er eine Bibliothek, die von Entwickler B bearbeitet wird. Während der Produktion prüft das KM-Tool, welche Artefakte und in welcher Version diese in die Bibliothek einfließen werden. Danach wird ein Produktionsergebnis gesucht, welches genau damit übereinstimmt. In diesem Fall findet sich das Ergebnis im Workspace von Entwickler B. Die Bibliothek muss also nicht neu generiert werden, sondern sie wird einfach in den Workspace von Entwickler A übertragen; dies wird als wink-in (siehe Abbildung 58) bezeichnet.

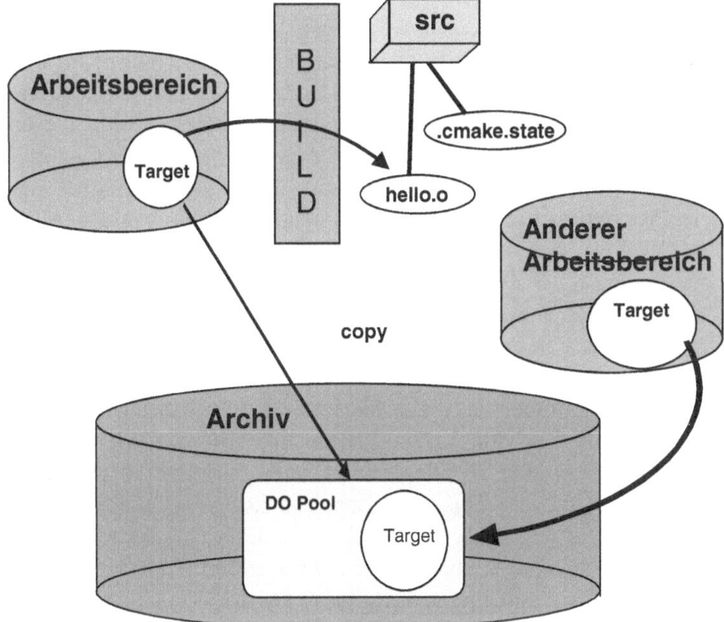

Abbildung 58: wink-in

Gerade in großen Entwicklerteams kann diese Wiederverwendung durchaus zeitliche Einsparungen von über 80%-90% gegenüber einer Vollproduktion bringen. In jedem Fall sollte diese Funktionalität gezielt eingesetzt werden, da sie sich auch nachteilig auswirken kann, nämlich wenn die Suchzeit nach dem Ergebnis länger ist als die eigentliche Produktionszeit.

Großes Einsparungspotenzial

9.3.3
Optimierung des Produktionsablaufes

Ein Teil der Optimierungsmöglichkeiten in diesem Bereich wurde bereits angesprochen: die Wiederverwendung von bereits vorliegenden Teilergebnissen. Doch gibt es hier noch vieles andere, was zu einer schnelleren Produktion beitragen kann.

9.3.3.1
Ungenutzte Ressourcen heben

So manche Hardware liegt brach

In den meisten Projekten gibt es Hardwareressourcen, die aus den verschiedensten Gründen schwach ausgelastet sind, egal ob man die Client- oder die Serverlandschaft betrachtet. Diese häufig im Leerlauf drehenden Systeme können bei Nutzung für die Produktion ebenfalls zu einer deutlichen Verbesserung führen – wenn die entsprechenden Voraussetzungen gegeben sind.

Zunächst muss es auf dem System grundsätzlich möglich sein, eine Produktion für die geplante Zielplattform durchzuführen, also eine Verfügbarkeit eines entsprechenden Compilers, Linkers oder anderer benötigter Tools ist Voraussetzung . Darüber hinaus müssen die Werkzeuge auch auf dem System lauffähig vorhanden sein. Das System muss von außen angesteuert werden können und zu Zeiten der Generierung verfügbar sein; gerade bei Entwicklerarbeitsplätzen ist dies nicht immer der Fall. Als letzte Voraussetzung muss vom System auf dem Produktionsworkspace zugegriffen werden können.

Jedoch muss auch die Produktion selbst auf eine solche Umgebung vorbereitet sein. Das heißt, der Produktionslauf muss in kleine, eigenständig abarbeitbare Teilproduktionen zerlegt werden können. Dies setzt aber voraus, dass es keine architekturellen oder produktionstechnischen Abhängigkeiten gibt. Setzt jede Teilgenerierung auf dem Ergebnis der vorhergegangenen auf, so können diese nicht parallel durchgeführt werden. Es hat sich aber gezeigt, dass in den allermeisten Fällen durch Umstrukturierung des Ablaufs zumindest eine Teilparallelisierung erreicht werden kann. Grundsätzlich gibt es zwei mögliche Formen der Parallelisierung:

Zwei Formen der Parallelisierung

- Die parallele Produktion, dargestellt in Abbildung 59, und
- die verteilte Produktion, visualisiert in Abbildung 60.

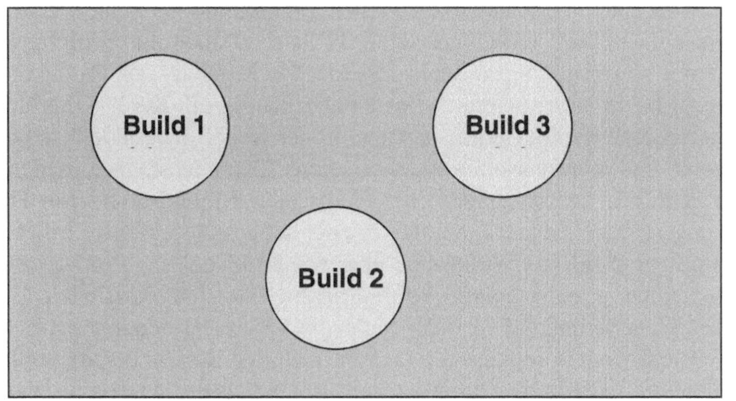

Abbildung 59:
Parallele
Produktion

Bei parallelen Produktionen werden auf einem System mehrere Teilgenerierungen gestartet; dabei muss aber überwacht werden, dass keine Überlast entsteht.

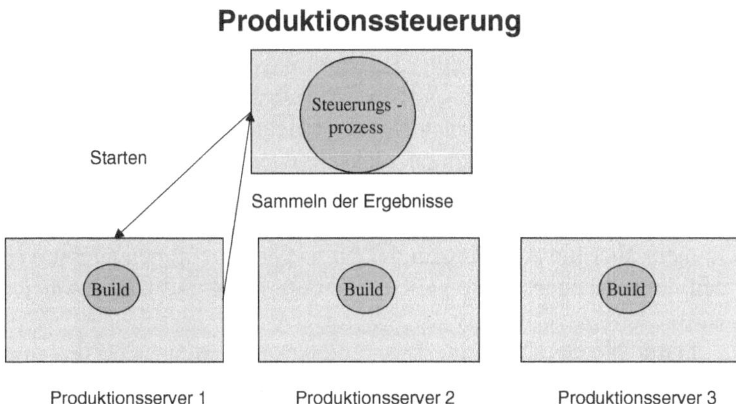

Abbildung 60:
Verteilte
Produktion

Bei verteilten Produktionen werden die einzelnen Teilarbeitspakete von einem zentralen System auf die im Netz verfügbaren und dafür in Frage kommenden Systeme verteilt. Auch hier gilt es, Überlast zu vermeiden, da die Systeme in der Regel unterschiedlich leistungsfähig sind. Diese Steuerung kann von einem Menschen erfolgen; noch besser ist es, wenn das eingesetzte Make-Utility diese Aufgaben mit übernehmen kann (Start der Produktion, Einsammeln der Ergebnisse, Load-Balancing usw.). Geradezu ideal ist es, wenn das Make-

Utility eng mit dem eingesetzten KM-Tool zusammenarbeitet oder gar ein Bestandteil davon ist.

Um eine Vergleichbarkeit zu haben und unnötige Fehler zu vermeiden, müssen die eingesetzten Tools (und auch die Betriebssysteme) soweit identisch sein, dass sie das Ergebnis der Produktion nicht beeinflussen. Gerade dies ist aber häufig ein K.-O.-Kriterium, da speziell Entwicklerarbeitsplätze in der Regel ‚individuell' aufgesetzt und konfiguriert werden (andere Compilerschalter, anderer Patchlevel, andere Version des Tools oder Bibliotheken). Ein Lösungsansatz, und hier kommt es wieder auf das eingesetzte KM-Tool an, liegt darin, die Werkzeuge über das KM-Tool den Produktionssystemen in einer zentral konfigurierten Form bereitzustellen. Bei der Generierung wird dann nicht die lokale Installation auf dem System genutzt, sondern die über das zentrale System bereitgestellte Version. Gerade hier lohnt es sich, Beratungsleistung von spezialisierten Firmen in das Projekt zu holen, welche die jeweiligen projektspezifischen Möglichkeiten ausloten und bei der Umsetzung mithelfen.

9.3.3.2
Automatisierte Produktionen

Wann ist der optimale Zeitpunkt für eine Produktion? Die richtige Antwort darauf beginnt mit: „Es hängt davon ab ..." Je nach Blickwinkel kann es hier zu großen Unterschieden in den Aussagen kommen. Diese sollten auch bei der Planung und Implementierung einer Produktionsumgebung berücksichtigt werden.

Aus Sicht des Entwicklers muss es so schnell wie möglich sein, da die weitere Arbeit häufig vom Ergebnis der Generierung abhängt. Je mehr aber die Änderungen der Entwickler zusammengefasst werden, umso genauer sollte geplant werden, wann und was produziert wird.

Dafür bietet es sich an, dass Produktionen an einer Stelle angemeldet werden. Es wird dann geprüft und entschieden, wann und auf welchem System die Produktion gestartet wird. Gerade lastschwache Zeiten am Tagesrand oder in der Nacht eignen sich dafür. Einfachster Fall ist, dass die Produktionen über Scheduler gestartet werden; die Rückmeldung muss dann ebenso automatisiert erfolgen, da die Produktion selbst unbeaufsichtigt abläuft. Mit wenig Arbeit kann dann der Komfort- und Automatisierungsgrad beliebig erweitert werden.

9.3.3.3
Ergebnisse verteilen

Gerade dann, wenn regelmäßige Vollproduktionen durchgeführt werden, können diese auch für andere Generierungen genutzt werden. Einfachster Ansatz ist das Bereitstellen der Produktionsergebnisse über ein Netzlaufwerk.

Komfortabler und im Sinne der schnellen Reproduzierbarkeit effizienter ist es, diese Ergebnisse in das Archiv mit aufzunehmen. Gerade für Tests kann somit schnell und sicher auf verschiedene Stände zurückgegriffen werden. Um unnötigen Datenballast im Archiv zu vermeiden, sollte allerdings genau geplant werden, welche Generierungen archiviert und wie lange diese aufgehoben werden sollen. Gute Daumenregeln sind hier, Releasestände (intern oder extern) erst nach gesonderter Prüfung zu löschen, Zwischenstände (zum Beispiel Ergebnisse unter der Woche) können im Normalfall nach einer Arbeitswoche wieder gelöscht werden. Damit lässt sich das Wachstum der Archive auf ein vernünftiges Maß begrenzen.

9.3.3.4
Automatisierung und Überwachung von Tests

Ein immer noch zu wenig beachteter Bereich zur Zeitersparnis liegt in der Einbeziehung von Tests in die Produktionsläufe. Grundsätzlich können über Make-Utilities beliebige Abläufe gesteuert werden; sie werden nur am häufigsten für die Generierung genutzt. Eine weitere Ursache ist oft die Organisation der Projekte, in denen die Qualitätssicherung parallel zur Entwicklung aufgesetzt ist. Durch eine engere Zusammenarbeit mit der Softwareproduktion ergeben sich aber durchaus interessante Synergieeffekte.

Was sind die Voraussetzungen hierfür? Die eingesetzten Testwerkzeuge, egal ob diese

- statische Codeanalysen,

- funktionale Tests oder

- Lasttests

durchführen sollen, müssen es erlauben, Tests im Batchbetrieb durchzuführen. Zum anderen müssen die Systeme, auf denen die Tests laufen sollen, von außen her mit dem neuen Stand der zu testenden Software versorgt werden können.

Worin liegen die Vorteile? Basis für Tests ist immer ein eindeutig identifizierbarer Stand der zu testenden Software, damit eventuelle Bugs gegen die richtige Version gemeldet werden können.

Wird die Bereitstellung automatisiert und während des Tests auch überwacht, welche Artefakte getestet werden, so reduziert sich hier eine Fehlerquelle erheblich. Der zweite große Vorteil liegt darin, dass Testläufe während lastschwacher Zeiten bereits laufen und abgeschlossen werden können. Die Auswertung der Resultate obliegt weiter den für die Qualitätssicherung verantwortlichen Personen; durch die Zeitersparnis im Vorfeld gelangen aber die Informationen über gefundene Fehler schneller wieder in die Entwicklung.

Auch hier hängen die tatsächlichen Potenziale von der jeweiligen Projektsituation ab; es empfiehlt sich auch in diesem Fall, auf externes Know-how von darauf spezialisierten Beratern zurückzugreifen.

9.4
Verteilte Teams

Auch die Generierung stellt verteilt arbeitende Teams vor eine zusätzliche Herausforderung, da die Arbeitsergebnisse unter Umständen nicht am lokalen Standort entstehen, sondern von außen her zugeliefert werden. Grundsätzlich gilt es zwei Fragen zu klären: Wo wird produziert und was wird dazu benötigt?

Die Frage nach dem Ort der Produktion hat einen hohen Einfluss darauf, welche Daten überhaupt repliziert und an die einzelnen Standorte verteilt werden müssen. Gerade wenn in einem laufenden Projekt weitere Standorte dazukommen, ist die Frage nach der Produktion eine der wichtigsten.

Die Frage nach den benötigten Objekten hat zwei Dimensionen, zum einen die gerade erwähnte Bereitstellung, zum anderen die Frage, wie die durchgeführten Änderungen an die jeweiligen Standorte gelangen, also synchronisiert werden. In den meisten bekannten Fällen, in denen versucht wurde, an allen Standorten eine Vollproduktion zu ermöglichen, gab es einen Fehlschlag; es stehen in der Regel nicht genügend oder genügend lange Zeitfenster zur Verfügung, um den Abgleich der Änderungen durchzuführen.

Ein bewährter Ansatz liegt in einer Verteilung der Aufgaben im Rahmen der Produktion. Die aufgelaufenen Änderungen in einem Zeitraum werden an einem oder wenigen Standorten synchronisiert; dort laufen nach Abschluss des Abgleichs Vollproduktionen. Die Produktion der Teilergebnisse findet lokal an jedem Entwicklungsstandort statt. Damit überall die nötigen Tests durchgeführt werden können (vor allem Integrations- und Systemtests), werden die Ergebnisse der Vollproduktion wieder an jeden Standort zurückgestellt. Der Vorteil liegt darin, dass nicht an jedem Standort unnötige Ressourcen aufgebaut werden müssen oder Leitungskapazitäten zu erhöhen sind.

Ein Nachteil liegt sicher darin, dass es einen gewissen zeitlichen Versatz gibt, bis alle Änderungen im Projekt an den Standorten zum Test vorliegen. Der Zeitraum zwischen zwei Vollproduktionen und der Verteilung der Ergebnisse sollte deshalb von der Projektphase und der Änderungshäufigkeit abhängig gemacht werden.

9.5
Reproduzieren und Ausliefern

Nehmen wir an, die Produktion war erfolgreich – was geschieht jetzt mit den Ergebnissen? Ein Punkt wurde bereits angesprochen, die Tests. Es geht jedoch noch weiter, nämlich zum Release und schließlich zur Auslieferung an den Kunden, egal ob intern oder extern.

Eine der wichtigsten Aufgaben einer KM-Umgebung ist die Reproduzierbarkeit bestimmter Stände über einen langen Zeitraum hinweg. Geht es nur um das Wiederherstellen eines Standes ohne Änderungen, so ist ein neuerlicher Produktionslauf überflüssig, wenn das damalige Ergebnis genau *identifizierbar* ist und noch im System *gespeichert* ist.

Ein bewährter Ansatz ist das Staging-Modell. Dabei werden unterschiedliche Archive genutzt, eine Rückverfolgung ist aber jederzeit möglich.

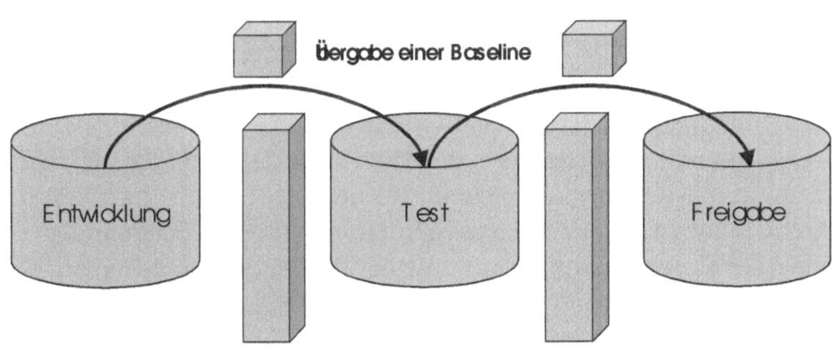

Abbildung 61: Staging-Modell

Im Entwicklungsbereich liegen nur temporär oder kurzfristig genutzte Produktionsergebnisse; alles was nicht mehr benötigt wird, kann in regelmäßigen Abständen gelöscht werden. Alle Generierungen, die für genauere Tests genutzt werden, landen nach der Produktion im Testbereich. Dabei werden auch Informationen wie zum Beispiel Stücklisten, Label und alles, was für eine Identifizierung der Quellen und Bestandteile dient mit aus dem Entwicklungsbereich übernommen. Die dort abgelegten Versionen der Ergebnisse werden über einen längeren Zeitraum gespeichert; damit ist eine schnelle Bereitstellung früherer Stände für vergleichende Tests gegeben.

Aus diesem Testbereich heraus werden die in Frage kommenden Stände in den Releasebereich übernommen. Dort finden die abschließenden Tests statt. Ist die Freigabe erfolgt, so werden dort zusätzliche Metainformationen über den Release gespeichert. Diese Daten können dann auch in andere Systeme automatisiert weitergegeben werden, zum Beispiel in ein Customer Relationsship Management System, so dass es hier einen sehr engen Informationsfluss zwischen der Entwicklung und anderen Unternehmensbereichen gibt.

Gerade im Bereich der In-House-Entwicklung erlaubt diese Vorgehensweise auch eine sehr enge Kopplung mit Softwareverteilungssystemen. Die Trennung führt dazu, dass die Risiken, einen nicht ausreichend getesteten Softwarestand auf viele Clients zu verteilen, extrem minimiert werden, da es über das Staging-Modell im Sinne der Qualitätssicherung viele Barrieren gibt, die von den Produktionsergebnissen vor dem Einsatz genommen werden müssen.

Noch ein Aspekt zur Reproduktion. Um einen früheren Stand der Software neu generieren zu können, muss letztlich die gesamte Produktionsumgebung unverändert reproduziert werden können. Dazu gehören die nötigen Tools in der damals verwendeten Version; Gleiches gilt für das Betriebssystem (inklusive aller Patchstände). Auch deshalb sollten zumindest die Installationsmedien von jeder für die Produktion relevanten Software im KM-System abgelegt werden, so dass bei Bedarf ein Produktionsrechner wieder bestückt werden kann. Durch geeignete Maßnahmen muss natürlich auch sichergestellt sein, dass es eine passende Hardware gibt, auf der die Produktionsumgebung wieder installiert werden kann.

Auf der andere Seite muss natürlich auch die damalige Verzeichnisstruktur wiederherstellbar sein. Da viele KM-Tools innerhalb der Archive mit flachen Verzeichnisstrukturen arbeiten, bedeutet das im Falle der Reproduktion, dass entweder die Makefiles auf eine geänderte Verzeichnisstruktur angepasst werden müssen oder durch Umkopieren die alte Struktur wiederaufgebaut werden muss. Beides sind aber in der Regel manuelle Tätigkeiten, die eben doch nicht genau der damaligen Umgebung entsprechen und somit die vollständige Reproduzierbarkeit relativieren.

Gerade dann, wenn abzusehen ist, dass dieser Fall häufiger Eintritt, sollte ein KM-Tool zum Einsatz kommen, das neben den Versionen der Artefakte auch die jeweiligen Strukturen der Verzeichnisse in Versionen ablegt und bei Bedarf automatisch Workspaces mit der damaligen Struktur wiederherstellen kann.

9.6
Fazit

Obwohl die Generierung von Software zwar ein wichtiger, aber eben doch nur ein Teilaspekt ist, gilt die Devise: rechtzeitig und ausreichend planen, egal ob ein Projekt neu aufgesetzt wird oder sich die Bedingungen in einem laufenden Projekt ändern.

10 Änderungen im Griff

Rainer Heinold

10.1
Einführung

Wie allgemein bekannt ist, hat sich das Tempo, mit dem die Änderungen auf Projekte auftreffen, in den beiden letzten Jahren nochmals deutlich beschleunigt. Es sind nicht nur technologische Neuerungen, die für neue Entwicklungen genutzt werden sollen. Auch die Ansprüche der Kunden haben sich geändert. Es wird einfach erwartet, dass so schnell als möglich auf Änderungswünsche reagiert wird. Auf der anderen Seite stehen natürlich die Interessen der Entwicklerteams und aller anderen am Projekt Interessierten. Ziel ist es, die Ressourcen so optimal wie möglich einzusetzen und die wichtigsten Aufgaben zuerst zu erledigen.

Immer mehr Änderungen

10.2
Das größte Risiko – sich treiben lassen

Genauso wie beim Thema Konfigurationsmanagement ist der richtige Zeitpunkt, um damit zu beginnen, vor dem eigentlichen Projektstart; das System für das Change Management sollte parallel zum Konfigurationsmanagement von Anfang an dem Projekt zur Verfügung stehen.

Dieses erscheint auf den ersten Blick wenig sinnvoll, aber bereits auf den zweiten Blick erkennt man recht schnell, dass vom Start weg Artefakte entstehen, die geändert werden sollen oder müssen. Gerade bei diesen ersten Arbeitsergebnissen sollte besonders gewissenhaft vorgegangen werden, da sich Fehler, die hier entstehen, aber

Der Zeitpunkt ist entscheidend

nicht entdeckt werden, in späteren Phasen des Projektes gewaltig auswirken können.

Werden die Änderungen an Anforderungsdokumenten, Vision-Dokumenten, Business-Prozess-Modellen u.Ä. genau so verwaltet wie später gemeldete Bugs oder Änderungswünsche an der Software, so hat dies zwei Vorteile. Zum einen ist von Anfang an eine Transparenz gegeben. Für jede Änderung ist nachvollziehbar, wer sie ausgelöst hat, was gemacht wurde (oder eben auch was nicht oder noch nicht gemacht wurde), wer die Aufgabe erledigt hat usw. usw.

Zum anderen entstehen so quasi als Nebenprodukt wertvolle Daten zur Beurteilung der definierten Prozessabläufe. Speziell die frühen Phasen des Projektes werden häufig nicht untersucht. Dabei werden hier viele wichtige Entscheidungen, die über Erfolg oder Misserfolg des Projektes mitentscheiden, getroffen.

Ebenso können hier die gewählten Change-Management-Abläufe am lebenden Objekt und in einer Phase, die zumeist nicht vom extrem hohen Zeitdruck geprägt ist, nochmals ausgetestet und auf ihre Anwendbarkeit hin untersucht werden.

Ein Change-Management-System sollte immer für ein Projekt aufgesetzt werden; gibt es aber mehrere Projekte, so sollte dasselbe Verfahren genutzt werden, um eine Vergleichbarkeit zu ermöglichen.

10.3
Das zweitgrößte Risiko – zu kompliziert!

Einer der häufigsten Gründe für mangelnde Anwenderakzeptanz ist die Komplexität eines Change-Management-Verfahrens. Allzu gerne entsteht in der Planungsphase solcher Systeme die sog. ELWOMS – die EierLegendeWOllMilchSau. Neben Change Management haben solche Implementierungen Teile von CRM-Systemen in sich, kümmern sich um das Anforderungsmanagement und erledigen auch das Projektmanagement und Reporting, vom Kosten-Controlling ganz zu schweigen.

Obwohl oft versucht, waren bisher nur die wenigsten Bemühungen in dieser Richtung erfolgreich. Neben der fehlenden Zeit lag es vor allem an der mangelnden Unterstützung der Werkzeuge. Grundsätzlich ist ein Change-Management-System mit einem hohen Maße an Flexibilität ausgestattet, da es in den Unternehmen sehr große Unterschiede gibt, wie mit diesem Thema umzugehen ist. Auf der anderen Seite gibt es für jede der oben genannten Aufgaben spezialisierte Systeme mit einem Funktionsumfang, der (wenn überhaupt

möglich) erst mühsam implementiert werden müsste. Was aber muss
ein System beinhalten? Diese Frage soll jetzt anhand verschiedener
Aspekte beleuchtet werden:

- Workflow / Lifecycle
- Daten
- Masken / Interface
- Automatisierung
- Reporting

10.3.1
Workflow / Lifecycle

Allen Change-Management-Werkzeugen ist eines gemeinsam. Sie
sorgen dafür, dass Änderungen durch einen bestimmten Lifecycle
geführt werden und dass sich jeder Change Request in einem bestimmten Status dieses Lifecycles befindet.

In den begleiteten Projekten gab es keine zwei Lifecycle, die
identisch waren. Jedoch wiesen sie alle bei genauerer Betrachtung
sehr starke Ähnlichkeiten auf. Der im Folgenden exemplarisch beschriebene Lifecycle ist daraus abgeleitet.

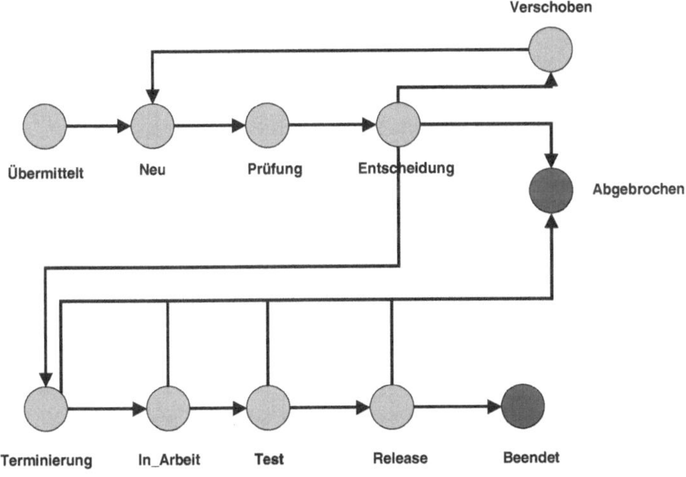

Abbildung 62:
Der generische
Lifecycle

Was steckt hinter den einzelnen Zuständen? Den Zustand *Übermittelt (Submitted)* bekommt ein Change Request, sobald er von außen erzeugt wurde. Den Zustand *Neu (New)* nimmt ein Change Request ein, sobald er von einem Verantwortlichen zum ersten Mal geprüft wurde; dieser bestimmt je nach Bereich den ersten Owner für die kommenden Schritte.

Von der Prüfung zur Entscheidung

Im Zustand Prüfung *(Research)* kümmert sich der Owner darum, die für die Planung und Entscheidung noch fehlenden Daten zu beschaffen. Von hier aus geht es zum Zustand Entscheidung (Decision) weiter. Hier hat der Owner entschieden, dass alle relevanten Daten für eine Entscheidung durch das CCB (Change Control Board – ein Gremium, das sich darum kümmert, welche Änderungsanfragen bearbeitet werden) vorhanden sind und die Anfrage jetzt vorgelegt werden kann.

Ab hier verzweigt der Weg. *Verschoben (Postponed)* bedeutet, dass die weitere Bearbeitung vorerst auf Eis gelegt wurde; von dort aus ist ein Rücksprung nach Neu (New) möglich. Wird selbst eine spätere Bearbeitung abgelehnt, so geht die Anfrage in den Zustand *Abgebrochen (Abandoned)* über. Im Zustand *Terminierung (Schedule)* muss jetzt festgelegt werden, bis wann der Änderungswunsch bearbeitet werden soll.

Zu geeigneter Zeit wird der Eintrag bearbeitet und geht in den Zustand *In_Arbeit (At_Work)* über; jetzt werden die notwendigen Änderungen vorgenommen. Nach Beendigung wird der Eintrag in den Zustand *Test (Validating)* überführt. Es wird jetzt sichergestellt, dass die Änderungen den gewünschten Erfolg gebracht haben. Über den Zustand *Freigabe (Release)*, in dem die Änderungen nochmals mit allen anderen für diesen Release geplanten und durchgeführten Änderungen getestet werden, geht es schließlich in den Zustand *Beendet (Closed)*. Alle nötigen Arbeiten sind jetzt abgeschlossen.

Der Sprung zum Zustand Verschoben und Abgebrochen ist von jedem anderen Zustand (außer *Beendet* und *Übermittelt*) möglich, der Rücksprung aber nicht. Darauf wird ganz bewusst verzichtet. Ist eine Aufgabe abgeschlossen, so ergibt es keinen Sinn mehr, diese zu öffnen. In dem Fall wird ein neuer Eintrag erzeugt, die Daten des geschlossenen Eintrags referenziert oder in den neuen Eintrag übernommen.

Wird im anderen Fall von *In-Arbeit* nach *Verschoben* gesprungen, so ist ein direkter Rücksprung zwar denkbar, aber nicht sinnvoll, da hier geprüft werden muss, ob der Change Request unter den geänderten Bedingungen noch genauso realisiert werden soll. Deshalb ist auch hier nur ein Sprung nach *Neu* möglich, um die Prüfungen und notwendigen Entscheidungen sicherzustellen.

10.3.2
Daten

Wie viel Information sollte gespeichert werden? Auch an dieser Frage scheiden sich die Geister (siehe ELWOMS). Vor der Planung sollte genau festgelegt werden, wer die späteren Anwender des Verfahrens sein werden und was ihre Bedürfnisse im Umgang mit dem System sind.

Es hat sich auch hier in vielen Projekten gezeigt, dass eine Fokussierung auf die Bedürfnisse des Projektes zu einer höheren Effizienz führt. Es verbleiben 5 Beteiligte:

- Kunden
- Projektleitung
- Entwickler
- Qualitätssicherung
- Releaseverantwortlicher

5 Beteiligte

Unter einem Kunden ist in diesem Zusammenhang nicht unbedingt ein Endanwender gemeint. Es kann dies die Testabteilung, der Support, das Produktmarketing sein – kurz jeder, der ein Interesse am Ergebnis des Projektes besitzt, aber nicht unmittelbar an seiner Entwicklung beteiligt ist. Dieser Kunde muss in der Lage sein, neue Change Requests in das System einzubringen und den weiteren Verlauf der Bearbeitung einsehen zu können. Er ist vor allem an der Beschreibung der Lösung und des zu erwartenden Termines interessiert.

Die Projektleitung muss Aufgabenpakete planen und steuern können. Dazu müssen die Verantwortlichen definiert werden können und es muss auch hinterlegt werden können, welche Teile des Projektes vom Change Request betroffen sind. Darüber hinaus ist die Projektleitung vor allem am aktuellen Zustand der Bearbeitung interessiert.

Der Entwickler erwartet von einem System eine Single-source-of-information, also einen Einstiegspunkt in seine tägliche Arbeit, an der er alle nötigen Informationen an einem Ort findet.

Single-source-
of-information

Neben einer priorisierten To-Do-Liste muss eine möglichst detaillierte Beschreibung der Änderung sowie alle nötigen Informationen für die Reproduktion der Situation beim Kunden enthalten sein; dazu gehören auch Screenshots, Testdaten usw.

Die Qualitätssicherung benötigt zwei Arten von Informationen. Zum einen die genaue Beschreibung, was in welchen Artefakten geändert wurde und in welchen Produktionsstand diese eingeflossen sind. Zum anderen auch im Vorfeld Hinweise dazu, bis wann die Arbeiten abgeschlossen werden, um eventuell erforderliche zusätzliche Tests aufzusetzen und die Ressourcen für die Durchführung der Tests besser planen zu können.

Da die Qualitätssicherung auch als Kunde gesehen werden kann, sollten auch alle Daten über gefundene Probleme im Change-Request-System abgelegt werden können.

Der Releaseverantwortliche benötigt wie die Qualitätssicherung alle Informationen über die durchgeführten Änderungen der erfolgreich bearbeiteten Einträge. Er muss letztlich nur die Bestätigung geben, in welchen Release diese Änderungen eingegangen sind. Aus diesen unterschiedlichen Sichten lassen sich folgende Strukturen ableiten:

Allgemeine Informationen

- Allgemeine Informationen
- Eindeutige ID
- Status
- Kurz-/Langbeschreibung des Change Requests
- Zusatzinformationen (Attachments, Testergebnisse, 3rd-Party-Tools)
- Eintragender Kunde (mit Kontaktinformation)
- Historienliste

Projektrelevante Informationen

- Projektrelevante Informationen
- Priorität
- Schwere der Änderung (aus Kunden- UND Projektsicht)
- Verantwortlicher
- Betroffene Projektteile und deren Versionsstand
- Geplanter Behebungszeitpunkt
- Erwarteter Aufwand

Bearbeitungsinformationen

- Bearbeitungsinformationen
- Was wurde geändert?
- Welche Anforderungen sind betroffen?
- Change Set
- Testergebnisse

Bei den einzelnen Punkten ist weniger oft mehr. Vor allem sollte eine unnötige Datenredundanz mit anderen Systemen vermieden werden. Außerdem sollten die Zusatzinformationen (zum Beispiel Attachments, Screenshots, Dokumente usw.) direkt im System abgespeichert werden. Referenzen auf an anderer Stelle abgelegte Information ist erfahrungsgemäß nur dann ausreichend, wenn die Referenzinformation automatisch abgeglichen wird. Ansonsten führt das manuelle Pflegen solcher Verweise zu unnötigen Fehlern.

10.3.3
Masken / Interface

Die Gestaltungsmöglichkeiten der Masken sind sehr stark an das eingesetzte Werkzeug gebunden. Folgende Aufteilungsmöglichkeit sollte aber gegeben sein:

Verschiedene Aufteilungs-möglichkeiten

10.3.3.1
Eine Erfassungsmaske

Dabei sind nur ein geringer Teil der zu erfassenden Felder Pflichtfelder. Der Meldende hat zumeist gar nicht die nötigen Kenntnisse für genauere Angaben. Zu diesem Zeitpunkt reichen eine Kontaktinformation, eine Kurzbeschreibung sowie die Version der Software, gegen die der Fehler oder der Änderungswunsch gemeldet wird, völlig aus. Attachments für eine genauere Beschreibung sollten zugelassen werden.

10.3.3.2
Mehrseitige Masken

Das System sollte es erlauben, logisch zusammengehörende Felder und Daten auf eigene Maskenseiten zusammenzufassen. Dies erhöht die Übersichtlichkeit und gestattet es zusätzlich, ganze Datenblöcke auf einmal auszublenden.

Da wir gerade bei Sicherungsfunktionen sind: Gut ist es, wenn im System Felder dynamisch auf Grund der Rechte des momentanen Bearbeiters gegen Änderungen gesperrt oder für solche freigegeben werden können. Ganz generell gilt, dass alles, was nicht hart codiert werden muss, im laufenden Projekt viel Arbeit und Probleme erspart. Dies ist schon deshalb so wichtig, da es eine ganze Reihe unterschiedlicher Benutzertypen bei einem solchen System gibt, und nicht alles, was dort gespeichert wurde, für jedermanns Augen bestimmt ist.

Dynamisches Sperren ist wichtig

10.3.4
Automatisierung

Gerade bei einem solchen System, in dem ein relativ starres Prozess-schema abgebildet wird, lohnt es sich, alle Möglichkeiten von Automatisierungen der Arbeiten und Arbeitsabläufe auszuschöpfen. Zunächst einmal müssen alle Betroffenen von einer Änderung im System benachrichtigt werden. Dies kann bei einem Statusübergang erfolgen, falls die Verantwortlichkeit für den Change Request geändert wurde. Aber auch die Erfassung bestimmter Daten kann der Auslöser sein.

Da Change-Request-Systeme nach dem Prinzip der Holschuld arbeiten, sollte eine Fälligkeitsprüfung möglich sein, über die zum Beispiel Entscheidungen bis zu einem bestimmten Termin eingefordert werden.

Doch auch während der Datenerfassung sind Automatisierungen möglich, zum Beispiel bei voneinander abhängigen Eingabefeldern. Gibt es pro Projekt genau einen Verantwortlichen, so kann dieser Wert gefüllt werden, sobald das Projekt eingegeben wurde.

Auch Change-Request-Systeme haben die Aufgabe, Änderungen über einen langen Zeitraum nachvollziehbar zu halten. Es sollte deshalb auch möglich sein, in der Änderungshistorie nicht nur die Zustandsübergänge zu verfolgen, sondern auch die Feldinhalte vor der Änderung mitzuspeichern.

Unter Umständen lohnt es sich auch, falls es sie noch nicht gibt, Schnittstellen zu anderen Tools zu schaffen. Vor allem sind hier Testwerkzeuge oder Call-Tracking-Systeme zu nennen. Zum einen werden aus diesen Tools heraus häufig Change-Request-Einträge erzeugt; je mehr Daten automatisiert übernommen werden, umso schneller können diese Aktionen erledigt werden.

Diese direkte Datenübernahme wirkt sich auch in der späteren Bearbeitung günstig aus, da viele unnötige Rückfragen aus der Entwicklung vermieden werden können. Wie war das Testsystem konfiguriert, welcher Build wurde verwendet, wie sieht der Fehler genau aus usw.

Einige Hersteller von Change-Request-Systemen sind dazu übergegangen, für solche Integrationen so genannte Packages bereitzustellen. In diesen ist alles enthalten, um den Workflow, die Masken und die Datenbank um die zusätzliche Funktionalität zu erweitern. Bevor an eine Eigenentwicklung gedacht wird, sollte zuerst beim Hersteller und dessen Partnern nachgeforscht werden; das Rad neu zu erfinden hat sich bisher noch nicht ausgezahlt.

10.3.5
Reporting

Die bei der täglichen Arbeit entstehenden Datenmengen können nur dann im vollen Umfang genutzt werden, wenn es im Change-Request-System Auswertungsmöglichkeiten gibt. Auch hier sind die einzelnen Rollen der Anwender wieder ausschlaggebend dafür, welche Auswertungen gebraucht werden.

Ein Kunde benötigt in den meisten Fällen nur den Zugriff auf einzelne Change Requests oder alle von ihm übermittelten, um den aktuellen Status und den Fortschritt zu prüfen.

Die Projektleitung ist vor allem an einem Statusüberblick interessiert, benötigt aber auch Informationen über die aktuell zugewiesenen Aufgaben der einzelnen Teammitglieder, um bei der Verteilung neuer Aufgaben keine Überlast für einzelne zu generieren. Darüber hinaus sind Charts wie zum Beispiel Trendcharts für Entscheidungen im Rahmen des Projektes hilfreich.

Ein CCB (Change Control Board) benötigt Auflistungen über die aktuell zur Entscheidung anstehenden Change Requests; Ähnliches gilt für die Qualitätssicherung und den Releaseverantwortlichen.

Ein Entwickler ist hauptsächlich daran interessiert, welche Aufgaben zur Erledigung anstehen und wie diese einzuschätzen sind, also eine priorisierte To-Do-Liste.

Es ist gar nicht so entscheidend, ob diese Auswertungen (Reports oder Charts) aus dem Werkzeug selber vorgenommen werden können oder ob über eine Schnittstelle die Daten an ein anderes Tool übergeben werden. Folgendes sollte aber beachtet werden:

- Die Auswertung bzw. Übergabe der Daten sollte automatisch erfolgen; gegebenenfalls muss das andere Tool direkten Zugriff auf die Datenbasis haben.

- Referenzierte Daten aus anderen Systemen (zum Beispiel Kundendaten aus einem CRM-System) müssen in die Auswertungen mit einbezogen werden können.

- Der Zugriff auf diese Auswertungen muss von außen ohne weitere Beteiligte möglich sein, damit aktuelle Informationen zu jedem beliebigen Zeitpunkt abgegriffen werden können.

Ein oftmals unterschätzter Punkt ist die Tatsache, dass es sich bei vielen Auswertungen um personenbezogene Daten handelt. Diese unterliegen in vielen Ländern einem besonderen Schutz und der Umgang damit ist nur in engen Grenzen möglich.

Gerade im deutschsprachigen Raum wird solchen automatisierten Auswertungen häufig mit hoher Skepsis begegnet. Oft liegt die Ursache dafür in der Annahme, dass diese Auswertungen zum Nachteil eines Mitarbeiters verwendet werden. Dieses kann, zugegebenermaßen, geschehen. Jedoch ist die nackte Zahl, dass ein Entwickler für einen Change Request einen Tag benötigt und ein anderer Entwickler 2 Wochen ohne weitere Informationen völlig wertlos. Es muss in jedem Fall berücksichtigt werden, was die Gründe dafür sind. Sind die Aufgaben vergleichbar, liegt Urlaub vor, wie sahen die Planungen der Aufwände aus, wurden andere Aufgaben mit kurzfristig höherer Priorität übernommen usw. usw. Es gibt hier Dutzende von in Frage kommenden Erklärungen.

Helfen kann hier nur die frühe Einbeziehung der betroffenen Personen und deren Vertreter (zum Beispiel dem Betriebsrat) in die Planungsphase, damit möglichen Bedenken und Widerständen früh begegnet werden kann. Findet dies erst zu einem späten Zeitpunkt statt oder wird die Nutzung der Daten im laufenden Betrieb untersagt, so reduziert dies den Gesamtnutzen eines solchen Systems unter Umständen ganz erheblich.

Auf einen besonderen Aspekt der Nutzung wird später gesondert eingegangen, nämlich auf die Möglichkeiten im Rahmen der Prozessverbesserungen.

10.4
Erfassung und Analyse

In einem Teil des Bearbeitungsworkflows von Change Requests geht es darum, die benötigten Daten zu erfassen und im Hinblick auf die Auswirkungen im Projekt zu bewerten. Oftmals geht hier aber unnötig Zeit verloren. Deshalb lohnt es sich, in der Planungsphase genau die Abläufe zu durchdenken.

10.4.1
Alles Nötige schnell erfassen

Nehmen wir dazu ein Beispielszenario mit durchaus realem Hintergrund. Von cinem Endanwender wird ein Problem gemeldet. Er kann nur eine Beschreibung liefern und seine Kontaktinformation hinterlassen. In einem ersten Schritt nimmt der Bearbeiter Kontakt zu ihm auf, erreicht ihn aber erst am zweiten Tag. Es werden jetzt die Informationen über die eingesetzte Version erfragt und es wird überprüft, auf welcher Plattform (Hardware, Betriebssystem, Patchlevel u.Ä.) der Endanwender arbeitet. Für die Reproduktion des Problems wird der Change Request an die Supportabteilung übergeben. Dort wird die Umgebung des Kunden nachgestellt. Idealerweise ist das Verhalten sofort reproduzierbar, falls nicht, werden Testdaten beim Endanwender angefordert, die schließlich zur Reproduzierbarkeit führen.

Vom Support werden die Daten über die Umgebung eingetragen und der Change Request wird zur Entscheidung angenommen. Schließlich beginnt ein Entwickler mit der Bearbeitung, testet nochmals und stellt fest, dass auf seinem Arbeitsplatz das Problem doch nicht reproduzierbar ist. Nach vielem Hin und Her stellt sich heraus, dass der Web-Browser beim Entwickler eine andere Version als in der Testumgebung hat; dieses wurde aber versehentlich nicht mit eingetragen ...

Die Geschichte könnte noch lange weitergehen. Was lässt sich daraus für die Planung von Change-Request-Verfahren ableiten? Beginnen wir bei der Erzeugung eines Change Requests. Hier sollten bereits so viele Informationen wie möglich erfasst werden. Egal um welche Software es sich handelt, der Endanwender sollte von der Software die nötigen Informationen über Version, betroffenen Teil, Screenshots, Tracefiles und was immer für die Analyse und Reproduzierung des Verhaltens, das er gerne geändert sehen würde, notwendig ist, möglichst automatisiert *direkt aus der Software* in das Change-Request-Verfahren (oder ein vorgeschaltetes Call-Tracking-System) einstellen können, zum Beispiel in Form einer generierten E-Mail. Wichtig ist auch für eventuelle Rückfragen dem Endanwender umgehend die ID zukommen zu lassen, unter welcher der Change Request weiter bearbeitet wird.

Diese Automatisierung gilt auch für Support- oder Testmannschaften, welche zunächst das Verhalten reproduzieren und weitere Informationen bereitstellen, da sie in der Regel über größere Kenntnisse der internen Abläufe der Software verfügen.

Beide Aspekte sind unabhängig vom Typ eines Change Requests, also egal ob es sich um einen Bug oder einen Änderungswunsch handelt. Auch sollten alle relevanten Informationen für die spätere Umsetzung wie zum Beispiel Screenshots, Testdaten u.Ä. gleich mit im System abgelegt werden.

10.4.2
Die kleinen Änderungen

Häufigster Grund für Verzögerungen in der weiteren Bearbeitung ist die Annahme, dass die Annahmen, die getroffen wurden, richtig sind. In England gibt es ein schönes, aber nicht ganz druckreifes Wortspiel, das besagt: Assume makes an a.. of you (abgekürzt u) and me.

Anders ausgedrückt: Entscheidungen, welche auf Grund unvollständig vorhandener Informationen getroffen werden, bergen ein hohes Risiko für das Projekt in sich.

Die einzelnen Change Requests wirken sich unterschiedlich stark auf das Projekt aus. Diese Auswirkung muss aber für jeden einzelnen Eintrag gesondert untersucht werden. Die beste Absicherung gegen verborgene Risiken erhält man immer dann, wenn in folgender Reihenfolge vorgegangen wird.

<table>
<tr><td style="vertical-align:top; width:25%;">Wichtige Reihenfolge zur Risikoabsicherung</td><td>

- Zunächst wird untersucht, welche funktionalen Anforderungen durch die Änderung betroffen sind.

- In einem zweiten Schritt werden alle damit verbundenen nichtfunktionalen Anforderungen und die Testanforderungen/-spezifikationen ermittelt.

- In Form einer Impact-Analyse wird erarbeitet, wie sich der Änderungswunsch auf diese Requirements auswirkt.

- Parallel dazu sollte eine Risikobetrachtung im Hinblick auf die Umsetzung durchgeführt werden.

- Stellt sich bei den Untersuchungen heraus, dass ein anderer Release oder ein anderes Projekt ebenfalls betroffen ist, so sollte ein Duplikat dieses Change Requests erzeugt werden.

</td></tr>
<tr><td style="vertical-align:top;">Unterschied zwischen Change-Request- und Requirement-Management-Werkzeugen</td><td>

Anhand dieser Vorgehensweise wird auch klar, worin der Unterschied zwischen Change-Request und Requirement-Management-Werkzeugen liegt: Aufgabe von Change Request Tools ist die Verwaltung der anstehenden Aufgaben, Requirement-Management-Werkzeuge hingegen zeigen die Auswirkungen auf und helfen bei der Planung der Umsetzung.

</td></tr>
</table>

In vielen Fällen ist der Aufwand für die Umsetzung nach bekannten Verfahren bereits abschätzbar. Ergibt die Betrachtung allerdings mögliche Auswirkungen auf die Architektur der zu entwickelnden Software, so sollte jetzt noch eine weitere Untersuchung im Hinblick auf die architekturellen Auswirkungen, wieder verbunden mit einer Risikoanalyse, folgen.

Erst dann lässt sich genau abschätzen, welcher Arbeitsaufwand auf Grund der Änderungsanfrage auf das Projekt zukommt. Und erst jetzt kann ein Change Control Board sinnvoll entscheiden, was mit der Änderungsanfrage passieren wird.

10.5
Die Arbeit verteilen

Gemäß dem Projektplan, den verfügbaren Ressourcen, den geschätzten Aufwänden und der Wichtigkeit werden vom Change Control Board (egal wie dieses zusammengesetzt oder genannt wird) schließlich Change Requests zur Bearbeitung angenommen.

Die nächste Frage für die Projektleitung lautet nun: Wer macht was? Auch hier lohnt sich nochmals ein genauerer Blick, denn das richtige Schneiden von Arbeitspaketen hilft zum einen bei der Bearbeitung, zum anderen ergeben sich bei vernünftiger Granularität der Aufgaben verbesserte Möglichkeiten zur Prüfung des Projektstatus. Man spricht auch von dem in Abbildung 63 dargestellten Scope Management.

Abbildung 63: Scope Management

10.5.1
Scope Management

Wie so oft bei diesem Themenkomplex gibt es wiederum keine Pauschalantworten über den richtigen Umfang. Die einzelnen Aufgaben sollten aber von ihren Aufwänden her miteinander vergleichbar sein. Ein grober Richtwert, der sich in vielen Projekten herauskristallisiert hat, ist die Arbeitswoche. Jede Aufgabe, die von der Aufwandsschätzung mehr als eine Arbeitswoche in Anspruch nimmt, sollte auf eine weitere Unterteilung hin geprüft werden.

Die Vorteile liegen neben der besseren Verteilbarkeit der Arbeiten auch im psychologischen Effekt begründet, dass ein Arbeitspaket abgeschlossen wird, also die Arbeit sichtbar weniger wird.

Die entstehenden Arbeitspakete sollten direkt als Subworkflows an den Change Request angehängt werden. Damit ist zum einen der schnelle Zugriff auf alle Informationen gewährleistet, zum anderen kann jederzeit geprüft werden, zu welchen Teilen der eigentliche Change Request bereits abgeschlossen ist.

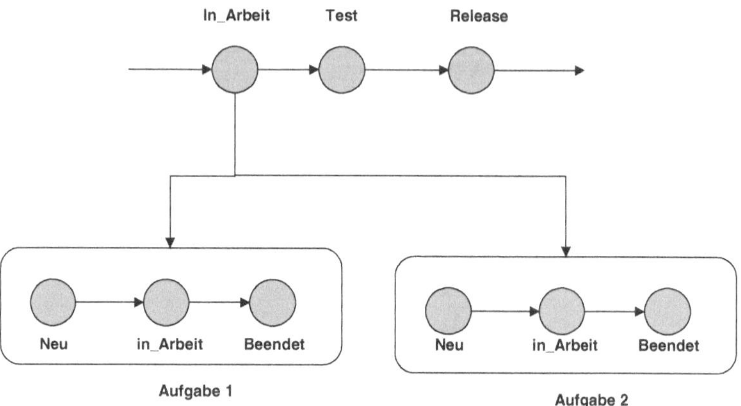

Abbildung 64:
Subworkflows

Sollen kleinere Arbeitspakete parallel von verschiedenen Mitarbeitern bearbeitet werden, müssen eine wechselseitige Abhängigkeiten ausgeschlossen werden. Dies gilt vor allem dann, wenn Arbeitsschritte auf den vorherigen Ergebnissen aufbauen. Aber selbst wenn es diese Abhängigkeiten gibt, so kann nach einer Arbeitswoche das nächste Arbeitspaket von einem anderen Mitarbeiter als eigenständige Teilaufgabe bearbeitet werden. Dies erhöht auch die Flexibilität für die Ressourcenplanung, da unverhältnismäßig aufwendige Arbeitsübergaben entfallen.

Apropos Ressourcenplanung: Da die meisten Change-Management-Werkzeuge zwar Teile von Projektplanungswerkzeugen beinhalten, diese aber nicht komplett ersetzen können, sollte es eine bidirektionale Integration zum eingesetzten Planungswerkzeug wie zum Beispiel Microsoft Project geben.

Change-Management-Werkzeuge können keine Projektplanungswerkzeuge ersetzen

Dadurch ist gewährleistet, dass der dort abgebildete Projekstatus relativ aktuell ist, zum anderen enthalten diese Tools wesentlich genauere Mechanismen zur Ressourcenplanung. Werden nun die geplanten Abläufe im Projektmanagementtool verändert, so können diese dann in das Change-Request-Verfahren zurücksynchronisiert

werden und wirken sich sofort auf die To-Do-Listen der Mitarbeiter
aus.

10.5.2
Top-down oder Bottom-up

Wie wird die Arbeit verteilt? Auch hier gibt es grundsätzlich zwei
Möglichkeiten: Ein Verantwortlicher verteilt die Verantwortung der
Aufgaben auf die einzelnen Teammitglieder (Top-down), oder die
einzelnen Mitglieder übernehmen Aufgaben aus dem Pool anstehen-
der Aufgaben (Bottom-up).

Der Top-down-Ansatz ist wohl in den meisten Projekten der heute übliche Weg. Und er besitzt auch durchaus Vorzüge, die nicht von
der Hand zu weisen sind. So können vor der Verteilung der Aufgaben Überlastungen vermieden werden, Aufgaben werden mit den
Projektplänen und Ressourcen abgestimmt und es wird normalerweise ein Mitarbeiter beauftragt, der die nötigen Fähigkeiten besitzt.

Ist der umgekehrte Ansatz überhaupt ein gangbarer Weg? Führt
er nicht unweigerlich ins Chaos und zum Scheitern des Projektes?
Mit dem falschen Team – ein ganz klares Ja!

Damit er funktioniert, müssen bestimmte Regeln eingehalten werden und bestimmte Fähigkeiten im Team vorhanden sein. Jeder
Mitarbeiter, der sich eine Aufgabe aus dem Pool zuweist, muss vorher prüfen, ob er in der Lage ist, diese zu erledigen. Die Aufgaben
im Pool werden von oben nach unten durchgesehen und die erste
Aufgabe, die erledigt werden kann, wird übernommen (kein so genanntes Cherry-Picking, bei dem man nur die interessanten Aufgaben erledigt). Angefangene Aufgaben werden in jedem Fall zu Ende
gebracht, bevor eine neue Aufgabe übernommen wird.

Die Voraussetzungen sind also selbstverantwortliches Handeln
im Hinblick auf das Projektziel und eine Redundanz in den Fähigkeiten. Gibt es viele Aufgaben, die nur von einem Mitarbeiter erledigt werden können, so wird dies einer der Flaschenhälse im Projekt
werden.

Obwohl es noch nicht viele Erfahrungen in Unternehmen gibt,
zeigt sich doch, dass die Produktivität gesteigert werden kann und
die Zufriedenheit der Mitarbeiter in den Projekten zugenommen hat.

Denkbar sind selbstverständlich auch Mischformen der beiden
Ansätze. Dann, und natürlich auch beim reinen Bottom-up, ist ein
ständiger Abgleich mit den Projektplänen nötig; ein Automatismus
ist hier fast unumgänglich, da trotz allem die Kontrolle über den Projektstatus gewährleistet sein muss. Ist die Diskrepanz hier zu groß,

zum Beispiel weil zu selten abgeglichen wird, steigt das Risiko für Fehlentscheidungen wiederum enorm an.

10.6
Verteilte Teams

Wie auch beim Konfigurationsmanagement sind es die verteilt arbeitenden Entwicklungsteams, welche einen zusätzlichen Planungsaufwand verursachen. Hier geht es jetzt darum, allen Beteiligten nicht nur die gesammelten Informationen bereitzustellen, sondern auch geänderte Prioritäten und neu hinzugekommene Arbeiten zu verteilen und die Ergebnisse wieder zusammenzuführen. Einige der damit verbundenen Thematiken sollen jetzt genauer betrachtet werden.

10.6.1
Datenstruktur – wie wird verteilt

Ähnlich dem Konfigurationsmanagement geht es auch bei Change-Request-Verfahren darum, zu entscheiden, wo welche Daten liegen und welche Arbeiten an welchem Standort gemacht werden.

10.6.1.1
Zentral, Teildezentral, Dezentral

Bei einem zentralen Ansatz gibt es einen Datenbestand, auf den alle Mitglieder eines Projektes über ein Web-Interface oder einen nativen Client zugreifen.

Der Vorteil ist die hohe Aktualität, mit der Änderungen verfügbar sind, als Nachteil sind der höhere Ressourcenbedarf und das Ausfallrisiko zu nennen. Der Ressourcenbedarf wirkt sich vor allem dann aus, wenn Change Request- und Konfigurationsmanagement-System über Change Sets miteinander gekoppelt sind. Bei jeder Änderung, die über das KM-Werkzeug angestoßen wird, müssen Änderungen im Change-Request-System nachgetragen werden; langsame Verbindungen behindern hier die Entwickler sehr stark, da diese Aktionen häufig durchgeführt werden.

Bei einem teildezentralen Aufbau werden lokale Change-Request-Daten geführt, die Änderungen zunächst lokal eingetragen und über eine Synchronisierung an ein zentrales System überstellt. Dieses sammelt die Änderungen und stellt diese über eine einfache Datenbankreplikation als Delta jedem Standort zur Verfügung.

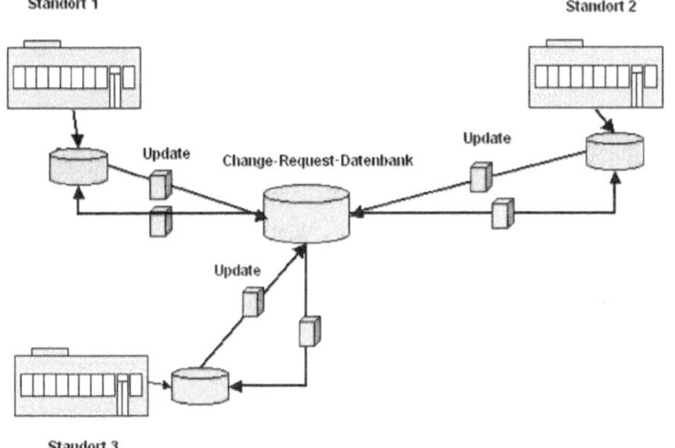

Abbildung 65:
Zentral organisiertes Change Management

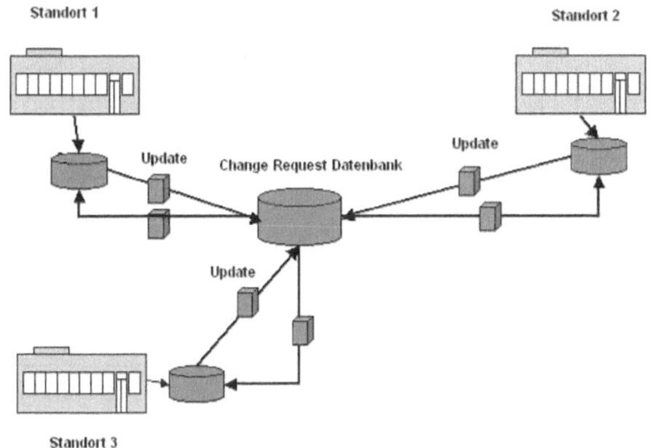

Abbildung 66:
Teildezentral organisiertes Change Management

Dieses Vorgehen hat den Vorteil, dass der Ressourcenbedarf an Netzwerkkapazität geringer ist; zudem kann weitergearbeitet werden, selbst wenn der zentrale Server über eine gewisse Zeit hinweg nicht verfügbar ist. Auch die Verteilung der Änderungen ist sehr einfach, da Standardmechanismen der Datenbank genutzt werden können.

Auf der Gegenseite steht ein erhöhter Bedarf an Servern, auf denen die Daten gehalten werden können. Ebenso gibt es einen gewissen Zeitversatz, da erst dann wieder synchronisiert werden kann, wenn von jeder Replikation der Datenbank die Änderungen wieder zentral eingespielt wurden. Passiert diese Prüfung nicht, so besteht das Risiko, dass durchgeführte Eintragungen im Change-Request-System wieder überspielt werden; dies kann zu Inkonsistenzen der Information führen.

Bei einem dezentralen Ansatz gibt es kein zentrales System, sondern nur gleichwertige Datenbestände. Genau wie beim Konfigurationsmanagementsystem sollte darauf geachtet werden, dass es klare Zuordnungen bezüglich der Verantwortlichkeit gibt.

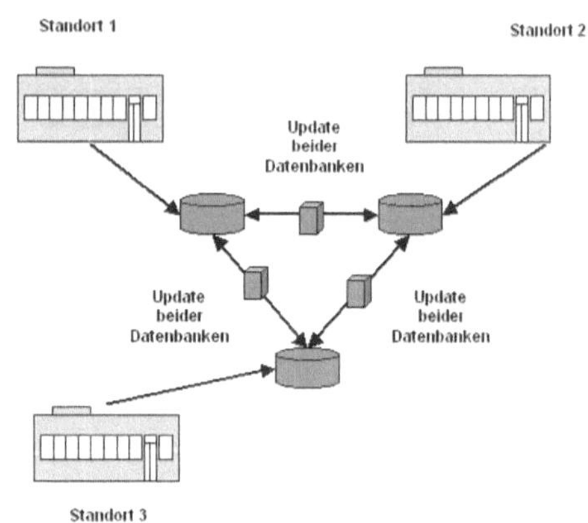

Abbildung 67: Dezentral organisiertes Change Management

Der Vorteil liegt in der nochmals erhöhten Toleranz gegenüber Ausfällen einzelner Systeme und im geringen Ressourcenbedarf für die Synchronisierung, da hier nur die jeweils aufgelaufenen Deltas mit den relevanten Standorten abzugleichen sind.

Schwache Unterstützung durch Werkzeuge

Der Nachteil liegt in der noch schwachen Unterstützung dieser Funktion durch die verfügbaren Werkzeuge. Gibt es sie aber, wie zum Beispiel bei ClearQuest oder DDTS erlauben sie eine unternehmensweite Infrastruktur, auf der die Daten für die einzelnen Projekte sauber und effizient aufgesetzt werden können.

10.6.1.2
Was darf gemacht werden?

Diese Fragestellung hat zwei Aspekte. Zum einen geht es darum, welche Arbeiten im Rahmen des Change-Request-Verfahrens grundsätzlich möglich sind, zum anderen wer die entsprechende Berechtigung dazu besitzt.

Genau wie beim Konfigurationsmanagement gilt die Regel: Je stärker sich eine Aktion auf das gesamte Projekt auswirkt, umso kleiner sollte der Kreis der berechtigten Personen sein. Die Übermittlung von neuen Change Requests sollte über jeden Standort möglich sein. Gerade bei teildezentralen oder dezentralen Umgebungen sorgen moderne Systeme dafür, dass es zu keinen doppelten IDs kommen kann, zum Beispiel durch die automatische Bereitstellung von Nummernkreisen für die Standorte.

Alle lokal am Standort durchgeführten Aufgaben sollten auch der Kontrolle des Standortes unterliegen. Hat der Standort zum Beispiel die Aufgabe, einzelne Komponenten zu entwickeln und diese freizugeben, so sollte das Mastership (also das Recht, eine Änderung vorzunehmen) bezüglich des Change Requests auch bis zu dieser Freigabephase bei dem Standort liegen und erst dann an den nächsten Verantwortlichen übertragen werden.

10.7
Was fängt man mit den Daten an?

Zu irgendeinem Zeitpunkt, zum Ende einer Iteration oder nach einem Release stellt sich die Frage, was mit den aufgelaufenen, aber abgeschlossenen oder nicht mehr relevanten Einträgen geschehen soll. Sprechen keine externen Vorgaben (zum Beispiel Aufbewahrungsfristen) dagegen, können diese natürlich gelöscht werden. Jedoch würden dadurch viele Informationen einfach zerstört, bevor sie nutzbringend für das Unternehmen ausgewertet werden können. Gerade so genannte Post-Mortem-Analysen erlauben wichtige Rückschlüsse auf die Qualität der Entwicklungsprozesse.

10.7.1
Die Auswertung von Anfang an planen

Eines ist klar: Es können nur solche Daten ausgewertet werden, die auch im System vorhanden sind. Deshalb sollten die späteren Auswertungen und Metriken, die benötigt werden, von Anfang an mit eingeplant werden.

Generell können durch die Auswertung Rückschlüsse auf die Abläufe im Projekt gezogen werden. Doch mindestens ebenso wertvoll sind die gewonnenen Daten im Hinblick auf zukünftige Projekte. Es stellen sich die folgenden Fragen:

- Wie gut wurden die geplanten Aufgaben tatsächlich im Rahmen der Planungen abgeschlossen?
- Wie hoch sind die durchschnittlichen Aufwände bei verschiedenen Kategorien von Change Requests?
- Wie viele Ressourcen wurden dafür benötigt?

Alle diese Angaben können dazu beitragen, im Rahmen künftiger Projekte genauer zu planen, welche Ressourcen und in welcher Projektphase diese bereitzustellen sind.

10.7.2
Metrikwerkzeuge

So gut die Metriken auch sind, die aus einem Change-Request-System erstellt werden können, noch besser ist es diese mit anderen Daten zu kombinieren und bereits während des laufenden Projektes in unterschiedlichen Darstellungen für die Steuerung nutzen zu können.

Wie arbeitet ein solches System? Im Wesentlichen sind es zwei Hauptbestandteile: das Erfassungssystem mit nachgeschaltetem Data Warehouse sowie der Auswertungteil. Im Rahmen der Erfassung werden von einem zentralen System aus alle relevanten Server abgegriffen: Daten aus dem Change-Request-System, dem Konfigurationsmanagement, dem Requirement Management usw. Im Auswertungsteil werden nun die kumulierten Daten gegen vorher definierte Schwellenwerte verglichen und in beliebiger grafischer Form dargestellt.

Die Vorteile liegen vor allem in der sehr hohen Aktualität der Daten, die ohne zusätzlichen Aufwand gewonnen wird. Ist ein solches System in die Projektinfrastruktur miteingebettet (wie zum Beispiel die Rational ProjectConsole) eröffnen sich neue Wege für die Projektverantwortlichen, fundiert Entscheidungen zu treffen.

10.8
Fazit

Änderungen im Projektverlauf gehören zur Tagesordnung – man muss sie akzeptieren. Wichtig ist, wie man mit Änderungen umgeht. Mit geeigneten Werkzeugen lässt sich ein professionelles Change Management aufbauen. Wichtig ist, dass die entsprechende Planung für das Änderungsmanagement von Anfang an durchgeführt wird, und nicht erst dann darüber nachgedacht wird, wenn die ersten Änderungswünsche vom Kunden auftauchen.

11 Projektmanagement

Gerhard Versteegen

11.1
Einführung

Im bisherigen Verlauf dieses Buches wurde bereits auf eine Reihe von Managementbereichen eingegangen:

- Anforderungsmanagement
- Konfigurationsmanagement
- Risikomanagement
- Änderungsmanagement

Man könnte fast den Eindruck gewinnen, Softwareentwicklung wäre nur noch Management und nicht mehr Entwicklung an sich. Zu beachten ist jedoch dabei, dass hier die Projektgröße eine gewaltige Rolle spielt. Das Projektmanagement ist als ein übergreifendes Management zu sehen, das zur Aufgabe hat, die zuvor beschriebenen Managementtechnologien zu koordinieren und aufeinander abzustimmen.

In diesem Kapitel wird auf die folgenden Bestandteile des Projektmanagements eingegangen:

- Rollen im Projektmanagement
- Das Mentorenprinzip
- Projektinitialisierung

Der Leser, der sich umfassend über das Thema Projektmanagement informieren möchte, sei auf mein erstes Buch in dieser Reihe: „Projektmanagement mit dem Rational Unified Process" [Ver2000] ver-

Ist Softwareentwicklung nur noch Management?

Schwerpunkte in diesem Kapitel

wiesen. In diesem Kapitel soll sowohl auf wichtige als auch nützliche Inhalte des Projektmanagements eingegangen werden.

11.2
Begriffsfindungen

11.2.1
Rollen im Projektmanagement

Je nach Projektgröße existieren eine unterschiedliche Anzahl von Rollen im Projektmanagement. Wichtig dabei ist, dass es immer einen Hauptverantwortlichen für das Projekt geben muss – den Projektleiter. Je nach Unternehmen bzw. Unternehmenskultur kann dieser durchaus andere Bezeichnungen haben. Diese sind bei der Anpassung des jeweiligen Vorgehensmodells (siehe Kapitel 3) zu berücksichtigen:

Drei Bezeichnungen für Projektleiter

- *Hauptprojektleiter*: Damit wird zum Ausdruck gebracht, dass es sich um ein größeres Projekt handelt. Dieses setzt sich dann aus mehreren Teilprojekten zusammen, die von Teilprojektleitern gemanagt werden. Der Hauptprojektleiter kontrolliert das Gesamtprojekt.

- *Projektmanager*: Dieser Begriff taucht häufig bei Firmen mit amerikanischen Hintergrund auf. Er stellt lediglich eine Übersetzung von Projektleiter dar.

- *Vorhabensverantwortlicher*: Ein aus dem öffentlichen Bereich stammender Begriff, auf den man heutzutage nur noch selten stößt. Im V-Modell werden Projekte auch als Vorhaben eingestuft, daher leitet sich dieser Begriff ab.

Kaufmännische und technische Projektleitung

Häufig ist bei größeren Projekten auch eine Konstellation festzustellen, wo eine Aufteilung in kaufmännischen und technischen Projektleiter vorgenommen wird. Hier hat dann meist der kaufmännische Projektleiter die eigentliche Leitung des Projektes. Es gibt unterschiedliche Gründe, die für eine derartige Konstellation sprechen:

- In vielen Unternehmen ist die Situation so, dass die fachlich herausragenden Kräfte über zu wenig kaufmännisches Know-how verfügen und umgekehrt die kaufmännischen Fachkräfte technische Defizite haben.

- Ein Projekt kann aus vielen Gründen scheitern, am häufigsten sind die folgenden beiden Situationen: Das Projekt wurde zwar fertig gestellt, der Kunde ist auch zufrieden, doch man hat finanziell Verlust erlitten. Das Projekt ist zwar im vorgesehenen Budget geblieben, doch es wurden die technischen Anforderungen nicht erfüllt. Durch klare Zuordnung von Verantwortlichkeiten kann man beide Situationen in den Griff bekommen.

- Projektleiter mit sehr großem fachlichen Know-how neigen meist dazu, sich zu sehr auf die technischen Randbedingungen zu konzentrieren. Ebenso neigen kaufmännische Profis dazu, jeden Euro zweimal rumzudrehen und dabei den technologischen Fortschritt zu vernachlässigen. Durch eine oben beschriebene Konstellation kann eine gesunde Mischung aus beiden Extremen erreicht werden.

Projektleitung bedeutet nicht nur Management – es sind eine Vielzahl von „unangenehmen" Aktivitäten durchzuführen. Dies fängt an bei der Protokollführung und Abstimmung, geht über umfangreiche „Was ist wenn"-Kalkulationen und endet bei Status- bzw. Fortschrittsberichten. Hier bietet sich die Etablierung einer weiteren Rolle im Projektmanagement an: die Projektassistenz. Diese kann natürlich nur unterstützend wirken und obige Aufgaben nicht allein verantwortlich durchführen. Doch durch diese Unterstützung findet eine erhebliche Entlastung des Projektleiters statt.

Bei der Besetzung dieser Assistenz ist zu unterscheiden, ob es sich um eine reine Assistenzstelle handeln soll oder ob auf diesem Weg ein Nachwuchsprojektleiter ausgebildet werden soll. Bei Letzterem wirkt der Projektleiter als Mentor, mehr dazu ist dem nächsten Abschnitt zu entnehmen.

11.2.2
Exkurs: Das Mentorenprinzip

11.2.2.1
Ausgangssituation

Die Ausgangssituation innerhalb eines Unternehmens ist immer dieselbe, es gibt einige wenige Mitarbeiter, die zu den Top-Performern zählen, dann gibt es eine Reihe von hoffnungsvollen Nachwuchskräften, letztendlich eine breite Masse an durchschnittlichen Mitarbeitern und einige wenige Underperformer, die vom Rest getragen werden müssen.

Schlüsselpositionen innerhalb eines Unternehmens werden logischerweise immer mit den Mitarbeitern besetzt, die zu den Top-Performern zählen. Ein Projektmanager ist eine absolute Schlüsselposition innerhalb von Großprojekten. Hier zeigt sich sehr schnell, welche Qualitäten der Mitarbeiter innehat. Gefordert sind hier Kriterien, die sich durchaus vergleichen lassen mit den Kriterien, die für Führungskräfte angelegt werden:

Hartnäckigkeit

- *Hartnäckigkeit*: Ein Projektleiter muss ein gewisses Durchhaltevermögen besitzen, auch wenn es unangenehm wird. Hier unterscheidet sich ganz offensichtlich der Manager vom Schönwetterpiloten.

Selbstbewusstsein

- *Selbstbewusstsein*: Ein Projektleiter, der sowohl vom Projekt als auch von seiner eigenen Rolle in dem Projekt und natürlich vom eigenen Unternehmen nicht hundertprozentig überzeugt ist, wird spätestens nach der zweiten oder dritten Krisensituation scheitern.

Delegationsvermögen

- *Delegationsvermögen*: Ein guter Projektleiter zeichnet sich nicht dadurch aus, dass er nahezu jede Aufgabe innerhalb des Projektes selber lösen kann. Seine Qualität als Projektleiter wird vielmehr dadurch bewiesen, dass er weiß, wer aus seinem Projektteam die Aufgabe am besten lösen kann, und diesen Mitarbeiter dementsprechend einteilt. Damit einher geht die Fähigkeit, Vertrauen zu seinem Projektteam zu entwickeln. Projektleiter, die typischerweise in jede Aktivität involviert sein wollen, sind keine Projektleiter, die an allem und jedem Interesse haben, sondern Projektleiter, die ein notorisches Misstrauen gegenüber ihrem Team zeigen. Dieses Misstrauen wirkt sich ziemlich schnell psychologisch auf das gesamte Team aus – wie es dann mit dem Projekterfolg aussieht, liegt auf der Hand.

Sicheres Auftreten

- *Sicheres Auftreten*: Ein Projektleiter steht immer im Rampenlicht – egal ob intern oder extern. Er übt damit automatisch für sein Team eine Vorbildfunktion aus und ist dabei gleichzeitig das Aushängeschild des Unternehmens. Das sind Anforderungen bzw. Herausforderungen, denen nicht jeder gewachsen ist. Neben den ohnehin schon vorhandenen Erfolgsdruck im Unternehmen gesellt sich noch ein schleichender Psychodruck.

Oft (oder eigentlich immer) kommt es jedoch vor, dass innerhalb des Unternehmens bereits alle Personen, die obige Voraussetzungen erfüllen, bereits mit der Leitung von laufenden Projekten betraut sind.

Plötzlich steht ein neues Projekt vor der Tür und sofort stellt sich die Frage, wer dieses Projekt nun leiten soll.

Hier gilt die Faustregel: Bevor eine unqualifizierte Person als Projektleiter ernannt wird, wo das Scheitern des Projektes bereits im Vorfeld abzusehen ist, sollte lieber auf externe Unterstützung zurückgegriffen werden, auch wenn dies vom ursprünglichen Budget nicht vorgesehen war. Doch lassen sich solche prekären Situationen auch umgehen – durch rechtzeitige Verwendung des Prinzips des Mentors. Dabei liegt die Betonung auf rechtzeitig, es macht keinen Sinn, das Mentorenprinzip anzuwenden, wenn bereits die oben beschriebene Situation eingetreten ist. Dann ist es bereits zu spät.

11.2.2.2
Grundlagen des Mentorenprinzips

Beim Mentorenprinzip erhalten neue Mitarbeiter neben ihrem Einarbeitungsplan einen Mentor beiseite gestellt, der ihre ersten Schritte durch das Unternehmen begleitet. Dieser Abschnitt zeigt, warum das Mentorenprinzip wichtig ist und wie es sich umsetzen lässt. Als Beispiel wird die Rolle eines Projektleiters gewählt, das Mentorenprinzip lässt sich jedoch auch auf andere Personen im Unternehmen anwenden, bis hin zum Geschäftsführer.

Die derzeitige Situation auf dem Arbeitsmarkt zwingt Unternehmen der Informationstechnik zur Selbsthilfe. Das Angebot an qualifizierten Kräften kann die Nachfrage maximal zu 30% abdecken. Anders ausgedrückt: Auf 10 offene Stellen kommen maximal drei passende Bewerber.

Doch betrachtet man diese Problematik global, so stellt man fest, dass hier ein Teufelskreis vorliegt. Die qualifizierten Bewerber sind nicht arbeitslos und warten auf irgendein Angebot, sie bekleiden vielmehr Schlüsselpositionen in anderen Unternehmen. Das bedeutet, dass wenn sie ein offenes Loch im Unternehmen A stopfen, automatisch ein neues in ihrem bisherigen Unternehmen aufreißen. Viele Unternehmen versuchen sich dadurch abzusichern, dass sie Spitzengehälter deutlich über 200 TDM für fähige Projektleiter bezahlen, nur um sie monetär an die Firma zu binden. Ob dieser Ansatz von Erfolg gekrönt ist, sei zu bezweifeln. Schließlich muss dieses Gehalt über das Projekt wieder erarbeitet werden.

Daher gehen immer mehr Unternehmen nach dem Mentorenprinzip vor. Hier erhält ein gestandener Projektleiter einen Nachwuchsprojektleiter zur Seite gestellt – dieser ist jedoch keineswegs zu vergleichen mit einem Projektassistenten und auf keinen Fall für die administrativen „Drecksarbeiten" im Projektleitergeschäft verantwortlich. Vielmehr soll er langsam auf seine eigene Projektleiterstellung vorbereitet werden.

Er durchläuft also eine Art Praxisschule. Der große Unterschied zum „echten" Job ist, dass er nicht die Last der Verantwortung zu tragen hat – zumindest nicht von Anfang an. Er wird im Laufe des Projektes mehr und mehr eigene Verantwortungsbereiche zugeteilt bekommen, doch primär soll er in dem Projekt lernen.

Für den Projektleiter bedeutet das natürlich einen nicht zu unterschätzenden Mehraufwand. Er muss sich quasi tagsüber um das Projekt kümmern und dann in Reviews seinen Assistenten qualifizieren. Trotzdem hört man keinerlei Klagen von diesen Projektleitern – sie wissen, dass hier ein Potenzial entsteht, was irgendwann – und zwar in absehbarer Zeit – zu ihrer eigenen Entlastung beitragen wird. Meist sogar in aktuell laufenden Projekten.

Die entscheidende Frage, die sich nun stellt, ist, wie geht der Projektleiter in seiner Rolle als Mentor nun vor, ohne das Projekt zu vernachlässigen – ohne den Nachwuchsprojektleiter zu vernachlässigen und gleichzeitig nicht zu überfordern? Es bietet sich der im Folgenden beschriebene Stufenplan an:

Im ersten Schritt setzen sich Mentor und der Nachwuchsprojektleiter und (sofern vorhanden) der Projektassistent zu einem so genannten Assessment zusammen. Ziel dieses Initialmeetings ist es, die künftigen Zuständigkeiten im Projekt festzulegen. Dabei ist es besonders wichtig, die Verantwortlichkeiten des Nachwuchsprojektleiters und des Projektassistenten sauber voneinander zu trennen. Nur so kann gewährleistet werden, dass der Nachwuchsprojektleiter nicht mehr oder weniger zum zusätzlichen Assistenten „verkümmert".

Im zweiten Schritt wird der Nachwuchsprojektleiter beim Kunden eingeführt. Dabei ist es wichtig, dass einerseits klar herausgestellt wird, dass es sich um einen Nachwuchsprojektleiter handelt, andererseits muss der Kunde aber auch darauf hingewiesen werden, dass dieser mit der zeitlichen Fortschreitung des Projektes mehr und mehr mit dem Nachwuchsprojektleiter in Kontakt sein wird.

Im dritten Schritt (nach einer gewissen Einarbeitungszeit des Nachwuchsprojektleiters) werden im Projektplan die so genannten Minor Milestones festgelegt, für die künftig der Nachwuchsprojektleiter verantwortlich zeichnet. Hier findet dann die erste deutliche Entlastung des eigentlichen Projektleiters statt. Bei der Abnahme der ersten zwei oder drei Minor Milestones ist der Projektleiter noch dabei, spätestens ab dem vierten Minor Milestone nicht mehr.

Je nach Projektgröße kann nach einiger Zeit auch dazu übergegangen werden, dem Nachwuchsprojektleiter bereits die vollständige Leitung von Teilprojekten zu übertragen. Dazu bieten sich zunächst solche Teilprojekte an, die von Unterauftragnehmern abgewickelt werden, da hier meist der koordinierende Aspekt im Vordergrund steht (die eigentliche Abwicklung managt der Teilprojektleiter auf Unterauftragnehmerseite) und noch nicht die vollständige Abwicklung des Teilprojektes. Hat sich der Nachwuchsprojektleiter hier bewährt, können ihm auch eigene Teilprojekte übertragen werden.

Parallel zu diesen fünf Schritten sind regelmäßige Reviews (sowohl unter vier Augen als auch mit dem Kunden) notwendig. Diese bedeuten sicherlich auch für den Kunden einen Zusatzaufwand, doch profitiert letztendlich auch er von einem starken Projektmanagement auf Auftraggeberseite, so dass er dazu bereit sein wird.

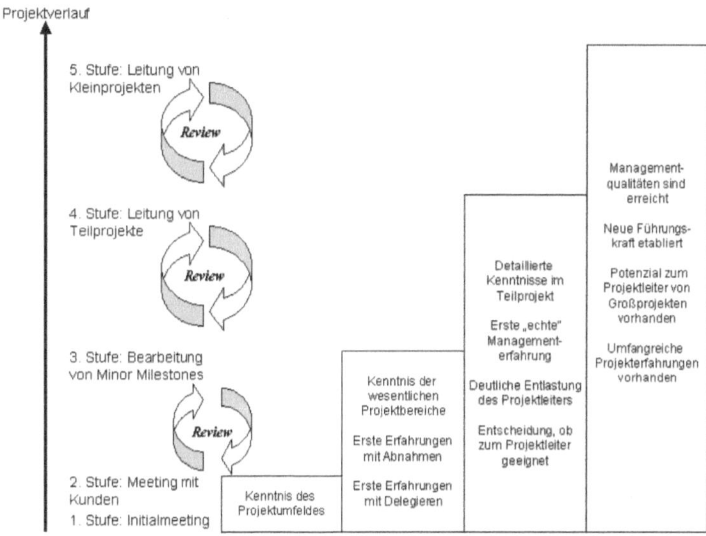

Abbildung 68:
Der Stufenplan
für das Mentorenprinzip

Die meisten Unternehmen wickeln in der Regel nicht nur Großprojekte (wie zuvor beschrieben) ab, sondern auch kleinere Projekte mit einer deutlich geringeren Projektlaufzeit und einer überschaubaren Anzahl von Projektmitarbeitern, typischerweise 1 Jahr Laufzeit bei drei bis vier Mitarbeitern. Solche Projekte eignen sich dann, um dem Nachwuchsprojektleiter sein erstes Projekt zu geben. Wichtige Voraussetzung für eine solche Maßnahme: Der Projektleiter hat sich bei der Abwicklung der Teilprojekte in der Stufe zuvor bewährt und Managementqualitäten gezeigt. Abbildung 68 fasst diesen Stufenplan zusammen.

11.2.2.3
Knowledge-Management-Aspekte

Hinter diesem Stufenplan steht das Prinzip, dass der Projektleiter kontinuierlich sein Wissen an den Nachwuchsprojektleiter weitergibt. Eine wertvolle Unterstützung erfährt der Projektleiter bei seinen Mentorenaufgaben durch ein Knowlede-Management-System. Hierbei handelt es sich zumeist um eine unternehmensweite Intranetlösung, die auf eine gemeinsame Wissensbasis zugreift. Gerade Unternehmen, die im Dienstleistungssektor tätig sind – also Projekte unterschiedlicher Größenordnung abwickeln –, tun gut daran, ein derartiges System einzuführen und kontinuierlich zu pflegen.

Ist ein Knowledge Management innerhalb eines Unternehmens installiert, hat hier der Nachwuchsprojektleiter zahlreiche Möglichkeiten, das benötigte Wissen aus der Wissensdatenbank abzurufen – eine deutliche Entlastung des Projektleiters. Voraussetzung ist dabei natürlich, dass auch die entsprechenden Antworten für typische Fragestellungen in dem System vorliegen.

Aber auch wenn noch keine entsprechende Wissensbasis vorliegt, sollte dieses wichtige Hilfsmittel genutzt werden, denn der Aufbau der Wissensdatenbank kann parallel zum Mentoring eines Nachwuchsprojektleiters geschehen. Dabei arbeiten dieser und der Projektleiter eng zusammen. Die optimale Ergänzung der beiden liegt darin, dass der eine (Nachwuchsprojektleiter) die typischen Fragestellungen kennt und der andere (Projektleiter) die entsprechenden Antworten weiß. Wird auf diese Weise die Wissensdatenbank gefüllt, wird die Einarbeitung künftiger Nachwuchsprojektleiter stark vereinfacht.

11.2.2.4
Fazit

Das Mentorenprinzip stellt eine umfangreiche Erleichterung für das Projektmanagement auf der einen Seite dar, auf der anderen Seite können auf diese Weise potenzielle künftige Projektleiter am „lebenden Objekt" ausgebildet werden und an künftige Führungsverantwortung herangeführt werden. In Tabelle 7 sind die Vor- und Nachteile der Einführung des Mentorenprinzips zusammengefasst.

Vorteile	Nachteile
Langfristige Entlastung des Projekt-leiters	Kurzfristiger Mehraufwand für den Projektleiter im laufenden Projekt
Rechtzeitige Schaffung eines Potenzials an Projektleitern für künftige Projekte	Erhöhte Projektkosten im laufenden Projekt
Erhöhung der Mitarbeiterzufriedenheit (sowohl beim Projektleiter als auch beim Nachwuchsprojektleiter)	Anfänglich Mehraufwand für den Kunden
Zusätzlicher Ansprechpartner für den Kunden (besonders wichtig im Krankheits- oder Urlaubsfall des Projektleiters)	
Schaffung nachvollziehbarer Karrierewege im Unternehmen	
Deutliche Senkung der Erpressbarkeit	
Langfristig deutlich höhere Flexibilität bei der Besetzung von Projektleiterpositionen	
Investitionen in „teure" Führungskräfte können vermieden werden	

11.2.3
Der Projektlenkungsausschuss

Im Original Rational Unified Process beschränkt sich die Definition eines Stakeholders auf den Satz:

An individual who is materially affected by the outcome of the system.

Die obige Definition beschreibt zwar, wer bzw. was ein Stakeholder ist, gibt jedoch keinerlei Aufschluss darüber, wer ein Stakeholder sein muss! Stimmen die „falschen" Personen einer Entscheidung im Projekt zu, so kann die anschließende Entwicklung zwar deren Bedürfnisse erfüllen, doch was nutzt das, wenn die „wahren" Entscheidungsträger nicht in die Entscheidungsfindung involviert wurden und nun zufrieden sind?[19]

---

[19] Je nach Projektsituation werden diese Entscheidungsträger schon alleine deshalb nicht zufrieden sein, weil sie nicht involviert wurden,

Hierzulande hat sich die Institution des Projektlenkungsausschusses mittlerweile erfolgreich etablieren können. Alle Mitglieder dieses Projektlenkungsausschusses sind naturgemäß Stakeholder des Projektes. Die Eigenheiten des Projektes – wie zum Beispiel die Kritikalität oder die Investitionssumme – bestimmen, wie sich dieser Projektlenkungsausschuss zusammensetzt. Handelt es sich zum Beispiel um ein Projekt, in dem unternehmenskritische Prozesse geändert oder automatisiert werden sollen, ist ein Mitglied der Geschäftsleitung oder des Vorstandes (je nach Unternehmensorganisation) in diesem Projektlenkungsausschuss vertreten. Handelt es sich hingegen nur um ein Projekt, das den internen Bestellvorgang einer einzelnen Abteilung abdeckt, so wird sicherlich außer dem entsprechenden Abteilungsleiter kein weiterer „Hierarch" im Projektlenkungsausschuss sitzen.

Welche Bedeutung hat das nun für das Projektmanagement? Es ist sicherlich ein zusätzlicher Aufwand, wenn ein Projektlenkungsausschuss existiert, an den der Projektleiter berichten muss. Doch – und das ist wesentlich wichtiger – es bedeutet für den Projektleiter in erster Linie eine zusätzliche Absicherung, besonders wenn er ein unternehmenskritisches Projekt leitet!

11.2.4
Die wesentlichen Artefakte

Im Projektmanagement werden eine Vielzahl von Produkten bzw. Artefakten generiert. Zu den wesentlichen Artefakten gehören der Iterationsplan (der in Kapitel 6 näher beschrieben wurde) und die Risikoliste sowie der Risikomanagementplan, auf die in Kapitel 4 eingegangen wurde. Abbildung 69 gibt eine Übersicht, welche Artefakte im Rational Unified Process anfallen.

---

unabhängig vom eigentlichen Inhalt der Entscheidung. Klassisches Beispiel für eine politische Verweigerung einer Abnahme!

11.2.5
Die Rolle des Kunden

Auch der Kunde spielt eine wesentliche Rolle im Projektmanagement seines Auftraggebers. So sitzt er nicht nur in dem oben beschriebenen Projektlenkungsausschuss (sofern dieser denn etabliert wurde), sondern er ist auch für mehrere Mitglieder des Projektteams der direkte Ansprechpartner:

- Allen voran der Projektleiter, mit dem die wesentlichen Randbedingungen des Projektes kontinuierlich abgestimmt werden.

- Der Anforderungsmanager ist sein zweiter bedeutender Ansprechpartner, da es hier um die konkrete Festlegung messbarer Kriterien geht, die letztendlich über Erfolg oder Misserfolg des Projektes Auskunft geben.

- Ferner existieren noch eine Reihe weiterer Kontakte, die der Kunde direkt innerhalb des Projektteams hat, so zum Beispiel zu den Testern, um einzelne Testcases zu besprechen. bis hin zum Oberflächendesigner.

Ansprechpartner
für den Kunden

Wenn in der obigen Aufzählung von dem Kunden die Rede ist, so handelt es sich dabei nicht um eine Einzelperson auf Kundenseite, sondern um mehrere Ansprechpartner. Zeiten, wo die gesamte Projektkommunikation ausschließlich zwischen Projektleiter und einem einzelnen Ansprechpartner auf Kundenseite stattfanden, sind vorüber. Die Erfahrung hat gezeigt, dass die Informationsdefizite auf beiden Seiten zu groß waren.

Integration des Kunden in den Projektverlauf

Generell ist es immer eine Gradwanderung, wie sehr der Kunde in den Projektverlauf integriert werden soll. Eine hohe Integration stellt sicher, dass sich das Projekt nicht am Kundenwunsch vorbei entwickelt, eine niedrige Integration spart erheblich an Kommunikationsaufwand.

11.3
Die Projektinitialisierung

11.3.1
Einführung

Nachdem nun auf die wesentlichen Begriffe des Projektmanagements eingegangen wurde, soll mit der Projektinitialisierung fortgefahren werden. Diese steht – wie nicht anders zu erwarten – am Anfang des Projektes. Zu unterscheiden sind zwei wesentliche Aspekte:

Zwei wesentliche Aspekte

- Die interne Projektinitialisierung
- Die externe Projektinitialisierung

Im weiteren Verlauf dieses Abschnittes wird davon ausgegangen, dass sowohl der Auftrag erteilt als auch der finanzielle Rahmen abgesteckt ist (es handelt sich also um ein Festpreisprojekt). Dementsprechend liegen auch die erforderlichen Kalkulationen dem Projektleiter vor.

Ferner wird davon ausgegangen, dass es sich um ein größeres externes Projekt mit mehreren Projektmitarbeitern sowie einer mehrjährigen Laufzeit handelt.

Festlegung des Vorgehensmodells

Das Vorgehensmodell steht fest

In der Regel existiert zwischen Auftraggeber und Auftragnehmer eine Übereinkunft, ob das Projekt nach dem V-Modell oder dem Rational Unified Process abgewickelt werden soll. Im Folgenden wird angenommen, dass der Rational Unified Process zum Einsatz kommen soll. Auf eine Abwicklung nach dem V-Modell wird gegen Ende dieses Kapitels eingegangen.

Wie bereits in Kapitel 3 aufgeführt, existiert im Rational Unified Process eine separate Disziplin, die das Projektmanagement umfasst. Die dort produzierten Artefakte wurden bereits in Abbildung 69 beschrieben, die wesentlichen Aktivitäten, die in dieser Disziplin durchgeführt werden, sind in Abbildung 70 dargestellt. Hier wird auch deutlich, dass das Projektmanagement eine Reihe von Ausstiegspunkten für den Projektleiter vorsieht, um rechtzeitig das Projekt zu beenden. Ebenso ist zu erkennen, dass die Iterationsplanung nicht von Anfang an geplant, sondern im Laufe des Projektes weiterentwickelt wird.

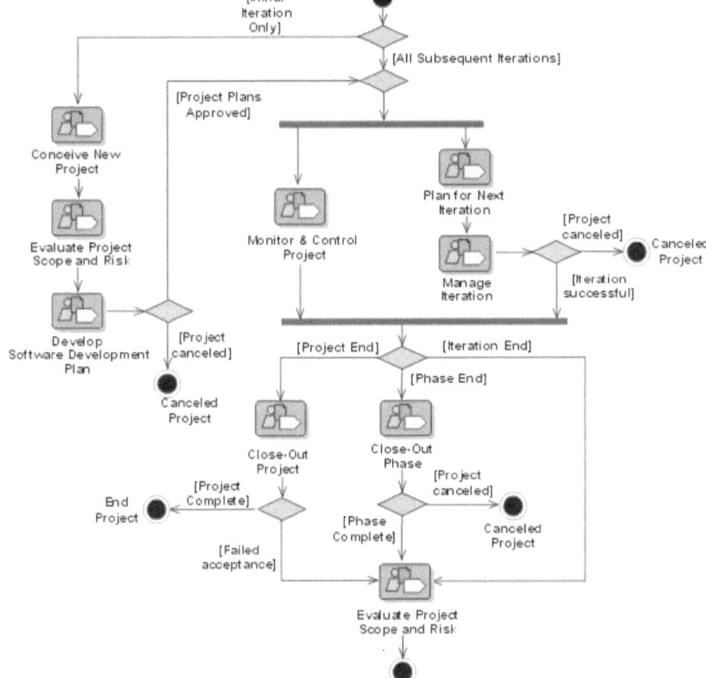

Die Projektinitialisierung sieht also lediglich die Planung der ersten Iteration vor (und natürlich den Grobplan). Weiterhin wird auch die Risikoliste kontinuierlich gepflegt.

Abbildung 70 stellt einen Screenshot aus der Onlineversion des Rational Unified Process dar. Dabei handelt es sich um ein HTML-Dokument, mit dessen Hilfe man komfortabel durch den Rational Unified Process navigieren kann. Innerhalb dieser Onlinversion erhält man nun durch Anklicken einer Aktivität eine neue Darstellung, die eine detaillierte Beschreibung der Aktivität zeigt.

11.3.2
Erste Schritte im Projektmanagement nach dem Rational Unified Process

Versucht man die in Abbildung 70 aufgeführten Aktivitäten zu klassifizieren, so stellen sich die folgenden Aktivitätsgruppen dar:

- Aktivitäten, die zu Projektbeginn durchgeführt werden und der Initialisierungsphase dienen.

- Aktivitäten, die der Planungsphase des Projektes zugerechnet werden.

- Aktivitäten, die am Anfang und am Ende einer jeden Iteration durchgeführt werden.

- Aktivitäten, die zum Routinemanagement gehören und hauptsächlich dem Monitoring des Projektes dienen.

- Übrige Aktivitäten, die sich mit den Projektrisiken und den Projektproblemen auseinander setzen.

Je detaillierter man innerhalb des Rational Unified Process navigiert, umso konkreter werden die Zuordnungen von Aktivitäten zu bestimmten Rollen.

Dazu soll die in Abbildung 70 dargestellte Aktivität *Neues Projekt überdenken* (Conceive New Project) näher betrachtet werden. Diese Aktivität wird nur bei der ersten Iteration durchgeführt, ebenso wie die beiden folgenden Aktivitäten.

Als eine Art „externe Schnittstelle" greift der Systemanalytiker in diese Aktivität des Projektmanagements mit ein. Er entwickelt das Artefakt Vision. Da dies aber sicherlich in enger Zusammenarbeit mit dem Projektleiter erfolgt, ist er in die in Abbildung 71 dargestellte Aktivität integriert. Die Vision geht wiederum als Artefakt in die folgenden Aktivitäten ein:

- Identifizieren von Risiken

- Initialisieren des Projektes

- Review der Projektzustimmung

- Business Case entwickeln

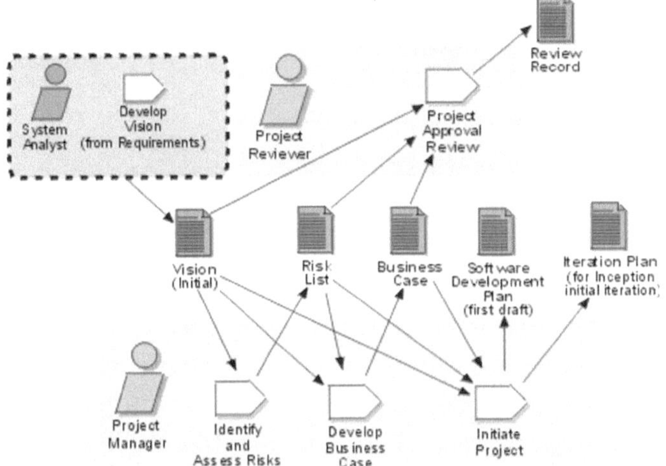

Abbildung 71:
Die Aktivität
zur Projekt-
initalisierung

Eine weitere Rolle, die in dieser Aktivität auftaucht, ist der Project Reviewer. Seine Aufgabe ist in erster Linie darin zu sehen, die innerhalb der Aktivität erzeugten oder weiterbearbeiteten Artefakte einem formalen Review zu unterziehen, im Einzelnen handelt es sich dabei um die folgenden Artefakte:

- Die Vision des Projektes

- Die Risikoliste

- Der Business Case

- Der Software-Development-Plan

- Der Iterationsplan

Gesamtverantwortlich ist der Projektleiter (oder besser gesagt der Gesamtprojektleiter), wie aus Abbildung 72 hervorgeht. Es obliegt seiner Verantwortung, einzelne Teilprojektleiter einzusetzen und mit der entsprechenden Verantwortung zu versehen.

Abbildung 72 zeigt außerdem, aus welchen einzelnen Artefakten sich der Software-Development-Plan zusammensetzt. Dieser ist das zentrale Steuerungselement für den Projektleiter.

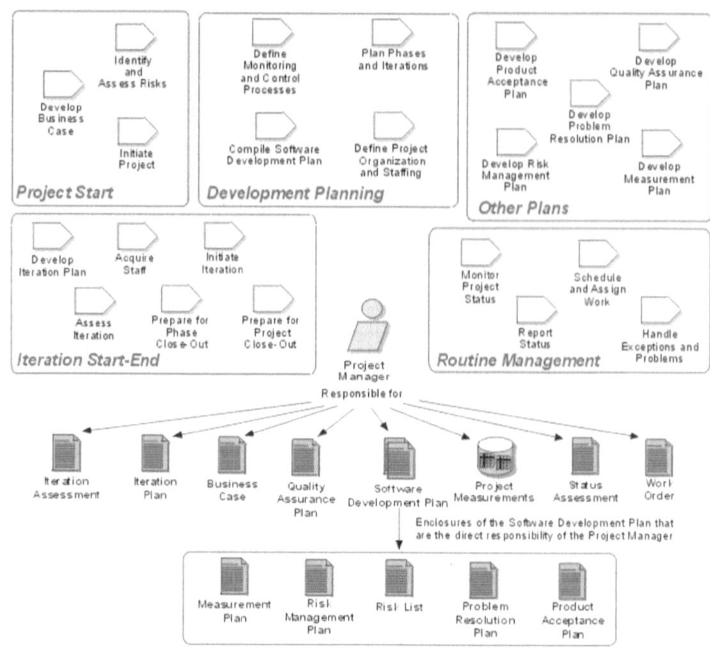

11.3.3
Weitere Schritte

Die nächste Aktivität aus der Projektmanagement-Disziplin des Rational Unified Process ist die konkrete Untersuchung des Projektumfangs und die Detaillierung der Projektrisiken. Auch diese Aktivität wird nur am Anfang des Projektes durchgeführt, wobei jedoch die Risikoliste kontinuierlich gepflegt wird.

In dieser in Abbildung 73 dargestellten Aktivität kommt ebenfalls der Systemanalyst wieder zum Einsatz. Er leitet aus den ermittelten Anforderungen die Projektvision ab. Diese Projektvision ist Eingangsartefakt für die zwei Aktivitäten:

- Identifizieren der Risiken

- Entwicklung eines Business Case für das Projekt

Neben der Vision existieren noch zwei weitere Artefakte, die vom Projektleiter während dieser beiden Aktivitäten bearbeitet werden: die Risikoliste und der Business Case.

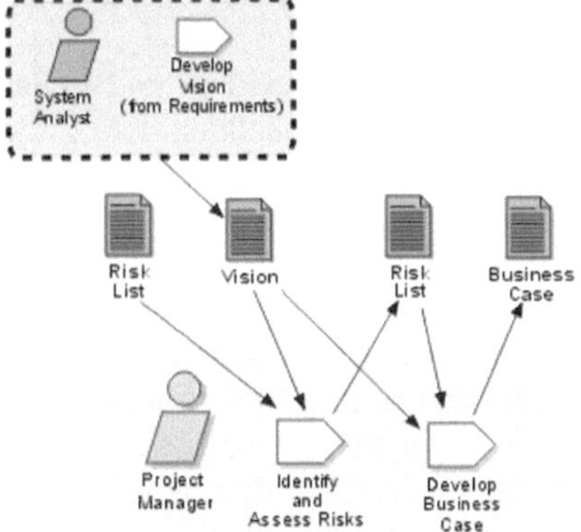

Abbildung 73:
Der nächste
Schritt in der
Projektinitialisie-
rung

Wesentlich komplexer ist die letzte Aktivität während der Projektinitialisierung: die Entwicklung des Software-Development-Plans,
dargestellt in Abbildung 74.

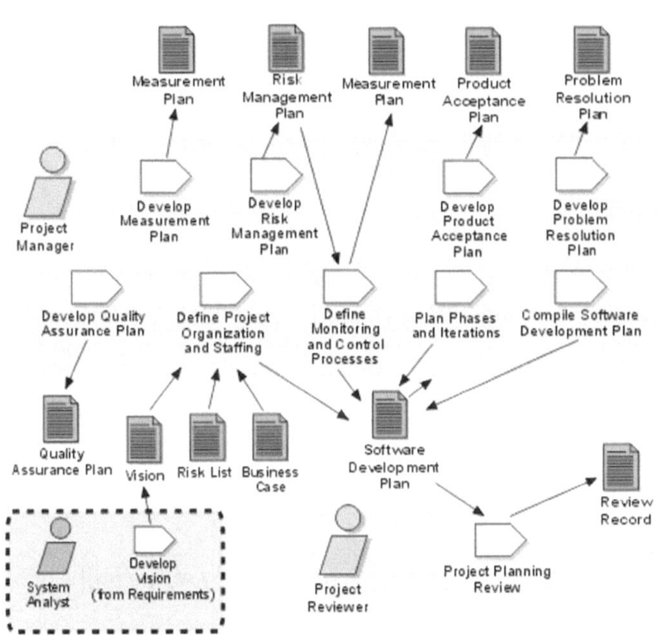

Abbildung 74:
Entwicklung des
Software-
Development-
Plans

Der Software-Development-Plan dient dem Projektleiter zur ge-
samtheitlichen Planung seines Projektes. Ferner stellt er ein wesentliches Hilfsmittel während des Projektverlaufes zum kontinuierli-

chen Abgleich des Projektfortschrittes gegenüber dem zuvor aufgestellten Plan dar.

Die Verantwortung für die Erstellung und Pflege des Software-Development-Plans obliegt ausschließlich dem Projektleiter. Jedoch liegen nicht alle darin enthaltenen Dokumente in seinem vollständigen Verantwortungsbereichs.

Eine Reihe weiterer Rollen sind sowohl mit der Erstellung als auch der Pflege beauftragt. Wichtig zu erwähnen ist, dass der Software-Development-Plan stark projektabhängig ist, die enthaltenen Artefakte also von Projekt zu Projekt abweichend sind.

Den wesentlichen Input für den Software-Development-Plan erbringt der Systemanalyst, der aus den bestehenden Anforderungen die Projektvision erstellt. Zusammen mit der Risikoliste und dem Business Case werden hier für den Projektleiter die Grundlagen-Artefakte bereitgestellt, auf denen er den Software-Development-Plan konzipiert.

Insgesamt existieren zehn Teilaktivitäten, deren gemeinsamer Output der Software-Development-Plan ist. Nicht in jedem Projekt müssen alle Teilaktivitäten durchgeführt werden, das hängt von der Projektart und dem Projektumfang ab. Auch über die Reihenfolge ihrer Abarbeitung macht der Rational Unified Process keine Aussagen, um den Projektleiter nicht unnötig einzuengen. In erster Linie entscheiden die Projektgegebenheiten, wie hier vorzugehen ist.

11.3.4
Fazit

Mit diesen drei Aktivitäten ist die Projektinitialisierung abgeschlossen. Nun beginnt die eigentlich spannende Phase der Iterationen. Die weitere Beschreibung der Aktivitäten des Projektmanagements würde den Rahmen dieses Buches sprengen. Daher sei hier auf mein erstes Buch im Springer-Verlag [Ver2000] verwiesen.

11.4
Projektmanagement mit dem V-Modell

Das Projektmanagement nach dem V-Modell gestaltet sich etwas anders, als dies beim Rational Unified Process der Fall ist. Hier sind wesentlich mehr Aktivitäten (und damit auch Produkte) festgelegt, die seitens des Auftragnehmers durchzuführen sind.

In Kapitel 3 wurde bereits auf das V-Modell sowie die einzelnen Submodelle eingegangen. Das Submodell PM umfasst dabei das

Projektmanagement. Hier sollen die unterschiedlichen Zyklen dieses Submodells näher betrachtet werden.

Im Vergleich mit dem V-Modell 92 hat das Submodell Projektmanagement hier erhebliche Neuerungen erfahren. Hauptgrund dafür war, dass Projektleiter, die nach dem V-Modell 92 vorgehen mussten, zu Produzenten sinnloser Papierfluten degradiert wurden. Das Submodell Projektmanagement des V-Modells 92 war so ziemlich die schlimmste Strafe, die die IT-Branche je erfahren hatte.

Im V-Modell 97 wurden die Projektzyklen völlig überarbeitet. Abbildung 75 zeigt die Abwicklung des Projektmanagements nach dem V-Modell:

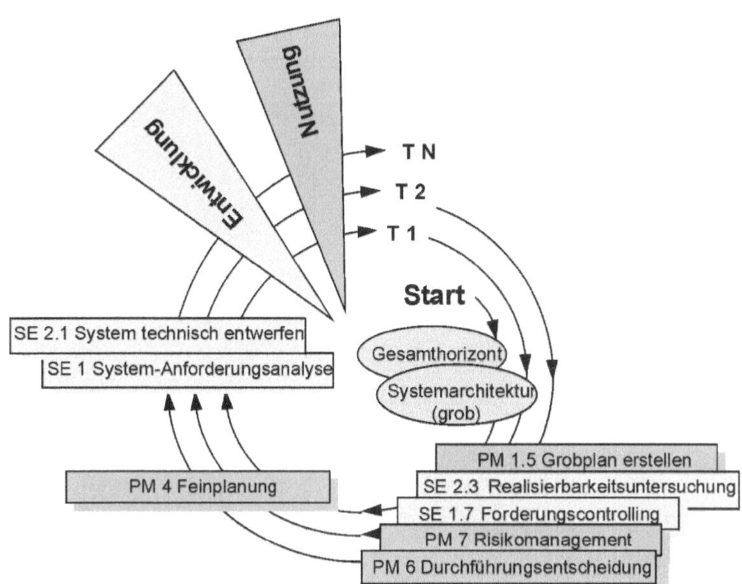

Abbildung 75:
Die Abwicklung
in Zyklen

Der wichtigste Bestandteil im Submodell Projektmanagement des V-Modells ist die Projektinitialisierung, die zuvor in diesem Kapitel bereits hinsichtlich des Rational Unified Process beschrieben wurde. Abbildung 76 zeigt die einzelnen Aktivitäten, die während der Projektinitialisierung durchgeführt werden, sowie die Produkte, die dort erstellt werden.

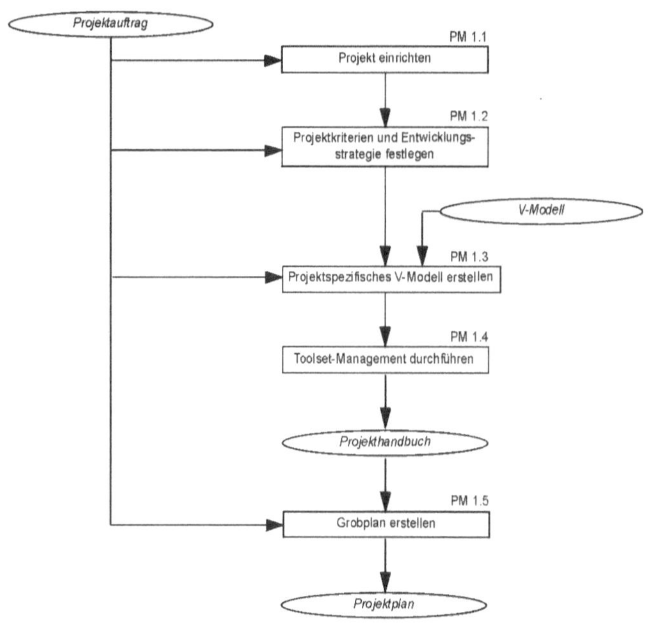

11.5
Fazit

Projektmanagement ist die wichtigste Managementaufgabe innerhalb des Softwareentwicklungsprozesses. Je komplexer ein Projekt
ist, umso wichtiger ist es, dass der Projektleiter über umfangreiche
Erfahrungen verfügt.

12 Software-Wiederverwendung

Theoretische Grundlagen, Vorteile und realistische Beurteilung

Arif Chughtai und Oliver Vogel

12.1
Themenüberblick

Momentan ist Softwareentwicklung oft sehr ressourcenintensiv und von Misserfolg gekrönt. Ein große Chance, diesen Zustand zu verbessern, bietet hier die Software-Wiederverwendung.

Bei der Einführung von Software-Wiederverwendung in einem Unternehmen genügt es jedoch nicht, einfach Code wiederzuverwenden. Vielmehr muss ein systematischer, ganzheitlicher, von allen Unternehmensteilen voll unterstützter Ansatz zum Zuge kommen. Dabei spielen dann Reuse-Assets (Dokumentation, Architekturen, Patterns, Code etc.), Prozesse, kulturelle und soziale Faktoren eine Rolle.

Für IT-Unternehmen wird der erfolgreiche Einsatz von Software-Wiederverwendung in Zukunft einer der entscheidenden Faktoren im Sein oder Nicht-Sein im Wettbewerb bedeuten.

Dieses Kapitel beleuchtet die angesprochenen Themenkreise und gibt Antworten auf folgende Fragen:

- Was müssen IT-Unternehmen beachten, wenn sie Software-Wiederverwendung einführen möchten?

- Wo liegen die Hindernisse?

- Haben IT-Unternehmen einen echten Nutzen von Software-Wiederverwendung?

- Und vor allem, was ist Software-Wiederverwendung überhaupt?

Systematischer, ganzheitlicher, von allen Unternehmensteilen voll unterstützter Ansatz

Offene Fragen

12.2
Einführung

12.2.1
Motivation

Die Notwendigkeit von Software-Wiederverwendung ergibt sich aus der inhärenten Komplexität von Softwaresystemen. Softwaresysteme sind oftmals so umfangreich, dass die Kapazität der menschlichen Intelligenz nicht ausreicht, um sie komplett zu erfassen. Wenn es Softwareentwicklern nicht gelingt, mit dieser Komplexität umzugehen, enden Projekte mit Zeit- und Budgetüberschreitungen und erfüllen nicht alle Anforderungen der Auftraggeber [Boo1994].

Die Konsequenzen der inhärenten Komplexität von Softwaresystemen [Bro1998] sind:

- Fünf von sechs Softwareprojekten sind nicht erfolgreich

- Ein Drittel aller Softwareprojekte werden gestoppt

- Die restlichen Projekte benötigen doppelt so viel Zeit und Geld wie ursprünglich geplant

- Softwaresysteme sind nicht wart- oder erweiterbar

- Softwaresysteme erfüllen nicht die Anforderungen [Bro1998]

Bis heute hat sich die Wiederverwendung von Software als eine der wichtigsten Techniken zur Bewältigung der inhärenten Komplexität herausgestellt ([Bos1996], [Mat1996], [Now1997]).

Brian Morrow, Direktor Component Based Development (CBD) von Texas Instruments, geht sogar davon aus, dass der Einsatz von Software-Wiederverwendung über das Überleben eines Unternehmens entscheiden wird [Wil1997b].

Viele IT-Organisationen arbeiten projektorientiert, das heißt, zur Erbringung ihrer Dienstleistungen werden Mitarbeiter für die Dauer eines Projektes organisationsübergreifend zu Teams zusammengefasst. Daraus ergibt sich die für das Projektmanagement typische Matrix zwischen Unternehmens- und temporärer Projektorganisiation. Obwohl hierdurch eine Verzahnung zwischen einzelnen Fachabteilungen, wie zum Beispiel objektorientierte Technologien, Datenmodellierung oder Middleware und den verschiedenen Projekten erreicht wird, handelt es sich bei einem Großteil der Projekte um eigene kleine Inseln, die vom Rest des Unternehmens entkoppelt sind.

Wozu dies führen kann, wird im Folgenden durch einen Vergleich sinnbildlich verdeutlicht:

Ein Unternehmen kann man sich als ein Meer vorstellen, in dem sich verschiedene Inseln (Projekte) befinden. Zwischen den Inseln gibt es keinen formellen Informationsaustausch, weder mittels Flaschenpost, Rauchzeichen oder Postschiffen. Informationen fließen meistens nur, wenn jemand von einer Insel zur anderen übersetzt oder sich Bewohner unterschiedlicher Inseln auf dem Meer treffen. Durch diese informellen Brücken werden dann Informationen informell von einer Insel zur anderen transportiert. Wenn nun die Bewohner einer Insel zum Beispiel eine Getreidemühle bauen möchten, ist vielleicht jemand unter ihnen der bereits auf einer anderen Insel an dem Bau einer Getreidemühle beteiligt war oder der einen kennt, der eine Getreidemühle gebaut hat. Wenn beide Fälle nicht zutreffen, beginnen die Inselbewohner beim Bau der Getreidemühle ganz von vorne, wenngleich irgendjemand auf einer anderen Insel bestimmt schon einmal eine Getreidemühle gebaut hat.

Diese Metapher zeigt sehr gut, dass neben der Projektorganisation auch gelebte Informationsprozesse und -instrumente vorhanden sein müssen, um den Erfolg der Projekte und damit den Erfolg der Organisation zu garantieren. Dem durch die Metapher veranschaulichten Problem stehen sehr viele IT-Organisationen gegenüber. Nahezu 75% aller Softwareentwicklungsunternehmen befinden sich auf Level 1 des Software Process Capability Maturity Models (SPCMM), das von dem Software Engineering Institute (SEI) der Carnegie Mellon Universität entwickelt wurde [Hun1997]. Auf Level 1 gibt es nur einen Ad-hoc-Softwareprozess und wenige definierte Prozesse. Darüber hinaus ist Level 1 durch chaotische Vorgehensweisen gekennzeichnet.

Wie können IT-Organisationen diesem Problem begegnen? Zuallererst muss eine Basis für eine projektübergreifende Kommunikation geschaffen werden. Dies kann zum Beispiel durch die Etablierung von Communities, in denen sich Interessierte zu bestimmten Themen, wie zum Beispiel:

- Design Patterns
- XML
- Java
- Security

treffen und austauschen können. Dies sind Plattformen auf denen ein Wissenstransfer und somit letztlich auch die Wiederverwendung von Wissen stattfinden kann. Die Aktualisierung und der Erwerb von

Wissen kann durch gezielte interne Ausbildungsprogramme erreicht werden. Einige IT-Organisationen errichten zu diesem Zweck spezielle Akademien. Diese Akademien begleiten jeden Mitarbeiter während seiner Laufbahn und stellen an seine Bedürfnisse anpassbare Aus- und Weiterbildungspläne bereit. Neben dem Austausch und dem Erwerb von Wissen mittels Communities und Akademien ist gerade die Wiederverwendung von Software von essenzieller Bedeutung, da Wissen auch in Software transformiert wird. Knowledge-Management in einem IT-Unternehmen ist also ohne Software-Wiederverwendung nur ein inkonsequentes Vorgehen.

Als eine der technischen Grundvoraussetzungen für Software-Wiederverwendung muss es eine Möglichkeit geben, sich einen Überblick und Zugriff zu verschaffen über und auf Software-Artefakte in einem Unternehmen. Dies wird idealerweise mit Hilfe eines Repositories dieser Software-Artefakte realisiert.

Bei Vorüberlegungen zu einem solchen Repository zeigt sich aber schnell, dass es schwierig ist, das Repository isoliert zu betrachten. Vielmehr muss der ganze Wiederverwendungskontext (kulturelle und soziale Aspekte, Prozesse, Wettbewerbsvorteile etc.) behandelt werden und dabei wäre dann das Repository nur ein Baustein.

Damit ergibt sich die Situation, dass der erste Schritt in der Etablierung von Software-Wiederverwendung nicht ein Repository sein kann, sondern dass der gesamte Kontext von Software-Wiederverwendung berücksichtigt werden muss.

12.2.2
Ziele und Aufbau

Dieses Kapitel richtet sich an das Management und die Verantwortlichen von technischer Seite. Hauptziele sind, einen Überblick zu geben über Aspekte und den Prozess bei der Einführung von Software-Wiederverwendung in einem Unternehmen sowie bewusst zu machen, dass Software-Wiederverwendung nicht bloß ein Schlagwort ist, sondern über die zukünftige Überlebensfähigkeit eines IT-Unternehmens entscheiden wird.

Der nächste Abschnitt zeigt Aspekte bei der Einführung von Software-Wiederverwendung in einem Unternehmen. Im Anschluss daran wird auf die Situation in Unternehmen unter Software-Wiederverwendungs-Gesichtspunkten eingegangen.

Im vorletzten Abschnitt werden abschließend die zuvor dargestellten Erkenntnisse beurteilt, indem dabei die Relevanz von Software-Wiederwendung in der heutigen Zeit berücksichtigt wird. Des Weiteren werden Zukunftsperspektiven aufgezeigt.

12.3
Software-Wiederverwendung als Lösungsmittel

12.3.1
Überblick

Dieser Abschnitt zeigt Software-Wiederverwendung als ein Weg, der die oben dargestellten Probleme der traditionellen Softwareentwicklung zu vermeiden hilft. Zunächst werden wichtige konzeptionelle und technologische Begriffe im Zusammenhang mit der Software-Wiederverwendung erläutert. Anschließend wird das Vorgehen bei der Realisierung von Software-Wiederverwendung behandelt.

In Abbildung 77 sind die wichtigsten, im weiteren Verlauf näher erläuterten Faktoren für erfolgreiche Software-Wiederverwendung im Überblick dargestellt:

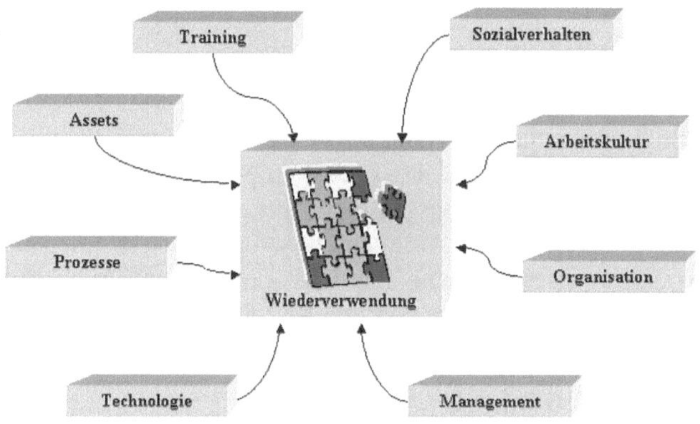

Abbildung 77:
Die wichtigsten
Faktoren für
eine erfolgreiche
Software Wie-
derverwendung

12.3.2
Konzeptionelle und technologische Mittel

Es folgt eine Erläuterung der wichtigsten konzeptionellen und technologischen Möglichkeiten, um Software-Wiederverwendung zu erreichen. Später wird erläutert, dass diese Mittel für sich allein stehend keine echte Software-Wiederverwendung bewirken können. Auch wird deutlich, dass Software-Wiederverwendung sich nicht auf die Wiederverwendung von Code beschränkt, sondern alle Artefakte (Architektur, Design etc.) entlang des Entwicklungszyklus eines Softwaresystems involviert.

12.3.2.1
Analysis-Patterns

Analysis-Patterns [Fow1999] zeigen Lösungen für bestimmte Aspekte bei der Erstellung von Analysemodellen vertikaler Problembereiche wie im Gesundheits- oder Rechnungswesen.

Als Beispiel sei hier ein Pattern für die Problematik des Messens genannt, welches einen Lösungsweg aufzeigt, Messungen (im konkreten Fall Messungen an einem Patienten) zu modellieren.

12.3.2.2
Architektur-Patterns

Eine Softwarearchitektur [Bus1996] beschreibt die grundlegende Strukturierung eines Softwaresystems in Subsysteme, welche Verantwortlichkeiten diese Subsysteme wahrnehmen und wie diese miteinander kollaborieren. Architektur-Patterns liefern Architekturschablonen für verschiedene häufig vorkommende Ausrichtungen (Benutzerinteraktion, Client-Server, Verteilung etc.) von Softwaresystemen.

Das Model-View-Controller- Pattern [Bus1996] ist ein prominentes Beispiel für ein Architektur-Pattern. Es ermöglicht ein und dasselbe Modell (Anwendungsfunktionalität) unterschiedlich darzustellen. Damit kann zum Beispiel das gleiche Modell auf verschiedenen Betriebssystemplattformen visuell dargestellt werden.

Einzelne Architektur-Patterns behandeln immer nur bestimmte Teilaspekte der Architektur eines Softwaresystems. Um die Gesamtarchitektur eines Softwaresystems zu beschreiben ist es notwendig, verschiedene Architektur-Patterns einzusetzen. Hierdurch lassen sich dann auch generische Gesamtarchitekturen (Architektur-Blueprints) für immer wieder benötigte Zielarchitekturen entwickeln. Ein konkretes Beispiel für eine generische Gesamtarchitektur ist SUNs J2EE [SUN1999].

12.3.2.3
Design-Patterns

Design-Patterns [Gam1995] sind Designschablonen für immer wiederkehrende Problemstellungen beim feingranularen Design eines Softwaresystems. Als Beispiel wird hier das Adapter-Pattern erwähnt, welches das Lösungsdesign liefert für die Anforderung, dass verschiedene Funktionen mit identischem Verhalten jedoch unterschiedlichen Signaturen von einem Aufrufer benutzt werden können, ohne dass er von den verschiedenen Signaturen Kenntnis haben muß.

Schablonen für wiederkehrende Problemstellungen beim Design

12.3.2.4
Klassenbibliotheken

Klassenbibliotheken stellen eine Sammlung von unterschiedlicher, auf Klassen verteilter Funktionalität bereit, welche im Gegensatz zu der Funktionalität in Frameworks (siehe Kapitel 12.3.2.5) kaum "verdrahtet" ist und vom Entwickler aufgerufen werden muss. Die C++.Standard-Template-Library wäre ein Beispiel für eine Klassenbibliothek.

Funktionalität ist kaum "verdrahtet"

12.3.2.5
Frameworks

Frameworks [Pre1997] sind Software-Infrastrukturen für ganze Problembereiche (Domänen), zum Beispiel im Finanz- oder Gesundheitswesen. Dabei muss sich der Entwickler nur noch um die Anwendungsteile kümmern, welche vom Framework nicht abgedeckt werden können, z.B. kundenspezifische Anforderungen. Ein wichtiges Merkmal von Frameworks ist die Hollywood-Metapher "Don´t call us. We call you". Darin kommt zum Ausdruck, dass der Entwickler überwiegend nicht Funktionalität des Frameworks aufruft, sondern dass das Framework Funktionaliät aufruft, welche der Entwickler gemäß den Konventionen des Frameworks bereitstellt.

Implementierungen von CORBA [Pat2000] sind Beispiele für technische Frameworks, die Infrastrukturen für verteilte Objekte bereitstellen.

Software-Infrastrukturen für ganze Problembereiche

12.3.2.6
Komponenten

Eine Komponente ist ein Stück Software mit einer definierten Schnittstelle. Des Weiteren deckt eine solche Komponente genau eine Domäne ab und ist stark kontextabhängig. Aus Komponenten lassen sich neue Komponenten zusammensetzen [Cyp1998]. Komponenten sind intern aus Frameworks aufgebaut und interagieren mit Hilfe von Frameworks. Enterprise Java Beans [Mon2000] und COM+ [Pre1997] sind Beispiele für Komponentenmodelle in der Praxis.

12.3.2.7
Software-Assets

Software-Wiederverwendung geschieht, indem bei der Softwareentwicklung auf so genannte Software-Assets [DOD1996] (im Folgenden als Assets bezeichnet) zurückgegriffen wird. Diese Assets umfassen nicht nur den Code, sondern alles, was in Zusammenhang mit diesem steht:

- Domänenanalyse

- Anforderungsbeschreibung

- Spezifikation

- Architektur

- Design

- Frameworks

- Componenten

- etc.

Erfolgreiche Software-Wiederverwendung kann sich nicht ausschließlich auf Code stützen, sondern muss den gesamten Kontext (sämtliche Dokumentation, Architektur und Design, d.h. die Assets, in deren Kontext ein bestimmter Code steht) eines bestimmten Codes berücksichtigen. Nur so ist gewährleistet, dass dieser Code auf seine Zweckmäßigkeit für eine konkrete Problemstellung beurteilt werden kann und auch richtig verstanden wird und sich damit auch in beabsichtigter Weise benutzen (wiederverwenden) lässt.

Die Architektur eines Softwaresystems wird auch von den Ergebnissen aus der Analyse geprägt. Aus diesem Grund erlauben Architektur-Patterns neben der Wiederverwendung der Architektur auch die Wiederverwendung von Ergebnissen aus der Analyse bei Softwaresystemen des gleichen Problembereichs. Weil sich die Architektur auf die grobgranularen Aspekte eines Softwaresystems fokussiert, bewirkt sie keine Wiederverwendung von Design und Code.

Klassenbibliotheken haben ihren Schwerpunkt bei der Wiederverwendung von Code. Klassen wie String, List etc. bringen für Analyse oder Architektur keinen und nur wenig Mehrwert für das Design eines Softwaresystems.

Sowohl Frameworks wie auch Komponenten sind die Mittel mit dem größten Wiederverwendungsfaktor. Beide haben den Anspruch, neben Code auch Ergebnisse aus Analyse, Architektur und Design für ganze Problembereiche in sich zu tragen.

12.3.3
Hindernisse

Ganz wesentlich für den Erfolg von Software-Wiederverwendung in einem Unternehmen sind kulturelle und soziale Faktoren (mehr noch als die technisch-organisatorischen). Der Zustand dieser beiden Faktoren in IT-Unternehmen ist oft alles andere als der Software-Wiederverwendung dienlich.

In diesem Zusammenhang können folgende in Relation zueinander stehende Punkte genannt werden ([DOD1996], [Kri1998], [Wil1997b], [Wil1997c]):

- Fehlende Kommunikation zwischen Projekten bzw. fehlender Know-how-Transfer im Unternehmen. Die Hauptgründe liegen hier oft darin, dass zum einen keine kommunikationsfördernden Strukturen und Prozesse existieren und dass zum anderen zwischen verschiedenen Projekten eine Art von Konkurrenz gepaart mit wechselseitiger Geringschätzung besteht.

- Mitarbeiter sind nicht bereit ihre Arbeitsergebnisse detailliert einer breiten Öffentlichkeit preiszugeben; zum Beispiel aus Angst, dass Fehler entdeckt werden, oder um die eigene Stellung zu sichern etc.

- Fehlende Bereitschaft etwas (zum Beispiel Software) zu benutzen, das woanders entwickelt worden ist (Not Invented Here Syndrome). Dies kann daran liegen, dass sich Mitarbeiter bzw. Projekte profilieren wollen, indem sie etwas „from-scratch" neu entwickeln, oder dass diese kein Vertrauen (zum Beispiel auf Grund von Geringschätzung, ungenügender Kommunikation etc.) in die Qualität woanders entwickelter Software haben.

Folgende technisch-organisatorische Faktoren können dem Unternehmen beim Wechsel hin zu Prinzipien der Software-Wiederverwendung massiv im Weg stehen und sollten bei der Einführung von Software-Wiederverwendung vorrangig angegangen werden [DOD1996]:

Vorrangig anzugehende Aspekte

- Fehlendes Commitment des Managements zu Software-Wiederverwendung. Dies führt dazu, dass Software-Wiederverwendung nicht systematisch betrieben werden kann, weil hierfür finanzielle und organisatorische Anstrengungen notwendig sind, die vom Management lanciert werden müssen.

- Software-Wiederverwendung wird nicht belohnt, sondern eher bestraft, weil Software-Wiederverwendung zu Beginn immer ressourcenintensiver ist. Erfolg wird oft eher an den Lines of Code anstatt an der Qualität der gelieferten Software gemessen. Dadurch wird die Motivation der Mitarbeiter nicht gesteigert, da sie für eine Partizipation (Entwicklung von Assets und deren Verwendung) an der Software-Wiederverwendung nicht belohnt werden.

- Es existiert kein Überblick zu den Assets einzelner Projekte. Damit ist es nicht ohne weiteres möglich, zu sehen, ob etwas in einem anderen Projekt bereits vorhanden ist und genutzt werden kann.

- Es werden zu wenig Ressourcen bereitgestellt. Es fehlt die Erkenntnis, dass Software-Wiederverwendung nicht einfach von selber läuft, sondern "betrieben" werden muss. Hierfür ist es jedoch unabdingbar, in ausreichendem Umfang Mitarbeiter und finanzielle Mittel zur Verfügung zu haben.

Es werden zu wenig Ressourcen bereitgestellt

- Fehlender systematischer Ansatz für die Einführung von Software-Wiederverwendung in einem Unternehmen. Es wird versucht ad hoc mit lokalem Fokus (ohne dass die Unternehmensleitung involviert ist bzw. ihr Commitment gegeben hat) in Abteilungen, Projekten oder Teams Software-Wiederverwendung zu betreiben, wobei nur der Code anstelle von Assets als relevant erachtet wird.

- Handeln ist auf kurzfristigen Erfolg ausgelegt. Unter strategischen Gesichtspunkten ist Software-Wiederverwendung als eine Maßnahme zu sehen, die mittel- und langfristig den Erfolg steigern wird, d.h., wenn, wie so oft, nur der kurzfristige Erfolg im Vor-

Handeln ist auf kurzfristigen Erfolg ausgelegt

dergrund steht, wird Software-Wiederverwendung keine bedeutende Rolle spielen.

- Projekte bzw. Mitarbeiter führen ein Inseldasein. Darin kommt zum Ausdruck, dass keine Kommunikation stattfindet. Kommunikation ist jedoch einer der Grundpfeiler für erfolgreiche Software-Wiederverwendung.

- Projektplanung, die zu Zeitdruck führt. Unter Zeitdruck gehören Aspekte der Software-Wiederverwendung zu den ersten Kandidaten, die über Bord geworfen werden.

- Software-Wiederverwendung wird nur halbherzig durchgeführt. Dies ist meist darauf zurückzuführen, dass Mitarbeiter nicht ausreichend überzeugt worden sind vom Nutzen der Software-Wiederverwendung oder dass ein systematischer Ansatz fehlt und dadurch Software-Wiederverwendung eher zu einer Belastung für die Mitarbeiter wird und deshalb nach Möglichkeit vermieden wird.

- Unzureichende Einführung und Dokumentation von Assets. Software, welche nicht verstanden worden ist, hat schlechte Karten, benutzt zu werden.

12.3.4
Umsetzung

12.3.4.1
Vorabinvestitionen

Bevor ein Unternehmen auf Software-Wiederverwendung setzen kann, sind zunächst Vorabinvestitionen zu tätigen. Die Entwicklung einer wiederverwendbaren Komponente kostet zwischen dem 1.0 und 2.5fachen der Entwicklung von traditioneller Software [Jac1997]. Extrapoliert sind dies auch die Kosten für die Reuse-Organisation, da die Organisation die Komponente baut.

Dabei wird nicht ein einzelnes Projekt die Last tragen können, die notwendig ist, um die Grundlagen zu legen für die unternehmensweite Einführung von Software-Wiederverwendung. Vielmehr müssen die Aufwände auf verschiedene Projekte (Referenzprojekte) verteilt und die Projekte auch subventioniert werden.

Für IT-Unternehmen, die ihren Schwerpunkt in Entwicklung und Dienstleistung haben, ergeben sich folgende Felder mit erhöhtem Investitionsaufwand:

- Domänenanalyse
- Entwicklung
- Integration
- Testen
- Quality-Assurance
- Wartung
- Mitarbeiter
- Evaluierung und Einführung von Tools

Als Tools, welche für Software-Wiederverwendung von besonderer Bedeutung sind, kann man sicherlich Asset-Repositories mit umfangreicher Suchfunktionalität nennen. Denn eine der Grundvoraussetzungen für Software-Wiederverwendung ist es, dass ein Entwickler sich einen Überblick über die Assets im Unternehmen verschaffen und auf diese zur Nutzung auch entsprechend komfortabel und effizient zugreifen kann.

Amortisieren werden sich diese Investitionen, indem die Ergebnisse der Pilotprojekte im Laufe der Zeit in vielen weiteren Projekten Nutznießer finden.

12.3.4.2
Durchführung

Um Software-Wiederverwendung in einem Unternehmen erfolgreich einzuführen und am Leben halten zu können, müssen folgende Voraussetzungen geschaffen werden:

- Eine unternehmensweite Sensibilität ist ein unbedingtes Muss für den Erfolg von Software-Wiederverwendung. Deshalb muss an erster Stelle das Commitment des Managements zur Etablierung einer Software-Wiederverwendungs-Kultur stehen. Erst wenn dieses Fundament geschaffen wurde, können die weiteren Voraussetzungen für die Einführung von Software-Wiederverwendung geschaffen und vorhandene Hindernisse entfernt werden.

- Anpassung der organisatorischen Strukturen. Es sind Mitarbeiter vorzusehen, welche sich vorrangig mit Aufgaben rund um die Software-Wiederverwendung beschäftigen. Bei diesen Aufgaben handelt es sich um Training, Tool-Wartung und Management von Assets.

- Bereitstellung von Tools, welche die Software-Wiederverwendung unterstützen (zum Beispiel ein Asset-Repository). Software-Wiederverwendung darf nicht zu ständig erhöhtem Aufwand für die Mitarbeiter führen, sondern sollte, wo immer möglich, automatisiert werden.

- Definition von Prozessen für Software-Wiederverwendung. Alte und neue Mitarbeiter müssen für Software-Wiederverwendung sensibilisiert werden. Projekte müssen derart aufgesetzt und durchgeführt werden, dass sie Software-Wiederverwendung berücksichtigen, d.h. insbesondere, dass verhindert wird, das Rad immer wieder neu zu erfinden. Es muss festgelegt werden, wie Assets in ein Asset-Repository einzubringen und wie diese zu benutzen sind. Es ist zu definieren, wie Assets zu pflegen sind (Bugfixing, Anpassung). Art und Weise regelmäßiger Kommunikation zwischen verschiedenen Projekten und Teams sind festzulegen.

- Schaffung einer Arbeitskultur, die der Software-Wiederverwendung entgegenkommt. Diese Arbeitskultur muss geprägt sein von offener team- und projektübergreifender Kommunikation sowie der Bereitschaft, Assets zur Verfügung zu stellen und auch zu nutzen.

- Fortlaufende Ausbildung ist eine Grundvoraussetzung für eine erfolgreiche Software-Wiederverwendung. Assets müssen eingeführt und Mitarbeiter geschult werden. Ebenso die verwendeten Tools und Technologien. Darüber hinaus ist Training für notwendige Soft Skills (zum Beispiel Kommunikationsfähigkeit) vorzusehen.

- Fortlaufender Wissenstransfer zwischen Mitarbeitern, Projekten und Teams. Hier ist das Thema Kommunikation adressiert. Es kann nur etwas wiederverwendet werden, was auch bekannt ist. Dazu muss es erst einmal bekannt gemacht, das heißt kommuniziert werden. Dies kann und sollte über verschiedene Kanäle zum Beispiel Communities erfolgen.

Ziel muss es sein, Software-Wiederverwendung in einem Unternehmen derart zu etablieren, dass diese auch in schwierigen Projektphasen nie zur Disposition steht – Software-Wiederverwendung ist kein „nice to have", sondern ein „must have".

Bei der Umsetzung von Software-Wiederverwendung in einem Unternehmen ist eine ganze Software-Wiederverwendungsinfrastruktur zu schaffen. Diese Infrastruktur umfasst Management für die Software-Wiederverwendung, Prozesse, Tools, Training/Wissenstransfer für Mitarbeiter und Projekte.

Es folgt eine unvollständige To-Do-Liste zu den einzelnen notwendigen Aspekten bei der Durchführung ([Hun1997], [Kri1998], [Wil1997a], [Wil1997c]).

Es sind Prozesse zu definieren für:

- Bereitstellung von Assets
- Einführung von Assets
- Einführung von Software-Wiederverwendung bei Mitarbeitern und Projekten
- Wartung von Assets
- Wissenstransfer und Kommunikation zwischen Mitarbeitern, Teams und Projekten

Es sind Mitarbeiter-Ressourcen zu schaffen für:

- Aufbau und Wartung von Assets
- Identifikation von Assets
- Kommunikationsschnittstellen zwischen Projekten
- Quality-Assurance
- Training
- Unterhalt eines Asset-Repositories

Es ist Training vorzusehen für:

- Assets
- Prinzipien der Software-Wiederverwendung
- Tools

Es sind Management-Aktivitäten notwendig für:

- Belohnung für Bereitstellung und Nutzung von Assets
- Unternehmensweites Commitment zu Software-Wiederverwendung
- Identifikation geeigneter Projekte für Software-Wiederverwendung
- Projektplanung, die Software-Wiederverwendung berücksichtigt
- Unterstützung von Verhaltensweisen, welche für Software-Wiederverwendung förderlich sind

Die vorgestellten Elemente der Software-Wiederverwendungs-Infrastruktur involvieren ausschließlich fachlich-technische Aspekte. Im Kontext von Software-Wiederverwendung stehen jedoch wie bereits erwähnt auch bestimmte soziale und kulturelle Elemente ([Gri1999a], [Gri1999b]) in einem Unternehmen. Deshalb sind weitere Maßnahmen zu ergreifen, welche auf soziale und kulturelle Aspekte abzielen. An dieser Stelle seien dabei besonders genannt:

Maßnahmen für soziale und kulturelle Aspekte

- Offenheit
- Kommunikationsfähigkeit
- Kritikfähigkeit
- Vertrauen
- Risikobereitschaft

12.3.5
Wettbewerbsvorteile

Der Einsatz von Software-Wiederverwendung eröffnet einem Unternehmen Wettbewerbsvorteile, die es ermöglichen, sich langfristig am Markt zu positionieren und sich den sich ändernden Marktbedürfnissen anzupassen. Insbesondere die Wiederverwendung von Komponenten als eine konkrete Ausprägung von Assets versprechen hier besondere Vorteile.

Steigerung der Softwarequalität und Zuverlässigkeit

Die Verwendung von Komponenten führt zu einer gesteigerten Qualität und Zuverlässigkeit von Software ([DOD1996], [Gri199a]). Dies liegt zum einen darin begründet, dass eine Komponente bereits ausführlich getestet wurde und daher für den gewünschten Problembereich leichter eingesetzt werden kann. Zum anderen basieren Komponenten auf bewährten Architektur- bzw. Designkonzepten und tragen so zur Qualitätssteigerung des gesamten Softwaresystems bei. Die Zuverlässigkeit steigt selbstverständlich mit der Wiederverwendung der Komponente, da neue Erkenntnisse zu deren Verbesserung oder Weiterentwicklung führen.

Erhöhte Softwareproduktivität

Neben der Softwarequalität und -zuverlässigkeit lässt sich auch eine Steigerung der Softwareproduktivität nennen ([Gri1999a], [Wil1997b], [Hun1997]). Indem Applikationen aus Komponenten aufgebaut werden, erhöht sich die Produktivität der Softwareentwicklung, da auf bewährte, getestete Bausteine zurückgegriffen werden kann. Durch Software-Wiederverwendung ist von einer Produktivitätssteigerung um 30% auszugehen. Dies verbessert den Time-to-Market erheblich.

Als ein weiterer essenzieller Vorteil ist längerfristig die Reduktion der Softwareentwicklungs- und -wartungskosten anzusehen. Jacobson et al. sprechen von einer Reduktion der Wartungskosten um das 5 bis 10fache [Jac1997]. In diesem Zusammenhang wurde bewusst von längerfristiger Reduktion gesprochen, da die Einführung von Software-Wiederverwendung natürlich mit zunächst relativ hohen Kosten verbunden ist. So geht die Gartner Group davon aus, dass ein mittelgroßes Unternehmen (100 bis 500 Entwickler) zwischen 1,5 Mio. EUR innerhalb von zwei Jahren ausgeben muss, um eine komponentenbasierte Softwareentwicklung zu etablieren (siehe Tabelle 9). Der dadurch zu erwartende Return-on-Investment (ROI) liegt bei min. 200% innerhalb von zwei Jahren [Hun1997]. Andere Quellen sprechen von einer durchschnittlichen Senkung der Entwicklungskosten um 15-75%. Daran wird deutlich, dass die hohen Ausgaben als eine Investition in die Zukunft betrachtet werden sollten. Die nachfolgende Aufstellung schlüsselt die zu erwartenden Investitionen in ihre Einzelbestandteile auf.

Längerfristige Reduktion der Softwareentwicklungs- und -wartungskosten

Benötigtes Element	Erklärung	Niedrige Investition[20] (EUR)	Hohe Investition[21] (EUR)
Asset-Repository-Aufbau	Schaffung eines verwendbaren, zugreifbaren Inventars	59.000	412.000
Asset-Repository Weiterentwicklung und Wartung	20% der Anschaffungskosten	12.000	82.000
Administration, Moderation und Qualitätssicherung	Zu Beginn drei Vollzeitverantwortliche (mit Unterstützung)	265.000	265.000
Belohnungen	20 bis 30 Prozent des Basisgehaltes für teilnehmende Entwickler	294.000	588.000
Gesamt:		630.000	1.347.000

Tabelle 9: Kosten von Software-Wiederverwendung

Zur Bestimmung der Kosten und des Nutzens von Wiederverwendung können unterschiedliche Metriken und Modelle verwendet

---

[20] Eigenentwicklung des Asset-Repositories
[21] Kauf eines kommerziellen High-End-Asset-Repositories

werden. In [Fra1996], [Pou1993] und [Wil1999] werden diese ausführlich vorgestellt und diskutiert.

Verbesserte Kundenorientierung

Kundenorientierung ist ein weiterer, wenn auch nicht sofort evidenter Aspekt, der durch den Einsatz von Wiederverwendungstechniken forciert werden kann, da diese die Entwicklung von Prototypen erleichtern ([DOD1996]. Durch das sog. Rapid Prototyping wird der Kunde in die Entwicklung des Produktes miteinbezogen und kann somit seine Kritik, seine Verbesserungsvorschläge, aber auch sein Lob anbringen [Wil1997b]. Diese Kommunikation über den gesamten Entwicklungsprozess hinweg stellt sicher, dass der Kunde mit dem fertigen Produkt zufrieden ist, da er selbst an seiner Entwicklung mitgearbeitet hat und sich dadurch auch damit identifizieren kann.

Bessere Planbarkeit von Projekten

Auch im täglichen Projektgeschäft kann der aus Software-Wiederverwendung resultierende Mehrwert selbstverständlich zu Wettbewerbsvorteilen führen. Neben Produktivitäts-, Qualitäts-, Kostensowie Kundenorientierungsaspekten werden auch die Planbarkeit von Projekten und die Zufriedenheit der Projektteammitglieder positiv beeinflusst. Wenn man bspw. bei der Erstellung des Projektplanes aus einem Portfolio von Basislösungen bzw. Assets, die für das Projekt wichtigen entnehmen kann, ist man in der Lage, die benötigten Ressourcen besser zu planen und so eine realistischere Aussage über den zukünftigen Verlauf des Projektes zu geben. Hierbei ist natürlich die Qualität der Asset-Dokumentation entscheidend. Sie sollte z.B. über die finanziellen Kosten, die Anzahl der zur Implementation benötigten Entwickler und die Interdependenzen zu anderen Assets informieren. Ein auf dieser Grundlage entwickelter Projektplan erhöht auch die Zufriedenheit der Projektteammitglieder, da ihr Einsatz realistischer geplant wurde und sie so nicht überlastet sind.

Erfolgsgeschichten

Des Weiteren zeigt sich aus empirischen Beobachtungen, dass sich bei Firmen, die Software-Wiederverwendung einführten, die erwähnten Vorteile einstellten ([DOD1996], [Jac1997],[Wil1997b]):

- AT&T kann auf ein Wiederverwendungsverhältnis von 40-92% im Bereich Telecoms Operation Support Software verweisen.

- Ericsson AXE: 90%ige Wiederverwendung in Hunderten von kundenspezifischen Konfigurationen.

- Fujitsu lieferte 70% ihrer Electronic Switching Systems in der vereinbarten Zeit aus. Davor waren es nur 20%.

- Bei General Accident Insurance verkürzte sich die durchschnittliche Entwicklungszeit ihrer Systeme um das Drei- bis Vierfache.

- Hewlett-Packard erreichte einen Wiederverwendungslevel von 25-50% in der Firmwareentwicklung für Instrumente und Drucker.
- Motorola verzeichnete einen Wiederverwendungsgrad von 85% und ein Produktivitätssteigerungsverhältnis von 10:1 im Compiler- und Compiler-Test Suites-Bereich
- Raytheon berichtete von einer Produktivitätssteigerung von 50%.
- Die Navy beobachtete eine 26%ige Reduktion der benötigten Arbeitszeit zur Entwicklung und Wartung ihrer Restructured Tactical Data Systems (RNTDS).

Daran wird deutlich, dass Software-Wiederverwendung keine pure Theorie ist, sondern vielmehr ein ungemein nützliches Instrument zur Steigerung der Wettbewerbsvorteile eines Unternehmens darstellt.

Software-Wiederverwendung ist keine pure Theorie

12.4
Fazit

Die erfolgreiche Durchführung von Software-Wiederverwendung ist weniger eine Folge des Einsatzes technologischer Mittel als vielmehr eine Folge der Schaffung bestimmter Voraussetzungen im sozialen, kulturellen und organisatorischen Bereich eines Unternehmens.

Erfolgreiche Software-Wiederverwendung kann nur mit einem Kulturwandel innerhalb eines Unternehmen einhergehen. Dieser notwendige Kulturwandel wird dadurch bewirkt, dass sich Menschen in ihren Verhaltensweisen ändern. Diese Änderung geschieht jedoch nicht auf Knopfdruck, sondern es ist ein langwieriger Prozess, der viel Überzeugungsarbeit erfordert und wohlgeplant sein will.

Zu den Wettbewerbsfaktoren, die in steigendem Maße auf dem IT-Markt entscheidend sein können, gehören ein möglichst geringer Time-to-Market gepaart mit sich von der Konkurrenz hervorhebender Qualität. Kunden entwickeln zunehmend ein Qualitätsbewusstsein bei der Beurteilung von Softwaresystemen. Unternehmen, die heute erkannt haben, dass nur über systematische Software-Wiederverwendung auf die Anforderungen des Marktes positiv reagiert werden kann, werden zu den zukünftigen Gewinnern zählen.

Erfolgreiche Software-Wiederverwendung kann nur mit einem Kulturwandel innerhalb eines Unternehmen einhergehen

13 Wissen ist Macht – Vollständige Werkzeugunterstützung

"Prediction is difficult, especially of the future."
Nils Bohr

Holger Dörnemann

13.1
Motivation

Haben Sie schon einmal einen Softwareprojektleiter nach dem aktuellen Stand seines Projektes gefragt? Oder wollten Sie gar wissen, wann das Projekt beendet werden kann? Haben Sie sich womöglich erdreistet, nach den bisher angefallenen und noch anfallenden Kosten zu erkundigen? Hat Sie schließlich die Antwort auf die Frage nach der Qualität des laufenden Projektes interessiert?

Was wissen wir über Softwareprojekte?

- Nein? Dann haben Sie sicherlich noch nie mit einem realen Softwareprojekt in leitender Funktion zu tun gehabt.

- Ja? Was sind ihre persönlichen Erfahrungen gewesen? Haben Sie Antworten erhalten? Falls ja: Wie lange haben Sie warten müssen und welche Qualität hatten die Aussagen – im Nachhinein betrachtet?

Wie sieht es mit dem Versuch aus, die Mitarbeiter in ihrem Projekt nach den wichtigen Anforderungen und Spezifikationen zu befragen – und wo diese in ihrer aktuellen Fassung eingesehen werden können? Weiß jeder in ihrem Projekt, was er konkret zu tun hat? Welches Arbeitsergebnis von ihm erwartet wird? Welche Informationen er von anderen erwarten kann, um seine Arbeit zu erledigen?

Wo finden wir Informationen?

Belassen wir es bei diesen wenigen Fragen, die in jedem realen Projekt irgendwann einmal gestellt werden – früher oder später[22].

Wir können die oben gestellten Fragen – und ähnlich gelagerte – stets auf die Aspekte *Wissen* und *Metriken*, d.h. die Auswertung von Wissen über unser Projekt, reduzieren!

Im „Leben" eines Softwareprojektes fallen viele Informationen[23] an. Die Kunst ist es, diese Informationen strukturiert zu erfassen, um sie einerseits allen verfügbar zu machen (*Kommunikation*) und andererseits über die Fähigkeit zu verfügen, diese Informationen sinnvoll auszuwerten (*Metriken*).

Wir werden uns also in diesem Kapitel damit beschäftigen, wie Werkzeuge und Werkzeugkombinationen den Alltag von Softwareprojekten bereichern können, indem sie genau die gerade angerissenen Aspekte aufgreifen.

Informationen, Wissen und Metriken

13.2
Brauchen Projekte tatsächlich Werkzeuge?

Editor, Compiler und Debugger reichen nicht aus!

Es gibt in der Praxis tatsächlich immer noch Projekte, die nach dem so genannten „Reinheitsgebot" arbeiten: Editor, Compiler und Debugger – sonst nichts! Unglaublich? Aber wahr.

Wie aber wollen Sie Metriken über die Anzahl erfolgreicher Tests, abgearbeiteter Anforderungen oder gar die Geschwindigkeit, mit der sich Anforderungen ändern, mit diesen drei Werkzeugen ermitteln? Es ist in halbwegs komplexen Projekten dann schlichtweg nicht oder nur extrem schwer möglich, Aussagen über Projektqualität und -fortschritt zu treffen.

Ebenso ist es aussichtslos, mit nicht spezialisierten Werkzeugen wie den berühmten Excel-Tabellen oder Word-Dokumenten, die irgendwann der Komplexität nicht mehr standhalten, Projektergebnisse festhalten oder feststellen zu wollen.

Vorgehensmodelle sind unerlässlich

Unbestritten ist mittlerweile, dass der Einsatz von Vorgehensmodellen unabdingbare Voraussetzung für die vertragliche Durchführung von Softwareprojekten ist. Juliane Vorndamme schreibt zum Thema „*Vorgehenstreue als Erfolgsgrundlage*" [Vor2000] hierzu:

---

[22] Oft zu spät – wenn das Kind erst einmal in den Brunnen gefallen ist, ist es definitiv zu spät. Ein geeignetes Frühwarnsystem zu etablieren zeugt hingegen von wirklichem, verstandenem Projektmanagement!

[23] Information ist übrigens nicht mit Wissen gleichzusetzen! Information wird erst dann zu Wissen, wenn diese in geeigneter Form zugänglich und auswertbar ist.

Die Vorteile der Nutzung eines Vorgehensmodells, bzw. der sich daraus ableitenden Methode ergeben sich aus der Erkenntnis, dass die Prozessgestaltung bei der Produktentwicklung entscheidenden Anteil an der späteren Produktqualität hat. Dies ist bereits mehrfach in der Literatur formuliert [BoeRos1989u.a.] und hat sich auch in Projektuntersuchungen bestätigt [Vor1999].

Obwohl es mittlerweile unzählige Literatur über die Notwendigkeit des Einsatzes von spezialisierten Softwarewerkzeugen gibt [Dör2000, Dör2001, Ver2001], gehen viele Projektleiter immer noch fahrlässig mit der Erhebung, Verwaltung und Auswertung ihrer Projektinformationen um.

Woher kommt also diese Diskrepanz zwischen der Akzeptanz eines Prozessmodells einerseits und dem mangelnden Wissen über den Projektstand aufgrund fehlender Werkzeuge andererseits? Als Berater stoßen wir in Projekten immer wieder auf diese und vergleichbare Gründe:

- Schlichte Unwissenheit über komplementäre Werkzeuge im Softwarelebenszyklus.
- Angst, dass die Einführung von neuen Werkzeugen und Methoden scheitert (politisch und/oder technisch).
- Die Befürchtung, dass ein Mehraufwand durch die Einführung die Projekte belastet.
- Konservatismus: „Wir haben das immer anders gemacht".
- Besserwisserei: „Wir schaffen das auch ohne Hilfsmittel".
- Zweifel: „Ob das was bringt?".

Im Folgenden werden wir Schritt für Schritt diese Punkte adressieren und einen holistischen Ansatz für die effiziente Werkzeugunterstützung in einem Softwareprojekt kennen lernen. Mit anderen Worten beschäftigt sich der Rest dieses Kapitels damit, die oben erwähnte *Unwissenheit* zu adressieren.

13.3
Auswahlkriterien für Anbieter, Methoden und Werkzeuge

Interessanterweise ist für die meisten Projektleiter die Angst, ein neues Verfahren inklusive Werkzeugunterstützung einzuführen, größer als die Gefahr, das eine oder andere Projekt in den Sand zu setzen. Damit steht diese Ansicht im krassen Gegensatz zu vielen statistischen Erhebungen über Softwareprojekte. So analysiert die Standish Group seit einigen Jahren die größten (amerikanischen) Softwareprojekte und veröffentlicht die Ergebnisse in einer Studie, die bezeichnenderweise den Titel „*Chaos Report*" trägt [Sta1995].

Neben unpräzise formulierten Anforderungen, stehen fehlendes Änderungsmanagement und schwaches Projektmanagement durch Kommunikationsprobleme jeglicher Art immer wieder im Vordergrund gescheiterter Projekte. Die richtigen Werkzeuge und Methoden helfen genau, mit diesen Schwachstellen aufzuräumen. Die Lektüre von Berichten über gescheiterte Projekte sei insbesondere den Zweiflern, Konservativen und „Besserwissern" ans Herz gelegt.

<table><tr><td>In schweren Zeiten Bedarf an Werkzeugen</td><td>

Interessanterweise stellen IT-Software- und -Beratungshäuser, die im Bereich Management- und Prozessberatung tätig sind, in wirtschaftlich schwierigen Zeiten einen gewissen Boom fest [Dör2001]. Ebenso sehen wir, dass Werkzeuganbieter mit vollständigen Werkzeugkästen in eben diesen Zeiten auch deutlich weniger Einbrüche zu verzeichnen haben als Nischenanbieter, die nur punktuelle Lösungen vorzuweisen haben.

</td></tr></table>

In schweren Zeiten Bedarf an Werkzeugen

Interessanterweise stellen IT-Software- und -Beratungshäuser, die im Bereich Management- und Prozessberatung tätig sind, in wirtschaftlich schwierigen Zeiten einen gewissen Boom fest [Dör2001]. Ebenso sehen wir, dass Werkzeuganbieter mit vollständigen Werkzeugkästen in eben diesen Zeiten auch deutlich weniger Einbrüche zu verzeichnen haben als Nischenanbieter, die nur punktuelle Lösungen vorzuweisen haben.

Metakriterien für Werkzeugauswahl

Offensichtlich bedeutet dies, dass bei richtiger Auswahl der komplementären Projektwerkzeuge der Erfolg vorprogrammiert ist. Analysieren wir dementsprechend, welche Kriterien berücksichtigt werden sollten:

1. **Vollständigkeit des Ansatzes**
   Softwareprojekte bestehen stets aus mehreren, ergänzenden Teilaufgaben. Stellen Sie sicher, dass alle signifikanten Bereiche durch Werkzeuge und Methodik abgesichert sind (siehe Abbildung 78). Je mehr Bereiche ein einzelner Anbieter abdeckt, umso interessanter sollte dies für Sie sein (siehe auch Punkte 4 und 5).

Renommierte Anbieter = Investitionsschutz

2. **Renommee und Sichtbarkeit des/der Anbieter**
   Bevorzugen Sie Anbieter, die am Markt eine sichere Position und einen bekannten Namen haben. Die Produkte dieser Anbieter werden in der Branche weithin bekannt sein, wodurch sich in der Regel der Schulungsbedarf reduzieren lässt, weil genügend Berater und ausgebildetes Personal im Markt existent sind. Gleichzeitig minimieren Sie das Risiko, dass es den Hersteller vielleicht nicht mehr lange gibt (Übernahme oder Konkurs) und ihre Investition nicht geschützt ist. Ist einer der Hersteller vielleicht sogar Vordenker und Technologieführer in seinem Gebiet?

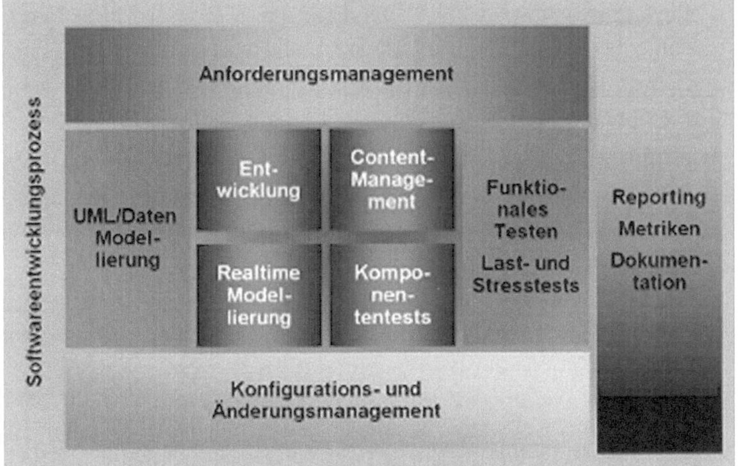

Abbildung 78: Aufgaben in Software-projekten

3. Unterstützungsmöglichkeiten durch den Anbieter

Achten Sie unbedingt darauf, dass der jeweilige Anbieter Sie vor Ort adäquat unterstützen kann. Dies beginnt mit einer ordentlichen Analyse ihres Bedarfs (Assessment), dem sich ein kompletter Implementierungsplan ebenso wie eine erfolgreiche Implementierung anschließen sollte. Nicht zuletzt erkennt man dies an der Anzahl der Mitarbeiter in ihrem Land und deren Verhältnis Technik zu Vertrieb. Meiden Sie Unternehmen mit wenigen Repräsentanten und einem signifikanten Vertriebsoverhead.

Assessments durch Anbieter zeigen Lösungen

4. Integrationen zwischen unterschiedlichen Aufgaben

Wiederverwendung ist sowohl Schlagwort als auch Mythos der modernen Softwareentwicklung und hat seine Ursachen in der so oft beschworenen Softwarekrise. Immer mehr gehen Projektverantwortliche dazu über, zu fordern, dass auch Informationen und Wissen, das bereichsübergreifend anfällt, wiederverwendet wird. Berücksichtigen Sie also, dass es Integrationen zwischen unterschiedlichen fachlichen Aufgaben gibt (zum Beispiel eine Austauschmöglichkeit zwischen Anforderungs- und Änderungsmanagement).

Wettbewerbsvorteil: Wiederverwendung von Informationen

5. Releasezyklen

Ein altes deutsches Sprichwort sagt: *„Viele Köche verderben den Brei."* Dies gilt auch für die Werkzeugunterstützung in Projekten. Legt man die unterschiedlichen Aufgaben in Abbildung 78 zugrunde, dann sollten Sie möglichst wenige Anbieter in ihrem Portfolio haben:

Weniger ist mehr: Wenige Anbieter bevorzugen

- Sie sparen lästige Vertragsverhandlungen.

- Sie haben weniger Ansprechpartner.

13.3 Auswahlkriterien für Anbieter, Methoden und Werkzeuge ■ *247*

- Sie kommen mit weniger Overhead beim Roll-out ihrer Werkzeuge davon (weniger Releasedaten, alle auf einen Streich).

- Sie müssen keine eigenen Integrationsschnittstellen warten, wenn der Anbieter dies bereits tut (siehe Punkt 4).

- Es hilft Ihnen auch nichts, wenn ein Hersteller Sie alle paar Wochen mit neuen Versionen „zuschmeißt" (Roll-out-Overhead!). Besser sind Releasezyklen mit ein oder zwei Versionen pro Jahr.

6. Anwendbarkeit im Projekt

Prüfen Sie an einigen typischen Projektsituation die Anwendbarkeit von Methoden und den Einsatz der Werkzeuge[24]. Oft werden Kriterienkataloge zur Begutachtung herangezogen.

Achten Sie darauf, dass diese nicht theoretischen Charakter besitzen, sondern Relevanz für den Projekterfolg haben.[25] Halten Sie weiterhin Evaluierungszeiten kurz – langes Evaluieren hat noch niemandem geholfen. Es ist meist ein Zeichen von Unentschlossenheit und Angst. Haben Sie lieber Angst vor unentschlossenen Leuten, sie könnten Ihr Projekt mangels Entschlussfähigkeit massiv gefährden!

7. Sinnvolle und transparente Kostenaufstellung

Versucht ein Anbieter die Gesamtkosten zu beschönigen? Wenn ja, dann ist das ein wichtiges Warnzeichen vor einer weiteren Kooperation. Gegenseitiges Vertrauen ist ein wichtiger Meilenstein bei der Implementierung von Methoden und Werkzeugen.

Was halten Sie von einem Hersteller, der Ihnen 50% Rabatt gibt, ohne dass Sie viel tun müssen? Genau: Entweder sind Produkt und Dienstleistung von Anfang an nicht den Originalpreis wert gewesen (keine reelle Preisfindung) oder der Anbieter hat das Geschäft unbedingt nötig, weil er dringend Umsatz braucht, um überhaupt weiter existieren zu können (Investitionsschutz!). Sie sehen: Beide Anzeichen sollten Warnungen für Sie sein. Schließlich sollten die anfallenden Kosten detailliert in einem Implementierungsplan dargelegt werden können.

---

[24] Aber achten Sie darauf, Ihre Zeit nicht durch unnötig lange Evaluierungen zu verschwenden! Jedes Verfahren, jedes Werkzeug hat Vor- und Nachteile. Jeder renommierte Anbieter hat genügend Lizenzen bei Kunden erfolgreich im Einsatz. Nutzen Sie die anderen Kriterien, um Ihre Evaluierung auf einen oder maximal zwei Anbieter zu beschränken.

[25] Es ist zum Beispiel komplett uninteressant, ob ein Werkzeug zur visuellen Modellierung für Zustandsdiagramme den kompletten UML-1.3-Umfang erfüllt, wenn im Projekt keine Zustandsdiagramme verwendet werden sollen.

Derzeit gibt es nach Ansicht der Autoren, gestützt durch entsprechende Marktanalysen, wie zum Beispiel den IDC-Report [IDC2001a], nur einen Anbieter, der einer Überprüfung dieser Kriterien standhält. Es handelt sich hierbei um die amerikanische Firma Rational Software (NASDAQ: RATL). Die nachfolgende Übersicht geht im Überblick auf die zuvor aufgestellten Kriterien ein. Insbesondere ist Rational Software als einziger Anbieter in der Lage, den kompletten Softwarelebenszyklus mit Werkzeugen zu begleiten (siehe Abbildung 78). Versuche anderer Anbieter, in einem Konsortium einen vollständigen Ansatz zu liefern, sind bisher gescheitert[26].

Kriterium	Erfüllungsgrad
Vollständigkeit	Wie bereits im Text erwähnt, ist Rational Software derzeit am Markt das einzige Unternehmen, das die in Abbildung 78 gezeigten Aufgabestellungen alle abdeckt.
Renommee	Rational Software ist die „Heimat" der so genannten drei Amigos[27], den Vordenkern in Sachen UML. Gleichzeitig ist Rational eines der Unternehmen, das der OMG ein Prozessmodell zur Standardisierung vorgelegt hat.[28] Bei einem Jahresumsatz von 850 Millionen US-$ im Finanzjahr 2001 sind 160 Millionen US-$ in Forschung und Entwicklung investiert worden.
Unterstützung	Weltweit ca. 3800 Mitarbeiter, in Deutschland ca. 200 Mitarbeiter, ca. 2/3 der Mitarbeiter im technischen Bereich. Rational versteht sich nicht ausschließlich als Toolanbieter und kann produktunabhängig Assessments und Reviews durchführen.
Integrationen	Vielfältige Produktintegrationen zwischen sinnvollen Aufgaben (zum Beispiel Anforderungs-, Test-

---

[26] Zur CeBIT 2000 formierte sich zum Beispiel eine Fraktion von Herstellern, um ein Framework ähnlich der Rational Suite zu begründen: Strategic Software Development Factory (ssd-f). Bereits ein halbes Jahr nach der Ankündigung war es sehr ruhig um dieses Framework geworden. Zumindest hat diese Initiative belegt, dass Rational Software den richtigen Ansatz gewählt hat.

[27] Grady Booch, Ivar Jacobson, James Rumbaugh.

[28] OMG Standard SPEM – Software Process Engineering Meta Model. Im Original eingereicht durch Rational, IBM, Alcatel, Unisys, Fujitsu u. a. (http://www.omg.org/techprocess/meetings/schedule/SPEM_FTF.html).

Kriterium	Erfüllungsgrad
	und Änderungsmanagement).
Releasezyklen	Jeweils im Frühjahr und Herbst ein synchronisiertes Releasedatum aller Produkte und Integrationen.
Anwendbarkeit	Mehrere tausend Lizenzen bei mehreren tausend Kunden im Einsatz. Success Stories aus verschiedenen Branchen über die Webseite zugänglich.
Kostenaufstellung	Rational arbeitet gemäß den NASDAQ-Regeln nach einer einheitlichen Preisfindung mit festgeschriebenen Rabattregeln. Angebote von Rational beinhalten in der Regel komplette Implementierungspläne.

13.4
Die Rational Suite – ein vollständiger Werkzeugkasten

Die Rational Suite methodisch und technisch einzigartig

Die Rational Suite ist ein Werkzeugkasten, der sowohl einen methodischen Ansatz als auch die entsprechenden Hilfsmittel anbietet. Dies ist umso wichtiger, weil die meisten anderen Softwareentwicklungsprozesse rein theoretischen Charakter besitzen und damit in der Praxis häufig zum Scheitern verurteilt sind. Ivar Jacobson von Rational Software formulierte anlässlich der OOPSALA 2001 folgendes beachtenswerte Zitat:

„...jeder Prozess ohne Tool ist nicht mehr als eine akademische Idee."

Eine ähnliche formulierte Aussage traf Helmuth Benesch von der Siemens AG anlässlich seines Projektmanagement-Workshops während der GI-Informatik 1999 in Paderborn:

„Der erfolgreiche Einsatz des Projektmanagements setzt ausreichendes Problembewusstsein und die Kenntnis der Methoden und Hilfsmittel zur Lösung der anstehenden Aufgaben voraus."
[Ben1999]

Im Folgenden werden wir uns mit der Philosophie der Rational Suite auseinander setzen und die Bestandteile des Werkzeugkastens näher betrachten, um die Methoden und Hilfsmittel (= Werkzeuge) besser kennen zu lernen.

13.4.1
Die Philosophie der Rational Suite

Erinnern Sie sich noch an die Fragen, die wir ganz am Anfang des Kapitels gestellt haben? Und erinnern Sie sich noch an die Gemeinsamkeiten? Die Schlüssel zur Beantwortung waren verfügbare Informationen einerseits und daraus ableitbares Wissen andererseits.

Die Rational Suite löst eines der Grundprobleme in Softwareprojekten – Sie macht wichtige Projektinformationen explizit und einfach verfügbar; Informationen, die sonst nur implizit einzelnen Personen oder Gruppen zugänglich sind. Weiterhin gibt es seit Herbst/Winter 2001 eine Komponente in der Rational Suite, die es ermöglicht, automatisiert Metriken über den Projektfortschritt zu erstellen und auszuwerten. Diesem Teil der Philosophie hat Rational die Bezeichnung: „*Team Unifying Platform*" verliehen.

Nun gibt es aber in Projekten nicht nur Informationen/Wissen, das allen zugänglich sein muss, sondern auch solches, das nur für bestimmte Spezialisten relevant ist. Beispielsweise muss jemand, der einen Softwaretest plant, nicht notwendigerweise wissen, wie dieser implementiert und ausgeführt wird. Umgekehrt muss derjenige, der den Test realisiert sehr wohl die Existenz eines Testfalls kennen. Was wir also zusätzlich benötigen, sind spezialisierte Werkzeuge für bestimmte Rollen im Projektteam: „*Role-Based Solutions*".
Gemeinsam erlauben *Team Unifying Platform*" und *Role-Based Solutions*" einen einheitlichen Workflow inklusive automatischer Übergabe relevanter Informationen abzubilden, wie er sehr schematisch in der Abbildung 79 gezeigt ist.

Legen wir den in Abbildung 79 dargestellten Workflow zugrunde und versuchen wir die dort abgebildeten Aktivitätsblöcke auf die Aufgaben aus Abbildung 78 zu projizieren, so ergibt sich das in Tabelle 10 gezeigte Ergebnis. Bereits anhand dieses Vergleichs erkennt man, dass insbesondere der Aspekt der vollständigen Abdeckung der Aufgabenstellungen im Softwarelebenszyklus uneingeschränkt erfüllt ist.

Gemeinsame
Informationen
für's Team

Spezielle Informationen für Spezialisten

Vollständige Abdeckung von Aufgaben

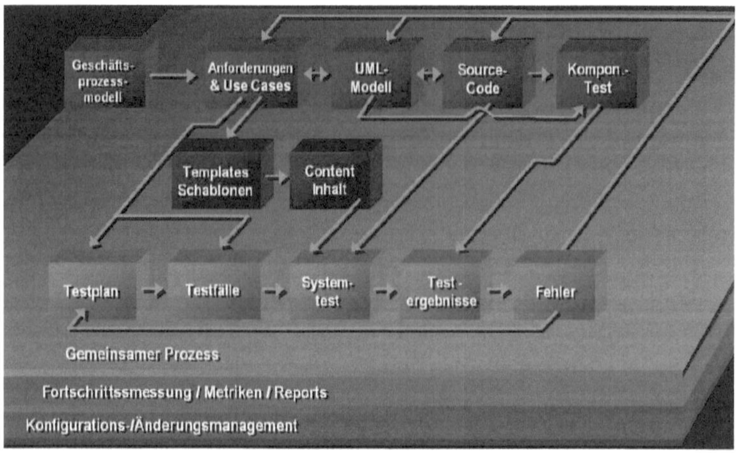

Aufgabe	Workflow-Element
Anforderungsmanagement	Geschäftsprozess Anforderungen
UML/Daten-Modellierung	Geschäftsprozessmodell UML-Modell Sourcecode-Generierung
Realtime-Modellierung	UML-Modell Sourcecode-Generierung
Content-Management	Template/Schablonen Content/Inhalt
Komponententests	Testplan Komponententest
Funktionales Testen	Testplan Testfälle Systemtest Testergebnisse
Konfigurations-/ Änderungsmanagement	Konfigurations-/ Änderungs-/ Fehlermanagement
Metriken/Reporting/ Dokumentation	Fortschrittsmessung Metriken Reporting
Entwicklungsprozess	Gemeinsamer Prozess

Am ehesten vergleichen kann man den Rational-Ansatz mit gängigen Office-Paketen, die sich bereits seit Jahren einer großen Beliebtheit erfreuen. Office-Pakete sind auf den Büroalltag eines Sachbearbeiters, einer Sekretärin, einer Dozentin, eines Buchhalters etc. zugeschnitten. Es gibt gemeinsame Bedürfnisse, die abgedeckt sein müssen (zum Beispiel Textverarbeitung, Tabellenkalkulation etc.), aber es gibt auch die spezialisierten Bedürfnisse (zum Beispiel Präsentationsvorbereitung, Datenbankapplikationen usw.) die fokussiert werden. Daraus ergeben sich Office-Pakete, die zum einen gemeinsame, zum anderen auch differenzierende Produkte enthalten. Die Rational Suite verfolgt die gleiche Philosophie, nur unterstützt sie den Alltag von Personen, die mit der Softwareentwicklung betraut sind.

13.4.2
Rational Team Unifying Platform

Man kann die Team Unifying Platform auch als Kommunikationsbasis eines Softwareprojektes bezeichnen. Hier werde alle projektrelevanten Informationen gesammelt, dokumentiert und stehen zum gemeinsamen Zugriff aller Projektbeteiligten bereit. Wenn man bedenkt, dass ein Großteil von Projektherausforderungen auf fehlender oder mangelhafter Kommunikation beruht[29], so löst die Idee einer gemeinsam zugreifbaren Plattform eines der grundlegendsten Probleme des Softwarealltags – Wo finde ich welche Information und ist diese noch aktuell?

Was aber gehört nun zu einer durchgängigen Informationsplattform dazu? Welche Informationen sollten alle Teammitglieder tagtäglich zugreifbar haben?

- **Allgemeine Vorgehensweise / Prozesse** im Projekt: Jedes Teammitglied muss die Teamkultur/-vision kennen und wissen, welche Arbeiten mit welchem Ergebnis von welchem Mitarbeiter geliefert werden.

- **Projektmetriken:** Wo stehen wir im Projekt? Das ist nicht nur eine Aufgabe, die den Projektleiter interessieren sollte, sondern

---

[29] Erlauben Sie sich einmal den „Spaß", sich von Ihrem Projektteam alle relevanten Spezifikationen in der aktuellen Version zeigen zu lassen. Dem Autor ist es mehr als einmal passiert, dass dieser Vorgang Stunden in Anspruch nimmt und gleiche Spezifikationsquellen in unterschiedlichen Versionsständen (ohne Versionshistorie und Datum) hervorgeholt werden – spätestens dann beginnt das große Raten!

auch die Mitarbeiter. Oft ist es sogar ein Motivationsfaktor, jedem im Projekt aktuell den Stand vermitteln zu können – zumindest in guten Projekten!

- **Reportingstrukturen/-richtlinien:** Jeder Entwickler hasst es und es gehört trotzdem zu seinem Projektalltag: Das Erstellen von Dokumentation. Diese Form des Reporting ist eine wichtige – zum Glück häufig automatisierbare – Aufgabe. Die Richtlinien müssen klar kommuniziert und Vorlagen verfügbar sein.

- **Anforderungen:** Alles was in einem Projekt realisiert wird, hat mit Anforderungen und ihrer Erfüllung zu tun. Nicht jeder schreibt Anforderungen, aber jeder arbeitet nach ihnen, um zum Projekterfolg beizutragen.

- **Änderungen / Fehler / Aufgaben:** Jedes Teammitglied muss in der Lage sein, aufgelaufene Änderungswünsche und Fehler einzusehen, die zu potenziellen Aufgabenzuweisungen führen können.

- **Testpläne / Testverfahren:** Testen wird in den weitaus meisten Projekten stiefmütterlich behandelt – dementsprechend ist es um die Qualität solcher Projekte bestimmt. Testpläne sollten möglichst früh und ausführlich bekannt sein.

- **Konfigurationen / Releasestände:** Gerade in iterativ inkrementellen Projekten werden häufig Softwarebuilds und -integrationen durchgeführt. Darum ist es extrem wichtig zu wissen, welches die aktuelle Baseline ist und welche Informationen zu welcher Baseline gehören.

Versucht man diese unterschiedlichen Aspekte zu klassifizieren, so ergibt sich eine Aufteilung in zwei große Bereiche: Projektmanagement und Projektinfrastruktur. Während die ersten drei Elemente in die Kategorie Projektmanagement fallen, rechnen wir die restlichen vier Punkte der Projektinfrastruktur zu.

13.4.3
Rational Role-Based Solutions

Bereits mit dem ersten Release der Rational Suite hat Rational eine für Projektteams typische Aufteilung von Rollen vorgenommen und diesen Rollen spezialisierte Werkzeuge an die Hand gegeben. Bei den ursprünglichen Rollen handelt es sich um folgende:

- **Analytiker**
  Der Analytiker ist die Schlüsselperson im Team, wenn es um die Ermittlung, Dokumentation und Modellierung von Anforderungen für das Projekt geht.

Aufgabenschwerpunkte:
- Anforderungsermittlung
- Modellierung von:
- Geschäftsprozessen,
- Datenbanken und
- Architekturen
- **Entwickler**
  Die Rolle des Entwicklers geht über die reine Aufgabe des Programmierens hinaus. Jeder Entwickler ist gleichzeitig Architekt, der die Anforderungen an sein Modul modelliert und daraus Codevorgaben generiert. Zusätzlich ist jeder Entwickler für die Qualität seiner Module zuständig, die er mit so genannten White-Box-Tests und Komponententests verifiziert.

Aufgabenschwerpunkte:
- Modellierung mit Codegenerierung
- Modellierung mit:
- Codegenerierung,
- Simulation und
- Debugging-Möglichkeiten bei der Entwicklung eingebetteter Echtzeitsysteme
- Qualitätssicherung durch White-Box-Testverfahren
- Qualitätssicherung durch Komponententests
- **Tester / (QS-Beauftragter)**
  Der Tätigkeitsschwerpunkt des Testers liegt in der Kontrolle der Produktqualität durch White-Box- und Black-Box-Testverfahren. Weiterhin hat er die Aufgabe, durch Last-, Stress- und Performancetests die Stabilität des Produktes unter realen Einsatzbedingungen sicherzustellen. Darüber hinaus ist er für die Planung der entsprechenden Testpläne zuständig.

Aufgabenschwerpunkte:
- Testplanung
- Qualitätssicherung durch White-Box-Testverfahren

- Qualitätssicherung durch Black-Box-Testverfahren
- Qualitätssicherung durch:
- Performance-,
- Last- und
- Stresstests
- **Content-Manager**
  Seit einiger Zeit erfreuen sich so genannte Content-Management-Systeme[30] einer gewissen Beliebtheit, sowohl im E-Business als auch im E-Commerce-Umfeld. Während in der traditionellen Client-Server-Welt Sourcecode programmiert wird, beschäftigt sich der Content-Manager mit dem Erstellen/Programmieren von Templates (Vorlagen) zur Erfassung und Darstellung von Inhalten über Web-Browser.

Aufgabenschwerpunkte:
- Planung von Templates zur Erfassung sowie Darstellung von Inhalten und Daten
- Programmierung der Templates
- **Projektleiter**
  Der Verantwortliche in der Rolle des Projektleiters interessiert sich im Wesentlichen für die Ergebnisse, die von seinen Mitarbeitern erzielt werden. Er hat ein wesentliches Interesse an der Aggregation dieser Information, um daraus das Wissen über den jeweils aktuellen Projektstand ableiten und entsprechende Maßnahmen / Planungen einleiten zu können (Trendanalysen).

Aufgabenschwerpunkte:
- Aggregation von Daten / Informationen
- Auswertung der Informationen
- Planung

---

[30] Im Deutschen findet man auch häufig die Bezeichnung Redaktionssysteme als Synonym.

13.4.4 Die Architektur der Rational Suite

Gemeinsame Plattform und Spezialisierung

In den vorangegangenen Abschnitten ging es um die beiden grundlegenden Ideen der Rational Suite: gemeinsame Informationen und spezialisierte Informationen für individuelle Rollen. Die Abbildung 80 fasst die Überlegungen schematisch zusammen.

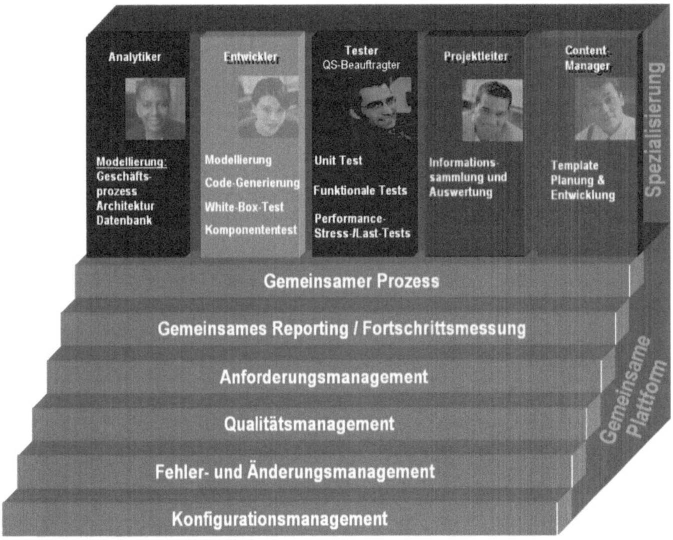

Abbildung 80: Rational Suite schematisch

Um eine solche Lösung real im Projektalltag einsetzen zu können, ist es notwendig, dass die einzelnen Aufgabenbereiche optimal durch Werkzeuge unterstützt werden. Durch Werkzeuge, die sich wiederum gegenseitig in einer Art und Weise unterstützen, dass ein nahtloses Arbeiten zwischen den einzelnen Bereichen ermöglicht wird.

Offene Architektur: Rational Suite Extensibility Interface

Marktführer Rational Software hat zu diesem Zweck eine offene Architektur entwickelt, die es ermöglicht, auf einzelne Informationsrepositories (wie sie Anforderungen, Testpläne, Modelle etc. darstellen) über eine gemeinsame Zugriffsschicht, die als Rational Suite Extensibility Interface (kurz: RSEI) bezeichnet wird, abstrahiert zuzugreifen. Dabei verwendet das RSEI die einzelnen Repository-APIs, um Client-Applikationen ebenso zu bedienen wie Komponenten, die die verfügbaren Informationen zu auswertbaren Projektmetriken aggregieren. Die Abbildung 81 stellt diesen Architektur-Blueprint dar.

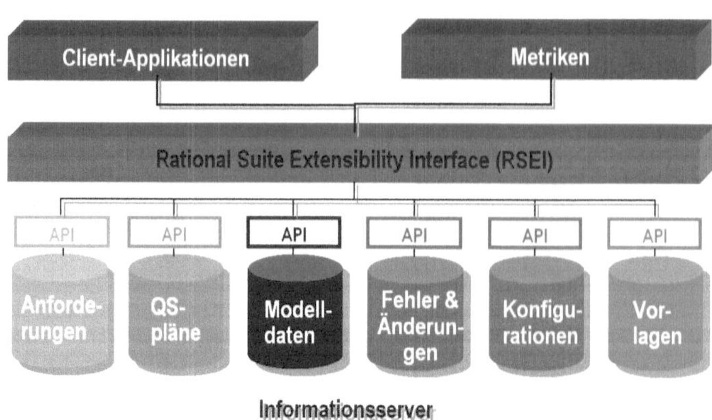

Abbildung 81:
Architektur der
Rational Suite

13.4.5
Suum cuique – jedem das Seine!

Rollenspezifi-
sche Werkzeuge

In Abschnitt 13.4.1 wurde die Rational Suite als Produkt mit Office-Paketen verglichen. Entsprechend gibt es unterschiedliche Ausprägungen / Zusammenstellungen der Rational Suite – jeweils angepasst auf die definierten Rollen (siehe Abbildung 80). Bevor wir im Einzelnen auf die Werkzeuge der Rational Suite eingehen, ist in der unten stehenden Tabelle 11 eine Zuordnung von Rollen zu Produkten aufgeführt.

Jedes dieser Pakete beinhaltet die Werkzeuge der gemeinsamen Kommunikationsplattform und die jeweils spezialisierten Werkzeuge, damit jede Rolle optimal ihre Aufgabe im Team und für sich selbst erledigen kann.

Tabelle 11:
Ausprägungen
der Rational
Suite

Rolle	Rational Suite-Produkt
Analytiker	Analyst Studio
Entwickler	Development Studio Development Studio Realtime
Tester / QS-Beauftragter	Test Studio
Content-Manager	Content Studio
Projektleiter	Team Unifying Platform
Generalist[31]	Enterprise Studio

---

[31] Der Generalist wurde nicht als separate Rolle vorgestellt. Ein Generalist ist in der Lage, alle spezialisierten Aufgaben zu erfüllen und ist damit Analytiker, Entwickler und QS-Beauftragter in einer Person.

  13 Wissen ist Macht – Vollständige Werkzeugunterstützung

13.5
Die Werkzeuge der Rational Suite

Bisher haben wir stark die methodisch, fachlichen Aspekte aus dem Blickwinkel typischer Aufgabenstellungen in einem Softwareentwicklungsprojekt betrachtet. Von nun an wird die tatsächliche Werkzeugunterstützung im Vordergrund stehen. Auch in diesem Abschnitt wird die Aufteilung *Team Unifying Platform* einerseits und *Role-Based Solutions* andererseits der Leitfaden sein.

Praktische Werkzeugunterstützung für Projekte

13.5.1
Werkzeuge der Team Unifying Platform

Die Werkzeuge der Team Unifying Platform sind in ihrer Summe Bestandteil jeder Rational Suite (siehe Tabelle 11) und bilden damit die Basis für den Projektbetrieb. Es sind generell zwei Kategorien von Werkzeugen zu unterscheiden:

- Die ersten drei Werkzeuge umfassen die Kategorie *Projektmanagement*,

- die übrigen fallen der *Projektinfrastruktur* zu.

13.5.1.1
Gemeinsamer Prozess: Der Rational Unified Process

Der Rational Unified Process (RUP) ist innerhalb weniger Jahre ein De-facto-Standard in der Softwareentwicklung geworden. Es handelt sich beim RUP um ein iterativ inkrementelles Prozessframework mit Fokus auf solide Softwarearchitektur und Funktionalität (spezifiziert durch Use Cases). RUP ist Methodik und Produkt in einem:

Projektmanagement: Rational Unified Process

- Im RUP werden Prozessaktivitäten *und* Techniken beschrieben, die helfen, einzelne Aktivitäten real in der Praxis umzusetzen (Guidelines, Mentoren, White-Papers etc.). Die Hilfestellungen in Form klarer Arbeitsanweisungen sind eine enorme Unterstützung für die Mitarbeiter.

- Der Einsatz von Werkzeugen zur Erzielung von Ergebnissen (Artefakte genannt) ist detailliert beschrieben (Werkzeug-Mentoren, Vorlagen für Artefakte). Darüber hinaus können die Werkzeuge über eine *Extended Help* genannte Funktionalität direkt in die Prozessbeschreibung verweisen.

• Der RUP ist ein konsistenter Prozess, der in Form von Rollen-
konzepten klare Zuständigkeiten vereinbart. Jeder Mitarbeiter
kann direkt von seinem Arbeitsplatz das Online-Prozesshandbuch
einsehen (siehe Abbildung 82).

• Jeder Mitarbeiter kann direkt über die Onlinedokumentation ermitteln, warum er ein bestimmtes Artefakt erstellt und wer dieses
als Eingangsinformation benötigt. Das schafft klare Schnittstellen
im Projektteam und nach außen zum Auftraggeber.

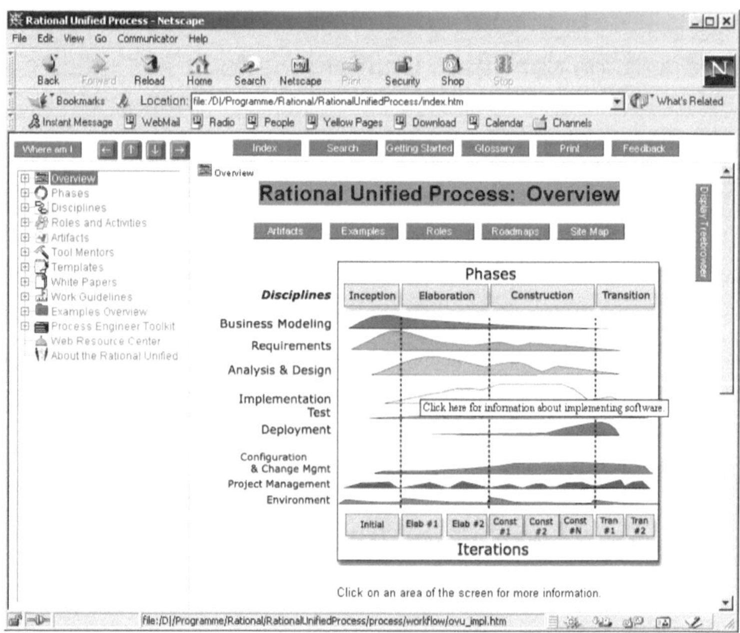

Abbildung 82:
Der Rational
Unified Process

13.5.1.2
Anpassbarkeit des Prozessframeworks

Der Rational Unified Process ist vorkonfiguriert für Standardprojek-
te und kleine Projekte (leichtgewichtiger Prozess), kann aber jederzeit auf spezielle Projekttypen (E-Business, Medizin etc.), besondere
Unternehmensvorgaben oder auch Technologie-/Werkzeugaspekte
angepasst werden. Die komponentenbasierte Architektur des Produktes RUP ist so gewählt, dass spezifische Anpassungen leicht
implementierbar sind.

Mit dem Produkt RUP-Builder lassen sich die einzelnen Komponenten des Rational Unified Process einfach zu einem gesamten
Prozess konfigurieren (siehe Abbildung 83).

Die Plug-ins zum Basisprozess ergänzen oder überschreiben bestimmte Prozesskomponenten. Die Entwicklung der Plug-ins kann
mit der Rational Process Workbench erfolgen. Diese Workbench
ermöglicht es, die Prozesserweiterung respektive -änderung grafisch
zu modellieren und als Plug-in-Komponente zu erzeugen[32].

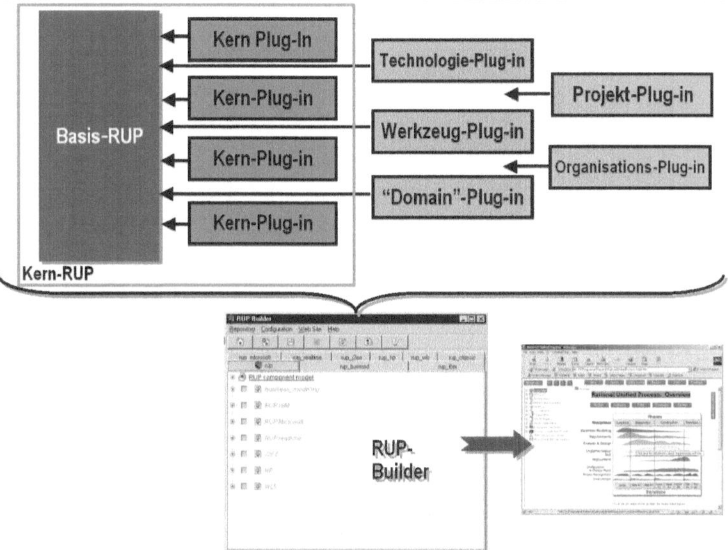

Abbildung 83:
Prozesskonfiguration mit dem RUP-Builder Konfiguration konsistenter Prozesse

Dabei achtet der RUP-Builder darauf, dass der (konfigurierte) Prozess als Ganzes konsistent ist, und weist auf inkonsistente Zustände
hin (siehe Abbildung 84).

---

[32] Die Rational Process Workbench ist ein Add-in zum visuellen Mo-
dellierungswerkzeug Rational Rose.

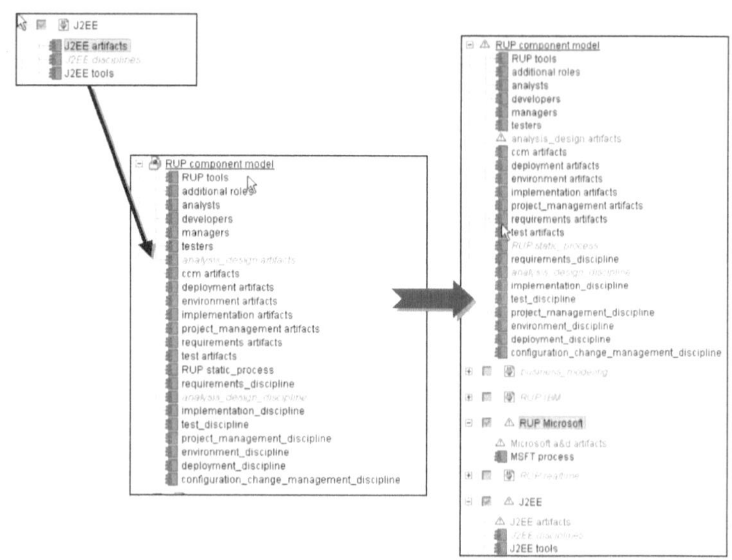

13.5.1.3
Gemeinsames Reporting: Rational SoDA

Projekt-
management:
Reporting

Das zweite Werkzeug in der Kategorie Projektmanagement ist ein Reportingwerkzeug: Rational SoDA[33]. Es ermöglicht jedem Teammitglied die einfache Erstellung von Berichten / Dokumentationen über den aktuellen Arbeitsstand. Damit entfallen lästige, zeitaufwendige und kostenintensive Handarbeiten, um beispielsweise aus diversen Werkzeugen per Copy & Paste die gewünschten Informationen in ein Word-Dokument o. Ä. zu bringen.

Berichte als
automatisierte
Snapshots

Die Grundidee von SoDA entspricht der, die wir bei so genannten Reportgeneratoren für Datenbanken (zum Beispiel Seagate Crystal-Reports) finden. Auf der einen Seite wird festgelegt, welche Daten / Informationen in den Bericht laufen sollen, auf der anderen Seite wird das gewünschte Layout ausgearbeitet. Die so erstellte Reportvorlage kann dann jederzeit automatisiert gegen den aktuellen Datenbestand generiert werden. Das Ergebnis ist ein jeweils aktueller Snapshot der Situation. Die Abbildung 85 zeigt diesen Vorgang im Überblick.

SoDA erspart
aufwendige
Handarbeit

Rational SoDA arbeitet über das in Kapitel 13.4.4 beschriebene RSEI und ist damit in der Lage, aus allen Rational-Werkzeugen Informationen abzurufen, so dass zu jedem Zeitpunkt ein aktuelles

---

[33] SoDA = **S**oftware **D**ocumentation **A**utomation

 ■ *13 Wissen ist Macht – Vollständige Werkzeugunterstützung*

Abbild des Projektes gewonnen werden kann. Jeder, der schon einmal aufwendig Projektdokumentation zu erstellen hatte, wird dies sicherlich zu schätzen wissen.

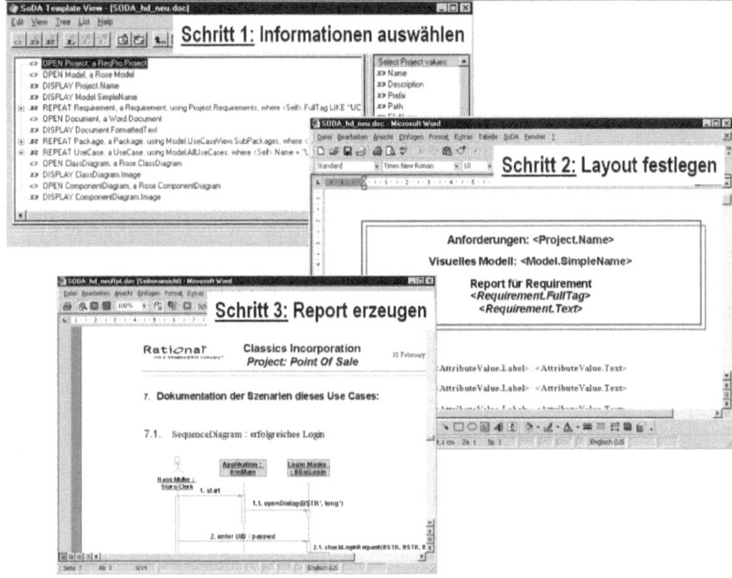

Abbildung 85:
Reports mit
SoDA erstellen

Darüber hinaus bietet SoDA auch die Möglichkeit, andere Datenquellen (zum Beispiel Microsoft Project, Microsoft Word, Grafik-/Textdateien etc.) in einen Report mit einzubeziehen, so dass ein insgesamt rundes Dokumentationsbild entsteht. SoDA arbeitet wahlweise mit Microsoft Word oder mit FrameMaker.

13.5.1.4
Fortschrittsmessung/-kontrolle: Rational ProjectConsole

Eines der interessantesten Werkzeuge der Rational Suite ist mit Sicherheit die Rational ProjectConsole. Im Gegensatz zu den übrigen Werkzeugen ist die ProjectConsole ausschließlich als Produkt in einer Rational Suite enthalten und nicht als Point Product[34] erhältlich.

---

[34] Die Firma Rational Software vertritt die Philosophie, neben hochintegrierten Lösungen wie der Rational Suite auch hochwertige Einzelprodukte (Point Products) anzubieten.

Mit der ProjectConsole ist es möglich, automatisiert Daten und Metriken über den Projektstatus zu sammeln und zu visualisieren. Die Architektur der ProjectConsole ist schematisch in der Abbildung 86 dargestellt. Aus Gründen der Übersichtlichkeit wurden die Informationsserver (siehe Abbildung 81) weggelassen.

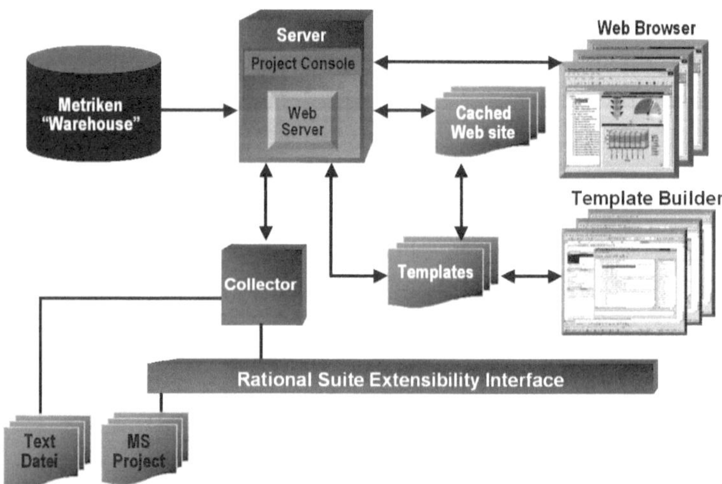

Ein Collector sammelt die projektrelevanten Daten über das RSEI und die zusätzlichen Quellen wie zum Beispiel Textdateien etc. Über die ProjectConsole werden diese Daten in einem Data Warehouse für die Erstellung und Auswertung von Metriken abgelegt, um beispielsweise Trendanalysen durchführen zu können. Gleichzeitig dient die ProjectConsole dazu, festzulegen, was gesammelt wird (Collector-Konfiguration) und wie die Daten dargestellt werden (Template-Builder). Schließlich bedient die ProjectConsole einen Web-Server, der ein Web-Portal für das Projekt realisiert und Wissen über das Projekt via Internet-Browser zur Verfügung stellt.

Die ProjectConsole löst also eines der größten Dilemmas in der Softwareindustrie, indem es die Frage nach dem Projektstand, dem Fortschritt und einer Trendanalyse beantwortet (eine Beispielauswertung ist in Abbildung 87 dargestellt).

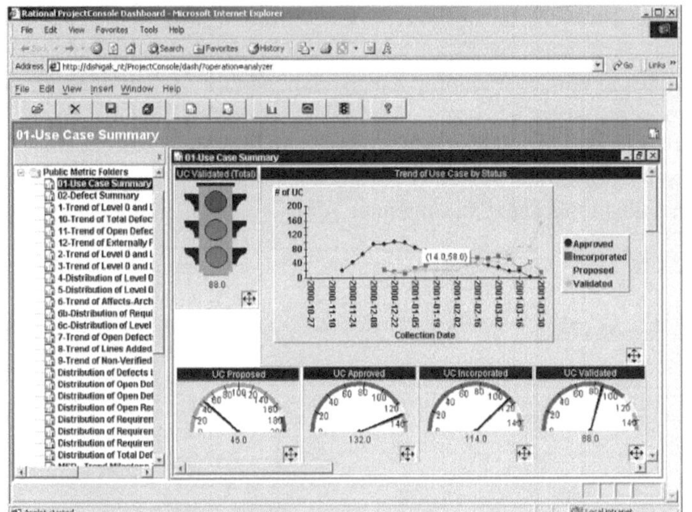

Abbildung 87:
Trendanalyse
mit der Project-
Console

Hierdurch sind im Projektbetrieb folgende Punkte sofort erreichbar:

- Unterstützung der Entscheidungsfindung im Projektmanagement auf Basis eines aktuellen Zahlenmaterials

- Zeit und Kosteneinsparung durch eine zentrale, automatisierte und konsistente Datensammlung

- Effizienzsteigerung im Team durch stetige Verfügbarkeit aktueller Informationen

- Lernen für zukünftige Projekte durch einfache Analyse existierender Projektdaten

Die ProjectConsole entpuppt sich damit als *das* Werkzeug schlechthin für den Projektleiter, der das Zahlenmaterial als Grundlage für sein fortlaufendes Projektmanagement heranziehen muss und nun endlich auch kann.

13.5.1.5
Anforderungsmanagement: Rational RequisitePro

Rational RequisitePro ist ein Werkzeug zur Erfassung, Archivierung und Parametrisierung von Anforderungen. Die Idee von RequisitePro besteht darin, Spezifikationen, die meist in Form großer und damit unhandlicher Word-Dokumente vorliegen, durch Strukturierung für die Projektplanung überhaupt erst handhabbar zu machen.

Das Problem in der Praxis des Anforderungsmanagements liegt meist darin, dass ein Dokument als Vehikel zum Transport einer Anforderung zunächst einmal als ausreichend empfunden wird. Im weiteren Projektverlauf wachsen und verändern sich die Dokumente. Informationen in einem 300-seitigen Dokument sind nachweislich schwer auffindbar. Ebenso ist die Versionshistorie bezogen auf ein gesamtes Dokument zu ungenau.

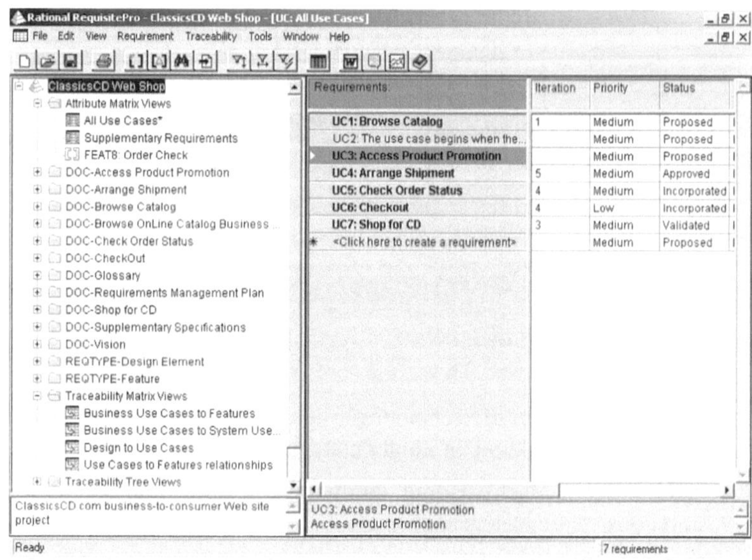

Die Granularität, auf der eigentlich gearbeitet werden müsste, ist die Anforderung, nicht das Dokument. Genau genommen ist das Dokument unwichtig, es dient ausschließlich als logischer Container und damit als Transportvehikel.

Dieser Idee folgend verbindet RequisitePro den natürlichen Ansatz, Dokumente als Container für Anforderungen zu verwenden, die tatsächlichen Anforderungen hingegen als frei definierbare eigene Entitäten zu betrachten (Abbildung 88 und Abbildung 89).

Was zeichnet nun die Arbeit mit RequisitePro gegenüber einer traditionellen Arbeitsweise nur mit Dokumenten, Tabellen oder anderen proprietären Ansätzen aus?

- *Klassifikation von Dokumenten in Dokumenttypen:* Der Inhalt von Dokumenten lässt sich schon aus dem Dokumenttypen ablesen (zum Beispiel Use-Case-Dokument oder Testplan), d.h., das Wiederauffinden von Informationen wird stark erleichtert.

* *Klassifikation von Anforderungen in Anforderungstypen:* Wir kennen eigentlich nicht *pauschal* die Anforderung. Anforderungen sind technischer oder nichttechnischer Natur, beziehen sich auf die Funktionalität oder die Architektur etc. Durch klassifizierte Anforderungen wird die Übersichtlichkeit sämtlicher Anforderungen fokussiert.

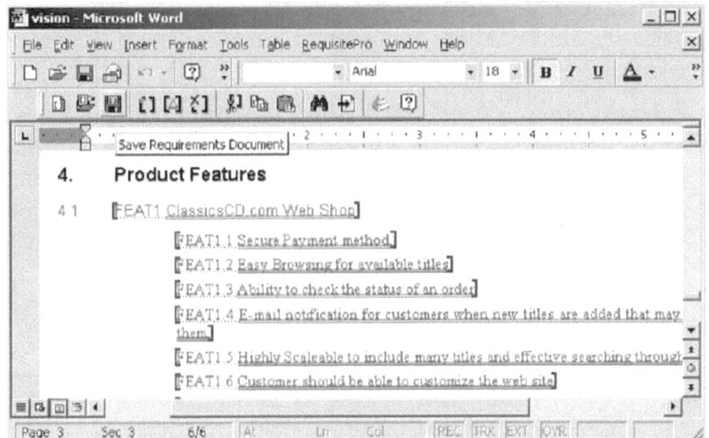

Abbildung 89: Dokument als Anforderungscontainer

* *Parametrisierung von Anforderungen:* Aus reinen Dokumenten gehen zusätzliche Informationen, die eine Anforderung ausmachen oft nicht hervor oder sie würden das Dokument unlesbar machen. Beispiele für wichtige Parameter sind Priorität, Stabilität, Autor, Verantwortlicher etc.

* *Historisierung von Anforderungen:* Oft ist es wichtig zu wissen, wann, wer, welche Änderungen an einer Anforderungen durchgeführt hat. Ohne Repository-Unterstützung ist diese Aufgabe nicht realisierbar. RequisitePro ermöglicht einen einfachen Zugriff auf die Änderungshistorie einer einzelnen Anforderungen, aber auch ganzer Dokumente und Projekte.

* *Abhängigkeiten zwischen Anforderungen:* Häufig sind Anforderungen in der Realität miteinander verknüpft. Verknüpfungen lassen sich in Dokumenten so gut wie nicht und in Tabellen nur mit hohem manuellem Aufwand darstellen. In RequisitePro lassen sich Abhängigkeiten zwischen beliebigen Anforderungen und Anforderungstypen herstellen und einfach warten.

Strukturierte Aufnahme von Anforderungen

- *Traceability-Sichten:* In der Fachliteratur werden Abhängigkeiten zwischen Anforderungen auch als *Traceability* bezeichnet. Wichtig ist eine zusammenfassende Sicht über Abhängigkeiten, um Aussagen über die Auswirkungen von Änderungen an einer Anforderung in einer Kette von (abhängigen) Anforderungen treffen zu können.

- *Abfragen und Statistiken:* Können Sie aus einem Dokument auf Knopfdruck die wichtigsten Anforderungen mit hoher Stabilität für das Release 2.0 ihrer Applikation herausfiltern? Da RequisitePro alle Anforderungen zusätzlich in einem Datenrepository hält, sind solche Abfragen als wichtiges Momentum für die Projektplanung jederzeit möglich.

- *Zentralisierung von Informationen:* Oft scheitern Projektleiter an der vermeintlich leichten Aufgabe, alle Spezifikationen in ihrer aktuellsten Fassung innerhalb einer Stunde zusammenzustellen. In RequisitePro werden Dokumente und Anforderungen zentral verwaltet. Damit entfällt das lästige und kostenintensive Suchen von Daten.

- *Dezentrales Arbeiten:* Obwohl RequisitePro Informationen zentralisiert, ist ein konsistentes dezentrales Arbeiten über Web-Clients respektive *Offline-Authoring* – Möglichkeiten integraler Bestandteil.

- *Integration mit dem Änderungsmanagement:* Anforderungs- und Änderungsmanagement sind sehr eng miteinander verknüpft. Während Änderungen den Stimulus für Änderungen liefern, müssen sich diese Änderungen auch in den (aktualisierten) Anforderungen niederschlagen. Daher bietet RequisitePro eine Schnittstelle zum Änderungsmanagementwerkzeug ClearQuest.

- *Integration mit dem Konfigurationsmanagement:* Oft wird in der Softwareentwicklung von Baselines in Zusammenhang mit dem Release eines Produktes gesprochen. Gemeint ist damit eine gemeinsame, funktionierende Version des Sourcecodes. Vergessen wird dabei, dass zu diesem Softwarestand auch ein Stand der Anforderungen (und anderer Artefakte) gehört. Baselines der Anforderungen können mit ClearCase erstellt werden und sind wichtige zu einem Release untrennbar zugehörige Informationen.

Anforderungsmanagement ist eine der tragenden Kommunikationssäulen im Projekt (nicht nur im IT-Projekt!) und wird immer noch zu häufig mit nicht adäquaten Mitteln durchgeführt. RequisitePro bietet eine schnell erlernbare Alternative an, weil Word als Front-End-Editor dem Autor und den Verwendern von Anforderungen geläufig ist. Das steigert sowohl die Akzeptanz als auch die Geschwindigkeit bei der Einarbeitung. [Ver2001] enthält unter anderem eine nähere Beschreibung der Arbeit mit RequisitePro.

13.5.1.6
Qualitätsmanagement: Rational TestManager

Testmanagement ist in vielen Projekten eine extrem gewünschte Disziplin, die meist an der konkreten Umsetzung scheitert. Der Rational TestManager ist die zentrale Instanz im Rational Produktportfolio, um die Qualität in einem Projekt zu ordnen.

Der zentrale Ausgangspunkt ist die Erkenntnis, dass Testen nicht erst in späten Projektphasen beginnen darf, sondern von Anfang an ordentlich vorbereitet werden muss. Zu spätes Testen führt in aller Regel dazu, dass fundamentale Fehler, die gefunden werden, nicht sinnvoll rückgängig gemacht werden können (bestes Beispiel: Performance-Engpässe sind fast ausschließlich auf Architekturschwächen zurückzuführen. Werden sie zu spät erkannt, ist ein Gegensteuern nicht mehr möglich).

Der TestManager organisiert und automatisiert deshalb vier wichtige Bereiche der Qualitätskontrolle und -sicherung (siehe Abbildung 90):

- *Testvorgaben / Testanforderungen:* Im Vordergrund steht hier das „*Was*". Was muss eigentlich getestet werden? Aus welchen Quellen kommen die Anforderungen für die durchzuführenden Tests? Über so genannte *Input-Adapter* ist der TestManager in der Lage, zum Beispiel Anforderungen aus RequisitePro oder aus Rose-Modellen direkt zu übernehmen und mit Testfällen zu verlinken. Das heißt dass sehr viele Informationen, die bereits gesammelt und dokumentiert worden sind, effektiv weitergenutzt werden können.

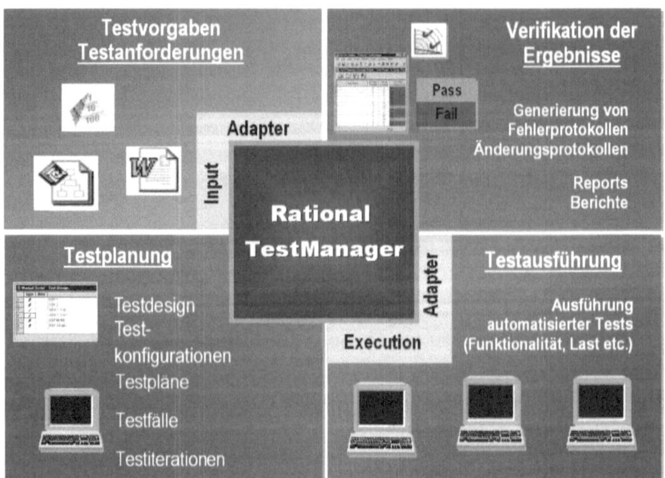

Abbildung 90:
Aufgaben des
TestManagers

Organisation der
Testplanung

- *Testplanung*
  Wer Tests frühzeitig plant, der muss folgende Einzelaspekte rechtzeitig berücksichtigen und entsprechend vorsehen:

- Testpläne beantworten, welcher Umfang getestet werden muss.

- Testiterationen sagen aus, wann etwas getestet werden muss. Gerade bei iterativ inkrementellen Projekten ist es wichtig zu wissen, an welchem Release was getestet werden soll.

- Testdesign bestimmt, wie eine Testausführung aussehen soll. Ob es sich um einen manuellen oder automatisierten Test handelt, etc.

- Testfälle sind konkrete Beschreibungen, was im Einzelnen getestet werden soll. Sie verlinken direkt auf die Implementierung des jeweiligen Testfalls.

- Testkonfigurationen belegen, für welche technische Konfiguration (Hardware/Software) ein Test gedacht ist, und sichern somit auch die Reproduzierbarkeit von Ergebnissen.

Durchführung
von Tests

- *Testausführung*
  Die tatsächliche Implementierung von Testfällen und ihre Ausführung kann unterschiedlicher Natur sein, je nachdem, um was für einen Testfall es sich handelt. Tests können eine manuelle Ausführung notwendig machen (zum Beispiel mechanisches Ein-/Ausschalten einer Systemkomponente), ebenso können Tests als automatisierte Fälle ausgelegt sein.

- *Ergebnisverifikation*
  Da wir nicht um des Testens Willen testen, sondern um die Ergebnisse auswerten zu können, verfügt der TestManager schließlich über eine Komponente, die es ermöglicht, durchgeführte Tests auszuwerten (erwartetes Ergebnis vs. erzieltes Ergebnis). Weichen Soll und Ist voneinander ab, können detaillierte Fehlerreports direkt in das entsprechende Trackingwerkzeug (ClearQuest) überführt werden. Gleichzeitig können über den aktuellen Stand der Testplanung vs. Testdurchführungen diverse Reports erstellt werden, die über die Gesamtprojektqualität Aussagen machen können.

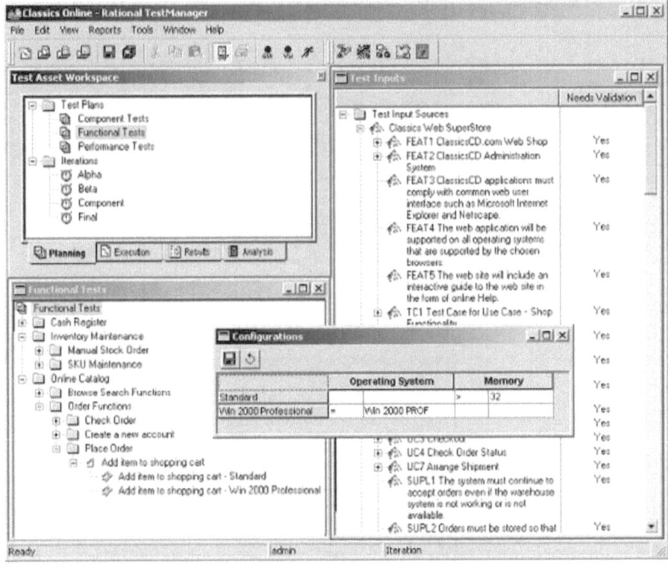

Der Rational TestManager ist nicht nur ein Werkzeug für die Rolle des Testers. Qualitätssicherung ist eine Aufgabe, die sich jeder im Team auf die Fahne schreiben sollte. Durch seinen übersichtlichen Aufbau und die Reportfähigkeiten kann jedes Teammitglied sich schnell und informativ über die Qualitätssicherungsmaßnahmen im Projekt kundig machen (siehe Abbildung 91).

13.5.1.7
Fehler-/Änderungsmanagement: Rational ClearQuest

Was scheuen Projektleiter wie der Teufel das Weihwasser? Und was lässt sich trotzdem nicht vermeiden? Änderungen in den Projektanforderungen! Genau genommen sind Änderungen gar nicht einmal das Problem. Es ist vielmehr der unkontrollierte Prozess, mit dem Änderungen typischerweise in den Projektalltag einziehen.

Veränderungen sind die Hauptquelle für Budget- und Zeitüberschreitung, weil einerseits der Änderungsumfang zu Beginn eines Projektes nur schlecht budgetiert werden kann, andererseits oft vertraglich nicht klar ist, wie mit Änderungen umgegangen wird. Ab welchem Zeitpunkt kann/muss nachbudgetiert werden? Welche Änderungen sind durch das ursprüngliche Budget noch abgedeckt? Wie stellt man überhaupt fest, was eine Änderung ist? Welche Anforderungen sind von einer Änderung betroffen? Was muss getan werden, um eine Änderung zu bearbeiten?

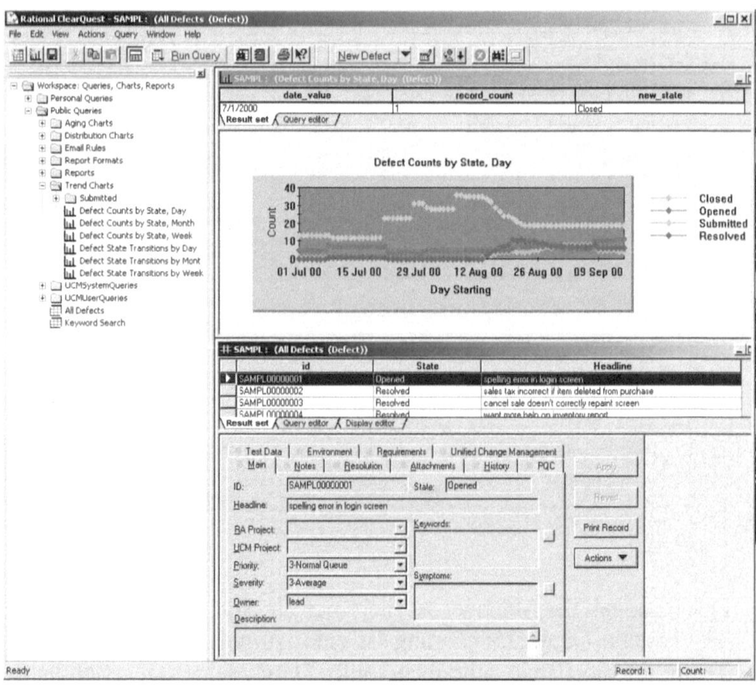

Abbildung 92:
Rational
ClearQuest

Änderungen sind unvermeidlich, aber protokollierbar

Ein Werkzeug zur systematischen Erfassung und Bearbeitung von Änderungen, das gleichzeitig die betroffenen Anforderungen (in RequisitePro) referenzieren kann, ist Rational ClearQuest.

Änderungen können ebenso wie Fehler ein „Projektkiller" sein! Auch hier ist es genau genommen nicht der Fehler an sich, der Probleme macht, sondern vielmehr der Umgang mit ihm. Unter welchen Umständen tritt ein Fehler auf? Ist er reproduzierbar? Unter welchen Bedingungen? Welche Symptome sind zu finden? Wie sieht der Workflow aus, mit dem ein Fehler beseitigt wird? Wie groß ist der

13 Wissen ist Macht – Vollständige Werkzeugunterstützung

Workload bei der Fehlerbeseitigung? Ist eine Zunahme von Fehlern im Projekt erkennbar?

Man kann streng genommen auch behaupten, dass Fehler eine Art von Änderungswunsch sind. Nämlich eine Änderung, die das gewünschte Verhalten des Produktes herbeiführt. Die Fragestellungen sind vergleichbar, die konkreten Workflows und die zu erhebenden Daten zur Bearbeitung sind ähnlich, wenn auch im Kern unterschiedlich. Rational ClearCase trägt dieser Erkenntnis Rechnung, indem es frei definierbare Datenrecords (zum Beispiel ChangeRequest, Defect) mit frei festlegbaren Workflows erlaubt.

Was Fehlermeldungen und Änderungsanträge gemeinsam haben, ist die Tatsache, dass sich aus beiden Aufgaben ableiten lassen. Aufgaben, die mit bestimmten Aktionen verbunden sind und bei Softwareprojekten in aller Regel zu Änderungen der Sourcecode- und Informationsbasis (zum Beispiel Anforderungen) führen. Es wäre also wünschenswert, die Änderungen an Informationen und Sourcecode in Zusammenhang mit einer Aufgabe zu protokollieren (so genannte Change Sets). Dieser Prozess wird im Hause Rational als Unified Change Management (UCM) bezeichnet und wird uns im folgenden Abschnitt 13.5.1.8 noch einmal begegnen.

Rational ClearQuest nimmt sich unter anderem der folgenden Probleme an, die sich häufig in der Praxis finden lassen:

- Immer wieder auftauchende Fehler sind ein bekanntes Phänomen, das in Regressionstests enttarnt wird. Sie können insbesondere entstehen, wenn nicht bekannt ist, in welchem Release ein Fehler behoben worden ist. Gleichzeitig werden häufig Fehlersymptome und Lösungsansätze nicht ordentlich dokumentiert.

- Eine niedrige, nicht genau identifizierte bzw. identifizierbare Produktqualität stellt ein großes Problem dar, das durch werkzeugunterstützte Aufnahme erkannt werden kann. Mittels ClearQuest können sehr übersichtlich Reports und Ansichten gemeldeter und nicht behobener Fehler erzeugt werden, um daraus einen Qualitätsstatus abzuleiten.

- Die Feststellung des Projektstatus ist das schon so häufig erwähnte Standardproblem. Wie viele Änderungen sind vom Auftraggeber eingeflossen? Lässt sich ein Trend ablesen? Hängt die Behebung von Fehlern hoffnungslos hinter dem Gesamtprojekt zurück? Dies sind Fragen, die sich durch standardisierte Abfragen und Berichte ebenfalls schnell ermitteln lassen, sofern das zu Grunde liegende Datenmaterial erfasst wird (siehe Abbildung 92).

- Die reduzierte Effizienz und Produktivität entsteht dann, wenn nicht bekannt ist, wer wann welche Aufgabe zu erledigen hat, also der entsprechende Workflow zur Bearbeitung von Änderungen unklar kommuniziert ist. Mit ClearQuest kann der Projektleiter Aufgaben zuweisen und jeder Mitarbeiter über seine eigenen To-Do-Listen effizienter seine eigenen Aufgaben proaktiv einsehen.

Einbeziehung des Kunden

- Die Kommunikation mit dem Kunden / Auftraggeber muss effizient und vor allem nachvollziehbar und dokumentierbar sein (Verträge!). Ggf. ist es sinnvoll, dem Kunden bestimmte Informationen und Auswertungen (zum Beispiel Anzahl gestellter Änderungswünsche, durchschnittliche Problemlösungszeit) zugänglich zu machen. Der Projektfluss lässt sich außerdem vereinfachen, wenn der Kunde Fehler und Änderungen standardisiert melden kann. Daher verfügt ClearQuest über ein Web-Interface (Meldungen und Abfragen) sowie über die Möglichkeit, Informationen, die per E-Mail eingehen, automatisch in den Datenbestand einzusortieren.

Anpassbare Workflows

- Änderungsworkflows können in der Praxis sehr unterschiedlich aussehen. Ein unterstützendes Werkzeug muss wie ClearQuest sehr flexibel sein, um die jeweiligen Arbeitsabläufe abbilden zu können.

Kosteneinsparung durch Informationswiederverwendung

- Wiederverwendung von Informationen ist ein wichtiges und bekanntes Thema für Softwareprojekte. ClearQuest kann beispielsweise die Fehler, die mit Testwerkzeugen (zum Beispiel Robot, PurifyPlus) gefunden worden sind, mit genauer Fehlerbeschreibung automatisiert erfassen. Außerdem kann ClearQuest aus Aufgaben ebensolche in Microsoft Project erstellen und erspart auch hier zusätzliche Arbeiten durch Mehrfacherfassung. Rational ClearQuest ist eines der zentralen Werkzeuge der Rational Suite und ein wichtiges Medium besonders für Projektleiter.

13.5.1.8
Konfigurationsmanagement: Rational ClearCase (LT)

Projektinfrastruktur: ClearCase

Stellen Sie sich einmal vor, Sie müssten ihr gesamtes Vermögen zu Hause behalten, weil es keine Banken zur sicheren Verwahrung gibt. Wie würden Sie es unterbringen? Draußen in einem schlecht gesichertem Gartenhaus? Oder doch lieber im Kellerregal? Vielleicht besser in einem Metallschrank verschlossen? Noch besser in einem stark gesicherten Tresor? Die Wahl wird Ihnen sicherlich nicht schwer fallen, oder doch?

Das Betriebskapital von Softwarefirmen und von IT-Projekten ist letztes Endes immer der Sourcecode, ergänzt um alle anderen elektronischen Artefakte, die die Komplementärinformation zu einem Produktrelease beinhalten. Gehen diese Informationen verloren oder verlieren wir den Überblick über sie, sind ganze Projekte schnell fundamental gefährdet.

Konfigurationsmanagementsysteme schützen den Sourcecode einerseits vor unberechtigten Zugriffen, andererseits bringen sie Ordnung in iterativ inkrementell wachsende Projekte, in denen ggf. verschiedene Kundenreleases parallel an mehreren Standorten entwickelt und gepflegt werden. Entsprechend wichtig ist die Auswahl des richtigen KM-Systems. Analog zum obigen Beispiel der Vermögensverwahrung gibt es KM-Systeme in unterschiedlichen Qualitätsstufen: kostenfreie Varianten im Public-Domain-Sektor[35], Low-Cost/Low-End-Werkzeuge[36], High-End-Werkzeuge.

Rational ClearCase ist einem IDC-Report zufolge seit Jahren eines der erfolgreichsten und professionellsten KM-Systeme am Markt [IDC2001b] und in der Rational Suite in der Basisversion ClearCase LT bereits enthalten. Die wichtigsten Eigenschaften von ClearCase (siehe Abbildung 93) sind:

- *Versionierung / Parallele Entwicklung:* Mit ClearCase lassen sich sämtliche relevanten Dateien inklusive der zugehörigen Verzeichnisse versionieren. Für die gängigsten Dateitypen existieren Programme, die in der Lage sind, unterschiedliche Versionen von Dateien miteinander zu vergleichen (zum Beispiel ASCII, Rose-Modelle, Word-Dokumente, HTML, XML). Damit wird nicht nur die Rolle des Entwicklers durch ClearCase abgedeckt, sondern auch die Bedürfnisse anderer Projektmitglieder (*Cross-Functional*). ClearCase adressiert nämlich eine Unterstützung aller im Lebenszyklus eines Projektes anfallenden elektronischen Artefakte, im Gegensatz zu vielen anderen KM-Systemen. Unterschiedliche Entwickler können, ohne sich gegenseitig zu stören, parallel an ein und derselben Datei arbeiten und ihre Arbeitsergebnisse später zu einem gemeinsamen Stand integrieren. So lassen sich effektiv verschiedene Releasestände parallel warten und weiterentwickeln.

Sicherung des Betriebskapitals von Projekten

KM-Systeme schützen und organisieren

Marktführer: ClearCase

Versionierung von Dateien und Verzeichnissen

---

[35] Die sich oft als wahre Kostenfalle entpuppen, wenn man die notwendigen Anpassungen und Administrationsaufwände genauer betrachtet.

[36] Oft stark im Versionsmanagement, aber schwach im Konfigurationsmanagement. Meist nur geeignet für kleinere, weniger anspruchsvolle Projekte.

Abbildung 93:
ClearCase-
Eigenschaften

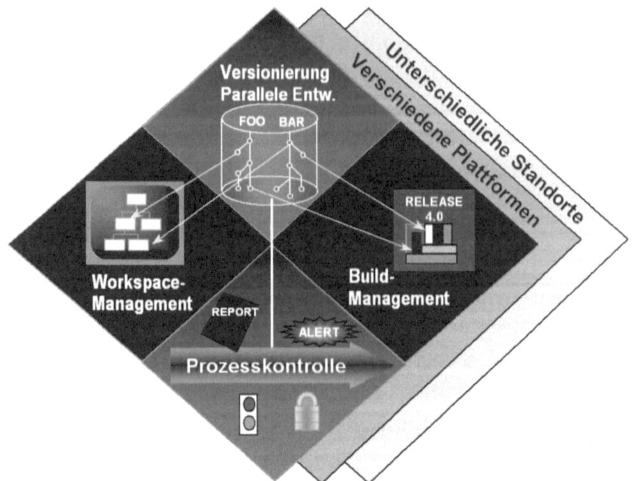

Einzigartiges
Workspace-
Management

- *Workspace-Management:* Jeder Entwickler arbeitet mit dem Versionsstand seiner Daten. Der zu verwendende Stand kann zentral über so genannte Profile vorgegeben werden, wodurch sich der Administrationsaufwand für den einzelnen reduziert.
Der Zugriff auf das Repository (Versioned Object Base – VOB genannt) erfolgt entweder über Snapshot-Views oder über Dynamic-Views. Snapshot-Views bilden das Standardverfahren typischer KM-Systeme ab. Die Daten werden vom Repositoryserver in einen Arbeitsbereich (Workspace) auf dem Rechner des Mitarbeiters kopiert. Dynamic-Views (nicht LT) bieten einen virtuellen Blick auf das Serverrepository. Daten werden erst dann lokal in den Arbeitsbereich kopiert, wenn sie lesend oder schreibend benötigt werden. Hierdurch wird die Netzwerklast und Wartezeit des Bearbeiters deutlich reduziert[37].

- *Build-Management (nicht ClearCase LT):* ClearCase ist in der Lage, die Erstellung von Applikationen zu optimieren[38] und genau zu protokollieren[39], so dass einerseits Zeit und Geld gespart werden und andererseits genau nachvollziehbar ist, welcher Source-

---

[37] Diese Technologie ist ein Alleinstellungsmerkmal von Rational ClearCase.

[38] Unter Verwendung von Bytecode, der ggf. bereits von anderen Teammitgliedern in ihrem Arbeitsbereich kompiliert worden ist.

[39] Bill-of-Material zeigt genau, was zum Releasebau verwendet worden ist.

code in ein Kundenrelease gelaufen ist (Optimierung von Pflege/Wartung).

- *Prozesskontrolle:* Neben einem Standardprozess (Unified Change Management, siehe unten) bietet ClearCase viele Möglichkeiten, über Trigger und ähnliche Mechanismen einen eigenen Prozess zu konfigurieren. Dabei werden die Mechanismen an Aktionen des KM-Systems gebunden (zum Beispiel Check-in, Add-to-Source-Control etc.)

- *Verschiedene Plattformen:* ClearCase unterstützt die gängigen Windows- und LINUX/UNIX-Umgebungen, ist Cross-Plattform-fähig und damit breit einsetzbar.

- *Unterschiedliche Standorte (nicht ClearCase LT):* Ein Add-on zu ClearCase ist eine Komponente, die als ClearCase MultiSite bezeichnet wird. MultiSite ist in der Lage, Replikationen von Dateirepositories an verteilten Standorten, die nicht online verbunden werden können, durchzuführen. Damit reduziert sich der Organisationsaufwand für Gemeinschaftsprojekte über Standortgrenzen hinweg auf ein Minimum.

13.5.1.9
UCM – Unified Change Management

Rational Software hat einen anpassbaren Standardprozess für Änderungen entwickelt, der als Out-of-the-Box direkt eingesetzt werden kann, sich aber dennoch anpassen lässt und so flexibel für spezielle Projektansprüche ist. UCM arbeitet aufgaben-/aktivitätenbasiert, d.h., jede Aktion des KM-Systems, die eine Änderung im Repository hervorruft (zum Beispiel Check-in, Check-out), wird protokolliert und einer Aufgabe / Aktivität zugeordnet. Aktivitäten können entweder aus ClearQuest stammen oder sie werden direkt über ClearCase angelegt. Konsolidierte Projektstände, d.h. zusammengehörende Versionsstände von Dateien, die ein Release ausmachen und bestimmten Qualitätsstandards entsprechen, stehen als so genannte Baseline zur Verfügung.

UCM ist bei Rational-Kunden (insbesondere in der Kopplung ClearCase / ClearQuest) nicht zuletzt aufgrund der in Abschnitt 13.5.1.7 angeführten Gründe für die Notwendigkeit von Änderungsmanagement beliebt. Zusätzliche Punkte sind:

- *Komponentenorientierung:* Die ClearCase-Repositories sind Repräsentanten einzelner Komponenten / Teilprojekte, so dass eine sinnvolle Aufteilung des Gesamtprojektes erfolgen kann, was wiederum den Überblick und die Organisation verbessert.

- *Verfügbarkeit von Change Sets:* Da zu jeder Aufgabe protokolliert wird, welche Dateien geändert wurden, ist leicht nachvollziehbar und vergleichbar, welche Änderungen an einem existierenden Release gegenüber einem vorhergehenden vorgenommen worden sind. Dies bringt vor allem eine größere Transparenz in den Entwicklungsprozess und fördert damit das Verständnis und den Überblick von Änderungen.

- *Private Sand-Box-Entwicklungsmodell:* Jeder Entwickler arbeitet in seinem eigenen Arbeitsbereich (Private Sand-Box) und stört damit die übrigen Mitarbeiter nicht. Seine Arbeit wird später in einem Integrationsbereich mit den Änderungen anderer Beteiligter zu einer neuen Baseline zusammengeführt. Hiermit lassen sich Störungen und unnötige Abhängigkeiten auf ein Minimum reduzieren. Gleichzeitig wird der Entwickler administrativ entlastet, weil die Private Sand-Box automatisch angelegt wird.

- *Verfügbarkeit von Baselines inklusive QS-Einstufung:* Vielen Entwicklern stellt sich irgendwann die Frage, auf welchem Release sie ihre Arbeit weiterführen sollen. Oft ist hierfür auch die Qualität, die ein Release erreicht hat, eine ausschlaggebende Größe. UCM sieht ein so genanntes Promotion-Modell vor, das zu einer Baseline auch die Qualitätseinstufung festlegt. Im Sinne einer Qualitätssteigerung ist es Entwicklern nur erlaubt, von der letzten QS-Stufe weiterzuarbeiten.

- *Out-of-the-Box-Prozess:* Viele aktivitätenorientierte KM-Systeme setzen die aufwendige Konfiguration eines Prozesses voraus. UCM ist sofort einsetzbar und dennoch durch Anpassungen konfigurierbar. Für die meisten Projekte und Firmen ist dies genau der richtige Trade-off zwischen unbedingt notwendigen Anpassungen und einem vorgegebenen Prozess.

13.5.2
Werkzeuge der Role-Based Solutions

Nach den Werkzeugen der gemeinsamen Kommunikationsbasis ist dieser Abschnitt den Werkzeugen gewidmet, die nur speziellen Rollen/Personengruppen an die Hand gegeben werden, um ihre spezialisierten Aufgaben erledigen zu können.

13.5.2.1
UML-Modellierung: Rational Rose

Rational Rose[40] ist ein visuelles Modellierungstool auf der Basis der Unified Modeling Language (UML). Die Modellierung mit Rose ist modellgetrieben und fokussiert damit die Wiederverwendbarkeit von Konzepten (Modellen) und die Erstellung einer sauberen Architektur (Hauptfokus des Rational Unified Process!). Die UML-Diagramme geben eine gefilterte Sicht auf das Gesamtmodell und helfen somit die Komplexität realer Anwendungen zu verstehen.

Modellierung von Software-architekturen in UML

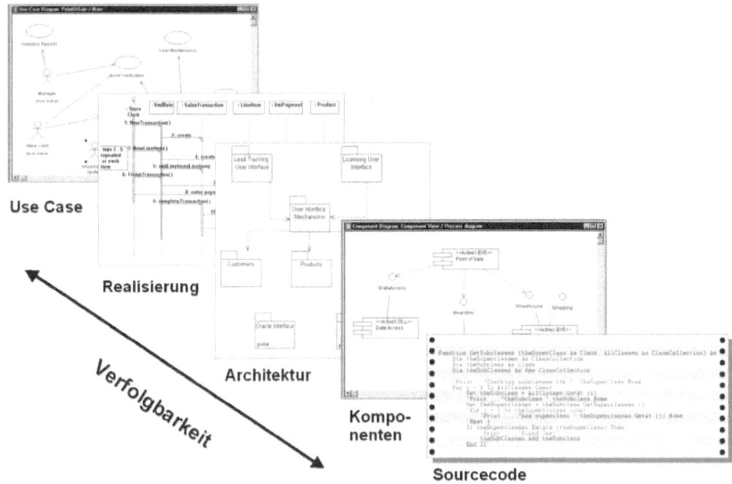

Abbildung 94: Verfolgbarkeit von Design-Entscheidungen

Der modellbasierte Ansatz ergänzt um die frei definierbaren Sichten ermöglicht es, die dynamischen und statischen Aspekte der UML optimal miteinander zu verbinden, umso die relevanten Informationen moderner Softwaresysteme im Überblick zu bekommen. In diesem Sinne stellt Rose ein Online-Informationssystem der Softwarearchitektur dar, das u. a. Designentscheidungen bis zum Sourcecode in beide Richtungen verfolgbar und transparent macht (siehe Abbildung 94).

Nachvollziehbarkeit von Design-Entscheidungen

Rose besitzt eine umfangreiche Funktionalität, die den unterschiedlichen Ansprüchen der Teammitglieder gerecht wird. Der Analytiker wird beispielsweise vornehmlich die Architektur (inkl. Datenbankdesign) modellieren, während der Entwickler zusätzlich

Rose liefert rollenspezifische Informationen

---

[40] Der ursprüngliche Name Roose (Rational Object-Oriented Software Engineering) wurde aus Marketinggründen in Rose umbenannt.

starken Wert auf die Codegenerierung legen wird (siehe auch Tabelle 12).

Für den Projektbetrieb wichtige Aspekte sind (siehe Abbildung 95):

- *UML-Sichten, Checks, Dokumentation, Reports, Patterns:* Die Architektur wird durch UML-Diagrammsichten unterstützt und durch die Möglichkeit, Design-Patterns einzusetzen, ergänzt. Das Modell selber kann durch Checks auf bestimmte Fragestellungen (unreferenzierte Nachrichten etc.) getestet werden. Report und Dokumentationsmöglichkeiten runden das Bild ab.

- *Datenmodellierung:* Oft werden Datenbankmodellierung (zum Beispiel Entity-Relationship) und UML-Modell getrennt verwaltet und bearbeitet. Mit Rose kann dies in einem Modell konsistent durchgeführt werden.

- *Codegenerierung:* Aus den Modellelementen können Sourcecode-Templates erzeugt werden, wodurch sich der Aufwand in der Codierung verringern lässt.

- *Offene Schnittstelle:* Über eine Schnittstelle (COM-API) lassen sich die Modellinformationen abrufen und manipulieren. Hierdurch lassen sich spezielle Frameworks oder Codegeneratoren anpassen (zum Beispiel ArcStyler).

- *Team-Entwicklung:* Rose verwendet Standard-KM-Systeme als Team-Repository. Hierdurch entfällt der zusätzliche Aufwand der Pflege eines eigenen Repositories. Stattdessen wird das Werkzeug verwendet, das im Projektstandard vorgesehen ist (zum Beispiel ClearCase).

- *Integrationen im Softwarelebenszyklus:* Datenaustausch mit RequisitePro und dem TestManager (Stichwort: Komponententests), d.h. weniger Aufwand durch automatisierten Informationsaustausch.

Die wichtigsten Gründe von Projektleitern für den Einsatz von Rose sind:

- UML-Unterstützung

- Modellbasiertes Architekturdesign

- Trennung von logischem und physikalischem Design

- Weite Verbreitung

- etc.

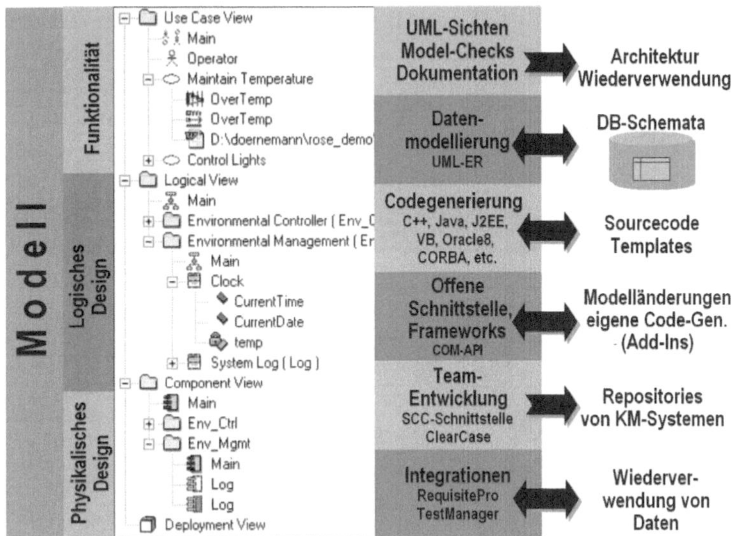

Abbildung 95:
Rose schema-
tisch

Die folgende Tabelle 12 zeigt die unterschiedlichen Varianten, in denen Rose zur Verfügung steht.

Rose Edition	Rational Suite	Funktionsumfang
Rose Modeler	-	Reine UML-Modellierung Keine Codegeneratoren
Rose Professional	Analyst Studio (Data Modeler)	Ein Codegenerator: Java, C++, VB oder Daten-modellierung (DataModeler)
Rose Enterprise	Development Studio Enterprise Studio	Kompletter Funktionsum-fang

Tabelle 12:
Rose-Editionen

13.5.2.2
Realtime-Modellierung: Rational Rose RT

Rose RealTime (RT) verfolgt einen ähnlichen Ansatz wie Rose, geht aber in einigen Funktionalitäten weit über das Konzept des „norma-len" Rose hinaus. Insgesamt kann man feststellen, dass Rose RT nicht nur ein visuelles Designwerkzeug ist, sondern eine komplette integrierte Entwicklungsumgebung darstellt. Dies bedeutet, dass Realtime-Entwickler ihre Echtzeit-Applikation komplett mit ein und demselben Werkzeug erstellen können (siehe Abbildung 96).

Integrierte
Design- und
Implementie-
rungsumgebung

Rose RT ist in der Lage, das Verhalten von Modellen direkt in Sourcecode zu überführen, in den nur noch minimal eingegriffen werden kann und muss, wodurch sich die Fehleranfälligkeit deutlich reduziert. Die von Rose RT generierte Applikation kann direkt in Rose RT simuliert und wenn notwendig debugged werden (Model Execution). Für eine Vielzahl gängiger RTOS-Systeme kann Rose RT direkt plattformspezifischen Sourcecode erzeugen (Rose RT Professional) und auf dem Zielsystem ausführen und visualisieren.

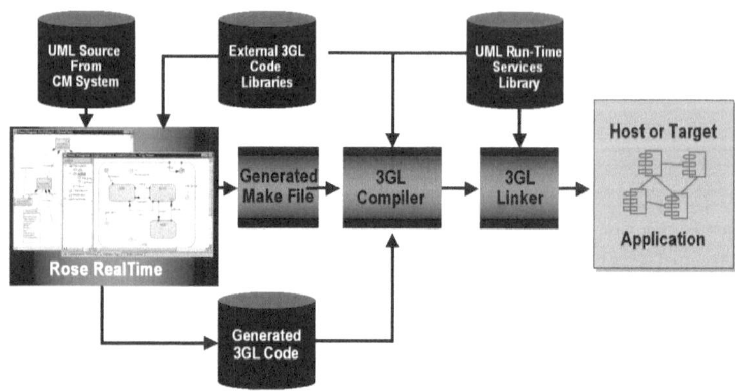

Als Grundlage zur Modellierung verwendet Rose RT die ROOM-Spezifikation der UML – ein wichtiger Aspekt für den Investitionsschutz.

13.5.2.3
White-Box-Testverfahren: Rational PurifyPlus, Test RealTime

Der Teufel steckt häufig im Detail und macht Entwicklern das Leben schwer. Gleichzeitig wird von jedem Entwickler zu recht erwartet, dass er seine Module fehlerfrei abliefert. Werkzeuge, die auf Sourcecode-Basis testen, werden als White-Box-Testwerkzeuge bezeichnet und unterstützen die Anforderungen an den Entwickler.

Rational hat eine Technologie entwickelt, die Object Code Insertion heißt. Diese testet nicht wirklich den Sourcecode, sondern den kompilierten Bytecode, aus dem wiederum die betroffenen Sourcecode-Stellen referenzierbar sind. Dies bedeutet, dass Module selbst dann getestet werden können, wenn der Sourcecode nicht vorliegt (zum Beispiel Module von Zulieferern). In diesem Fall ist bei Auftreten eines Fehlers nur der Sourcecode nicht verfügbar.

PurifyPlus ist ein Paket, bestehend aus Werkzeugen für drei Klassen von Tests. Die Werkzeuge sind jeweils auf Windows und UNIX verfügbar für Java, C++, VB (nur Windows):

- *Purify: Speicherlecks (C++) / GarbageCollection (Java):* C++-Speicherlecks können die eigenartigsten Probleme hervorrufen, von Programmabstürzen bis zu undefinierbarem Verhalten. Sie sind schwer zu finden und schlecht zu reproduzieren, daher hilft Purify für C++ genau die Stellen zu finden, in denen unsauber mit Speicher umgegangen wird (zum Beispiel nicht initialisierte Variablen oder Zugriffe über allokierte Speicherstellen hinaus). Im Java-Umfeld sind Speicherlecks zunächst kein Problem, weil Java ein automatisches Speichermanagement hat. Allerdings kann es zu Garbage-Collection-Problemen der virtuellen Maschine kommen, wenn beispielsweise unsauber mit Threads umgegangen wird. Auch dieses Phänomen muss erkannt werden, damit ggf. Lösungen gefunden werden können.

  Komplexe Speicherprobleme enttarnen

- *Coverage-Code-Abdeckung:* Coverage überprüft zur Laufzeit, d.h. während der Bedienung der Applikation, welche Sourcezeilen durchlaufen werden und welche nicht. Damit hilft Coverage, nicht getesteten Code auszuliefern. Nicht erreichte Codezeilen können zwei Ursachen haben. Entweder sind die Testfälle nicht vollständig beschrieben oder es gibt Code, der nicht benötigt wird. Beides stellt ein Problem dar, das identifiziert und gelöst werden muss.

  Was ist getestet, was nicht?

- *Quantify-Profiling:* Manchmal sind Laufzeitprobleme in Modulen ein Problem. Dann ist interessant, welcher Aufruf in einem Modul wie viel Zeit kostet und wie häufig bestimmte Methodenaufrufe stattfinden. Eine Analyse dieser Ergebnisse (zum Beispiel Top-10-Aufrufe, Top-10-Laufzeiten) kann Optimierungspotenzial zeigen, das sonst unentdeckt bzw. schwer auffindbar geblieben wäre.

  Optimierungspotenzial nutzen

Identifizierte Problemstellen können direkt an das Änderungsmanagement (ClearQuest) inklusive des Problemreports gemeldet werden, so dass auch hier die Suite-Maxime der Informationsweiterverwendung vorbildlich eingehalten wird.

PurifyPlus entdeckt Probleme, die ansonsten nur durch aufwendige Sisyphus-Arbeit herausgefunden werden können, d.h., PurifyPlus fördert vor allem die Mitarbeitermotivation durch Entlastung von stupiden und stumpfsinnigen Routinearbeiten. Eine Folge ist, dass Module bereits kurzfristig eine höhere Qualität erreichen, weil die Aufwände im Rahmen bleiben.

Qualitätssteigerung durch Automatisierung

Für das Testen eingebetteter Echtzeitsysteme gibt es spezielle Varianten von Purify, Quantify und Coverage, die gezielt für die Zielplattformen zugeschnitten sind. Sie werden in dem Paket Rational Test RealTime zusammengefasst. Im Gegensatz zur Client-Server-Welt sind hier Fehler noch schwieriger zu finden und zu eliminieren. Andererseits werden gerade in der Echtzeit-Entwicklung deutlich mehr und länger Tests durchgeführt als irgendwo sonst in der Softwarewelt[41]. Rational Test RealTime hilft, die Testzeiten effektiv zu nutzen und zu verkürzen.

13.5.2.4
Komponententests: Rational Quality Architect, Test RealTime

Noch immer werden Softwaretests heutzutage relativ spät im Projekt durchgeführt. Im Gegensatz dazu heißt eine Grundregel moderner Softwareentwicklung: „Teste frühzeitig und häufig!" Es gibt viele Gründe, weshalb so ungern und erst spät getestet wird. Die beiden wichtigsten: Hoher manueller Aufwand, Unkenntnis automatisierter Testumgebungen.

Jeder, der schon einmal Software geschrieben hat, kennt sicherlich die Situation, dass die eigene Komponente schon fertig ist, während die Komponente des Kollegen, von der Dienste in Anspruch genommen werden, noch in Bearbeitung ist. In aller Regel wird zusätzlich noch die Komponente benötigt, die die eigene Komponente verwendet. Dieses alltägliche Szenario sehen Sie in Abbildung 97.

Wie also soll man da testen? Die einzige Lösung besteht in der Programmierung einer Testumgebung, die die fehlenden Komponenten simuliert. Diese Aufgabe ist notwendig, aber wenig erheiternd.

Rational Quality Architect (RQA) ist ein Add-in zu Rose, mit dem man die Erstellung der Testumgebung aus dem UML-Architekturmodell heraus für J2EE- und COM-Komponenten automatisieren kann.

Für das Beispiel in Abbildung 97 würde der RQA einen so genannten TestDriver für Komponente A und Stubs für die Komponenten C und D komplett codiert anlegen. RQA implementiert einen datenzentrierten Ansatz, indem er die tatsächliche Logik abstrahiert

---

[41] Oft handelt es sich hier um sehr kritische Systeme, von denen Leben abhängt. Wer würde schon gerne die Software in einem Flugzeug in der Flugphase rebooten wollen? Oder erklären Sie mal einem Patienten im OP, dass die Beatmung kurz ausgesetzt werden muss, weil gerade ein Softwarefehler zum Absturz des Systems geführt hat!

und in der generierten Testumgebung konfigurierbare Tabellen mit
Ein- und Ausgangsparametern hinterlegt. Hierdurch erzielt der Entwickler eine enorme Zeitersparnis und kann frühzeitig seine eigenen
Module auf Grund der Spezifikation der kooperierenden Komponenten testen.

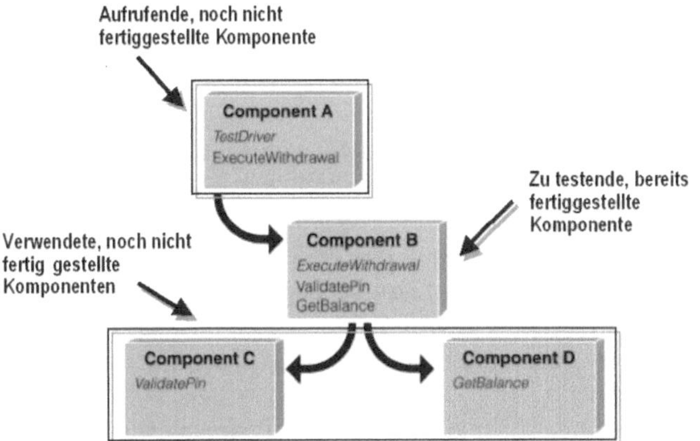

Abbildung 97:
Komponenten-
testszenario

Des Weiteren ist es möglich, mit dem RQA Szenario-Tests visuell
zu modellieren, die zum Test der integrierten Komponenten verwendet werden kann. Das heißt, in diesem Fall können reale Trans-
aktionen modelliert werden, die sich über mehrere Komponenten
erstrecken. RQA ist als Produkt auch für die Welt eingebetteter Systeme (siehe Abschnitt 13.5.1.4) verfügbar.

Visuell model-
lierte Integrati-
onstests

13.5.2.5
Black-Box-Testverfahren: Rational Robot/
Performance-Tests

Die Notwendigkeit früher und häufiger Tests ist bereits im vorange-
gangenen Kapitel erwähnt worden. Sie sind ein Schlüssel für die
Risikominimierung in Projekten. Die Prinzipien früh und häufig
gelten nicht nur für Komponenten- und White-Box-Tests. Sie haben
ihre Gültigkeit auch und gerade für Black-Box-Tests, die
Funktionalität und Performance einer Applikation messen. Das
Überprüfen der Funktionalität ist wichtig, um später einen
reibungslosen Übergang in den Produktivbetrieb zu erreichen. Die
Verifikation der Performance zeigt bereits frühzeitig, ob die
Architektur tragfähig ist.

Risikominimie-
rung durch frühe
und häufige
Tests

Rational Robot – funktionales Testen

Testfälle aufzeichnen und abspielen

Der Robot ist ein Capture & Replay-Werkzeug, mit dem Regressionstests vorbereitet und durchgeführt werden. Dabei wird die Anwendung (Native oder Web) gestartet und bedient, während der Robot im Hintergrund die Aktionen aufnimmt. Neben der reinen Bedienung lassen sich auch Eigenschaften von Oberflächenelementen (Button, List-Box, Edit-Feld, Combo-Box etc.) in Form so genannter Verification-Points testen. Dabei werden alle ihre Eigenschaften ausgelesen. Die aufgezeichneten Ergebnisse dienen als Soll-Vorgabe und können ggf. manuell verändert werden, falls beim Aufzeichnen auffällt, dass die Applikation sich nicht wie erwartet verhält.

Regressionstests – wiederholtes Testen

Beim Replay wird das aufgezeichnete Skript automatisch gegen die Applikation gespielt und das Ist-Verhalten gemessen. Der Soll-/Ist-Vergleich liefert Erkenntnisse über das korrekte Verhalten respektive Fehler, die wiederum automatisch mit den Detailinformationen an das Änderungsmanagement (ClearQuest) weitergemeldet werden können.

Die einzelnen Skripte werden vom Testmanagement (TestManager) verwaltet und können dort zu Testgruppen zusammengefasst, verwaltet und ausgewertet werden. Welche alltäglichen Probleme werden hierdurch gelöst?

Effektive Automatisierung manueller Vorgänge

- Manuelle Tests sind sehr aufwendig. Jedes neue Release muss aber komplett getestet werden (Regressionstest), um Seiteneffekte ausschließen zu können. Nur automatisierte Tests können aus dieser Krise helfen: Nicht nur, dass sie die Testzeiten minimieren (wodurch häufiger getestet werden kann!), sie nehmen den Projektmitgliedern auch lästige Arbeiten ab und sind damit ein nicht zu unterschätzender Motivationsfaktor, weil die Skriptaufzeichnung extrem intuitiv ist.

- Objekteigenschaften der Oberflächenelemente lassen sich manuell so gut wie gar nicht testen, weil beispielsweise ein einfacher Button bereits Dutzende (teils verdeckter) Eigenschaften besitzt. Andererseits ist zum Beispiel die korrekte Tab-Reihenfolge von Objekten für die Bedienung von Softwareprodukten oft sehr wichtig.

- Die Skriptaufzeichnung ist invariant gegen die Position der Oberflächenelemente. Das heißt, der Robot kann eine Applikation auch dann noch bedienen, wenn der „OK"-Button von oben rechts nach unten links gewandert ist. Dies wird erkannt und protokolliert, aber das Testskript ist weiterhin robust einsetzbar.

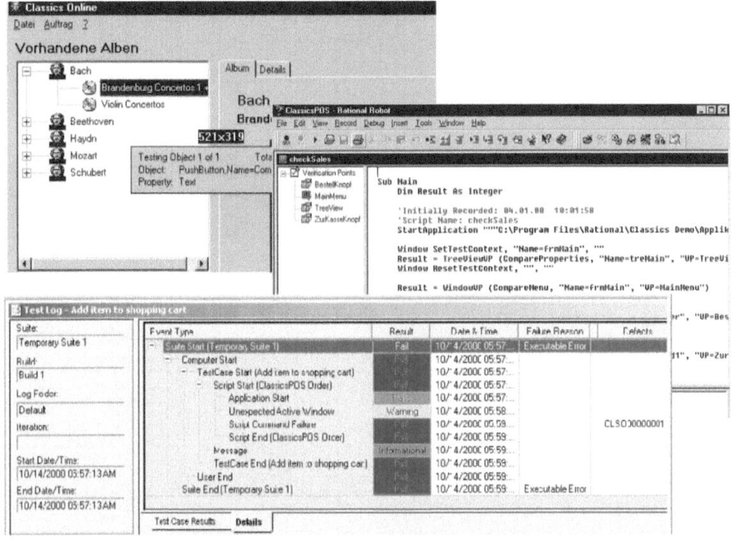

Abbildung 98:
Capture &
Replay, IDE,
Soll-/Ist-
Vergleich

Der Robot ist zugleich auch Entwicklungsumgebung, um die aufgezeichneten Skripte programmatisch zu verändern. Dies ist zum Beispiel hilfreich, um die Eingabe von 100 Kundendaten in eine Maske zu simulieren. Der Vorgang wird einmal aufgezeichnet. Anschließend wird eine Schleife um das Skript gelegt und die einzutragenden Daten aus einem Datenpool (Datenbankquelle, Excel-Tabelle etc.) ausgelesen.

Aufzeichnungs- und integrierte Entwicklungs- umgebung

Rational Performance Testing

Während automatisiertes funktionales Testen recht einfach durchzuführen ist (sowohl automatisiert als auch manuell), gilt dies für das Testen der Performance keineswegs. Die Schwierigkeiten im Überblick:

Problem: synchrone Last- erzeugung

- Echtes synchrones Erzeugen von Last zum Nachweis, dass ein Produkt unter extremen Bedingungen (die ggf. selten vorkommen, aber dann geschäftskritisch sein können) stabil ist.

- Workload Simulation zur Berücksichtigung unterschiedlicher Benutzergruppen, die eine unterschiedliche Systemlast erzeugen und entsprechend gewürdigt werden müssen.

- Ausführung der Skripte und Protokollierung der Last, beides muss gleichzeitig stattfinden.

- Übersichtliche Aufbereitung der Ergebnisse.

Diese Punkte adressiert Rational mit seinem Performance Testing im Rahmen der Rational Suite TestStudio.

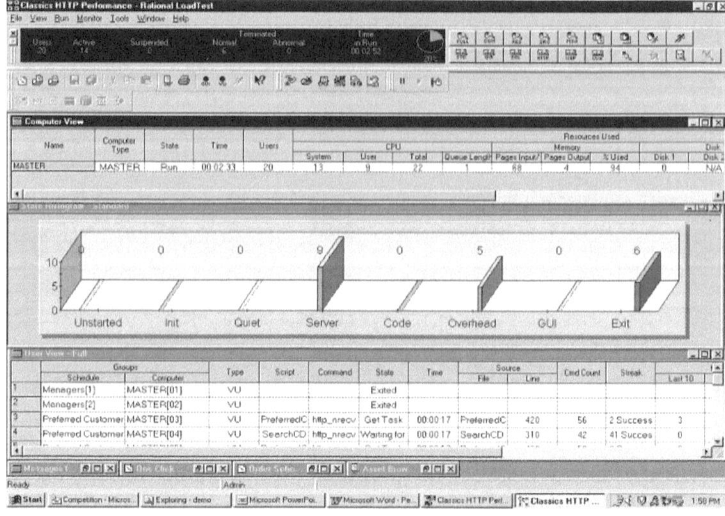

Wie im Falle des Robot werden Skripte aufgezeichnet und verwendet. Hier findet eine Unterscheidung zwischen GUI- und VU-Skripten statt. GUI-Skripte sind solche, die Aktionen an der Oberfläche durchführen, während die VU-Skripte (VU = Virtual User) virtuell auf einem oder mehreren Serverrechnern parallel Last erzeugen, so dass mit wenigen Rechnern die Nutzung einer Applikation (Native oder Web) von mehreren hundert Benutzern simuliert werden kann.

Durch Nutzerprofile ist es möglich, die Art und Häufigkeit von Skripten entsprechend der realen Charakteristik einzelner Benutzergruppen zu modellieren.Ein Master-Rechner steuert und überwacht den Testablauf, während er gleichzeitig das anfallende Datenmaterial sammelt und zur grafischen Aufbereitung bereithält.

13.5.2.6
Content-Management: Vignette CMS / ContentStudio

Seitdem das Internet existiert, ist es eine der schwierigsten Aufgaben, die dort präsentierten Informationen aktuell zu halten. Wem ist es nicht schon einmal passiert, dass ihm ein Sommerangebot noch im Winter offeriert wurde oder zu Ostern noch der Weihnachtsmann auf der einen oder anderen Website präsent war. Ärgerlich ist es auch, wenn ein Schnäppchenangebot zwar immer noch auf einer Webseite lockt, aber nicht mehr gekauft werden kann, weil das Aktionsdatum schon abgelaufen ist.

Da der Wettbewerber im Web immer nur einen Mausklick entfernt ist, ist es für E-Business-Anbieter relevant, ihre Informationen stets aktuell und fehlerfrei vorzuhalten. Denn unzufriedene Kunden tendieren erst dann wieder zu einem anderen Anbieter zu wechseln, wenn sie unzufrieden sind. Woran liegt es, dass Websites entweder nicht aktuell oder nicht fehlerfrei sind?

- *Flaschenhals: Autoren /HTML-Entwickler*
  Auch wenn das Erstellen von HTML-Seiten keine Zauberei ist, ist es in der Regel einer kleinen Menge von Personen vorbehalten, die HTML-Entwicklung durchzuführen. Diese kleine Gruppe von Spezialisten trifft auf ein Heer von Autoren, die Inhalte im Web platzieren wollen. Damit sind die HTML-Entwickler der Flaschenhalt in der Aktualisierung von Informationen.

- *Inkonsistente Verlinkung*
  Werden HTML-Seiten „per Hand" verlinkt, so sind Fehler vorprogrammiert, insbesondere dann, wenn hohe Änderungsraten auftauchen. Das Resultat: „HTTP-Fehler 404 – nicht gefunden".

- *HTML-Seiten nutzen Back-End-Module*
  Die Zeiten statischer Websites ist seit langem vorbei. E-Business-Applikationen greifen auf Datenbanken mit Unternehmensdaten zu (Logistik-, Bestellsysteme etc.). Damit ist die Erzeugung einer HTML-Seite in aller Regel mit einem Zugriff auf Servermodule verbunden, die diesen Datenservice erbringen. Das bedeutet, dass Front-End-HTML und Back-End-Module zusammenpassen müssen, auch vom Entwicklungsprozess.

- *Wartung*
  Bereits oben haben wurde festgestellt, dass Projekte von Änderungen leben. Ebensolches gilt für Web-Projekte (vielleicht sogar in noch stärkerem Umfang). Damit ist die Wartung eines der zentralen Probleme. Wie und wann wird was publiziert und wenn es nicht funktioniert, wie sieht dann die Fall-back-Strategie aus?

Content-Management-Systeme (CMS) treten an, um einige dieser Probleme zu lösen [BarRos2000]. Einer der führenden Anbieter in diesem Bereich ist die amerikanische Firma Vignette. Ihr CMS wurde von Rational für das Produkt Rational Suite ContentStudio als OEM lizenziert, um auch die übrigen Probleme zu lösen.

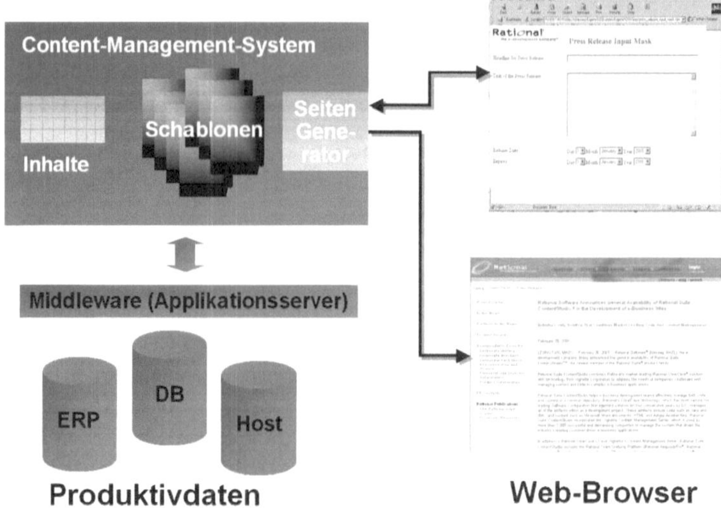

CMS löst im Wesentlichen die ersten beiden Punkte der oben aufgeführten Liste: Beseitigung des Flaschenhalses und automatische Verlinkung mit Konsistenzprüfung. Abbildung 100 zeigt schematisch die Grundidee des Content Management. Zum einen ist dies die Trennung von Daten (Inhalten) und ihrer Darstellung (Schablonen). Zum anderen ist es die Kapselung der Website mit einer konsistenten Sichtweise nach außen (Seitengenerierung). In den Schablonen (oder auch Templates) steckt die „Intelligenz", die entsprechenden Inhalte zum Beispiel aus dem Produktivdatenbestand zu holen und daraus eine HTML-Präsentation zu erstellen. Ebenfalls können die Schablonen genutzt werden, um die Inhalte des CMS über Web-Browser zu aktualisieren, ohne dass der Autor über HTML- oder Programmier-Kenntnisse verfügen muss (Redaktionssystem). Hierdurch werden HTML-Entwickler in ihrer Arbeit extrem entlastet, weil die Autoren direkt ihre Inhalte einpflegen können, ohne den Umweg über das HTML-Team gehen zu müssen.

CMS (und Vignette) sind damit unter anderem integrierte Entwicklungsumgebungen für diejenigen, die Schablonen entwickeln. Sie beinhalten in der Regel auch Workflows für den Entwickler und Autor von Inhalten, um beispielsweise einen Autor informieren zu können, wenn die von ihm benötigte Seite des Redaktionssystems fertig gestellt worden ist.

ContentStudio
löst zusätzliche
Probleme

ContentStudio bietet darüber hinaus die erste Lösung der beiden anderen Probleme an: inkonsistente Front-End-/Back-End-Entwicklung und Wartungsproblematik. In der Abbildung 101 ist dieser Lösungsansatz im Überblick dargestellt.

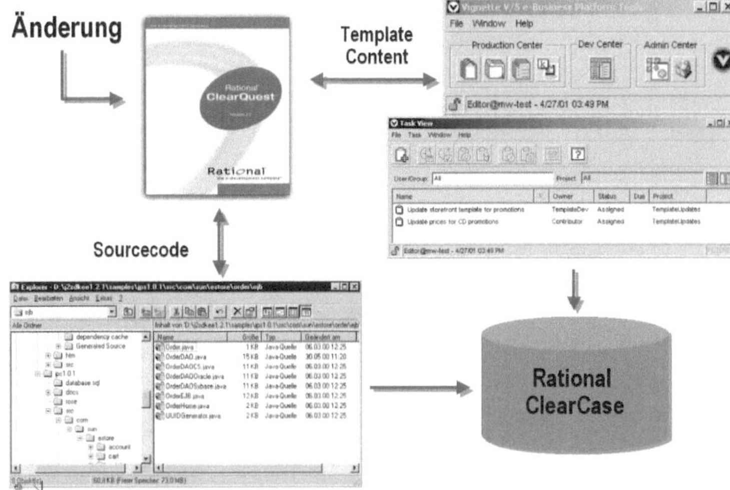

Ein Änderungswunsch wird zunächst dem zentralen Änderungsmanagement (ClearQuest) übergeben. Nun werden synchron (wenn nötig) die Aufgaben für die Änderungen im Front-End (Template/Content) sowie für die des Back-Ends (Sourcecode, zum Beispiel J2EE) generiert. Die tatsächlichen Änderungen (Schablonen, Source etc.) werden in Rational ClearCase mitgeführt.

Damit kann in ClearCase eine gemeinsame Baseline des Front-Ends und des Back-Ends identifiziert werden, etwas, was in den allermeisten Web-Projekten ohne ContentStudio schlichtweg unmöglich ist, weil die entsprechenden Werkzeugintegrationen fehlen. Durch den gemeinsamen Änderungsprozess fallen weitere administrative Aufwände weg.

Neben dem gemeinsamen, integrierten Entwicklungsprojekt adressiert dieser Ansatz auch das Wartungsproblem (Was gehört zusammen?) und es gibt zumindest theoretisch ein Fall-back-Szenario auf das letzte freigegebene Release einer Web-Applikationen.

In der Praxis stellt sich aber in aller Regel nicht nur die Frage, was zusammengehört, sondern auch wie man einen Releasestand konsistent auf die Staging-Area respektive Live-Server bekommt. ContentStudio löst diese Wartungsproblematik durch einen Mechanismus, der als NetDeploy bezeichnet wird (siehe Abbildung 102). Direkt aus dem ClearCase-Repository können Front-End (HTML) und Back-End (J2EE o. a.) durch Firewalls[42] auf die entsprechenden

Konsistente Web-Portal Baselines in ClearCase

Automatisiertes Deployment

---

[42] Unter Berücksichtigung der notwendigen Sicherheitsstandards.

Rechner gespielt werden. Dieser Prozess ist automatisierbar und kann in regelmäßigen Abständen (zum Beispiel immer nachts, alle 2 Stunden etc.) durchgeführt werden, so dass auch hier administrative Aufwände minimiert werden können.

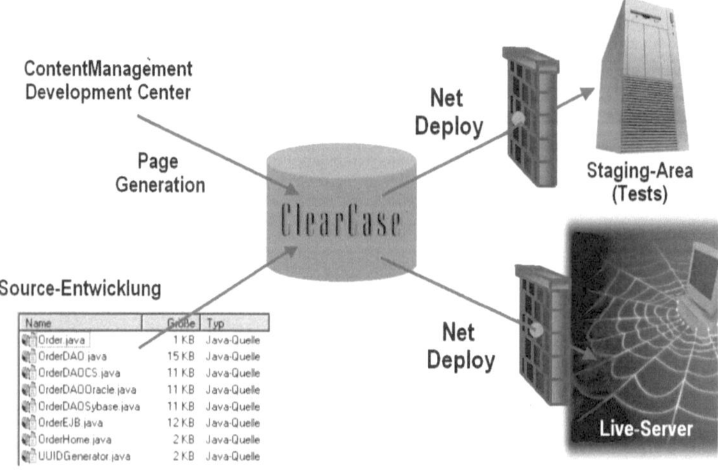

Abbildung 102: NetDeploy schematisch

13.5.2.7
Added Value: Rational Developer Network

Know-how-Portal für Kunden

Seit Juni 2001 bietet Rational Software seinen Kunden ein besonderes Medium an, um das Wissen über die Werkzeuge und ihren Einsatz in Projekten breiter zu fächern. Es handelt sich dabei um das so genannte Rational Developer Network (RDN), ein Web-Portal für den Wissenstransfer. RDN umfasst unter anderem:

- Technische Artikel zu Werkzeugen und Methodik
- Buchempfehlungen, Links zu weiteren Informationsquellen
- Hinweise zu Werkzeug-Add-ons inkl. Downloadmöglichkeit
- Web-basierte Trainingseinheiten
- Zugriff auf Produktdokumentation
- Online-Community (Diskussionsforen, Projektbeispiele etc.)
- Wöchentliche Aktualisierung der Inhalte

Jeder Rational Suite-Kunde hat automatisch Zugang zu diesen ansonst geschützten Informationen. Mit seiner Kundennummer kann er sich dem Zugriff zum RDN verschaffen. RDN ist eine wegweisende Institution in einer Welt, in der der effiziente Erwerb und die effektive Anwendung von Wissen immer wichtiger wird.

13.5.3
Die Rational Suite: Die Paketierung

Rational Software hat eine interessante und in sich schlüssige Werkzeugbasis in den vergangenen Jahren hervorgebracht und integriert. Jedes Werkzeug (bis auf die ProjectConsole) ist als Einzelprodukt (Point Product) erhältlich, besonders interessant ist allerdings auf Grund der vorhandenen Integrationen der Einsatz mehrerer Produkte.

Die Tabelle 13 zeigt zusammenfassend einen Überblick über die Zusammenstellungen der Rational Suite für die entsprechenden Rollen im Projekt.

Rolle	Rational Suite	Produkte
Projektleiter	Team Unifying Platform	Rational Unified Process ProjectConsole SoDA RequisitePro TestManager ClearQuest ClearCase LT
Analytiker	Analyst Studio	Team Unifying Platform Rose Professional DataModeler
Entwickler	Development Studio	Team Unifying Platform Rose Enterprise PurifyPlus QualityArchitect
	Development Studio RT	Team Unifying Platform Rose RT QualityArchitect Test RealTime
Tester QS-Beauftragter	Test Studio	Team Unifying Platform PurifyPlus Robot
Content Manager	Content Studio	Vignette CMS
Generalist	Enterprise Studio	Team Unifying Platform

Rolle	Rational Suite	Produkte
		Rose Enterprise PurifyPlus Robot QualityArchitect Rational Process Workbench

13.6
Wirtschaftlichkeitsbetrachtungen, Einführungsstrategien

Immer wenn neue Technologien oder Verfahren eingeführt werden sollen, stellen Projektleiter, Abteilungsleiter, Geschäftführer vollkommen zu Recht die gleiche Frage: Ist das Vorhaben auch wirtschaftlich? Natürlich wird diese Frage für integrierte Lösungen wie die Rational Suite ebenso gestellt.

Die Frage nach dem Return-on-Investment (ROI) ist leider schwierig zu beantworten, da eine große Zahl von Parametern zu berücksichtigen ist. Außerdem setzt dies eine genaue Berechnung der Zustände vor und nach der Einführung voraus – ein nahezu unmögliches Unterfangen[43].

Genauso interessant (aber genauso schwierig zu beantworten) ist folgende ebenso wichtige Frage: „Was kostet es, die Technologie oder das Verfahren nicht einzuführen?" Nur wird sie zu selten gestellt. Die Gefahr des Neuen wird höher eingestuft als das Risiko, nichts zu tun! Ist das proaktives Risikomanagement?

13.6.1
Verdeckte Kosten und Risiken

Einige Hilfestellungen, um Kostenfaktoren (verdeckte Risiken) zu erkennen:

- Wie oft klagen Mitarbeiter über fehlende Arbeitsrichtlinien, fehlende standardisierte Schnittstellen zwischen Projektbeteiligten, nicht existierende technische Hilfsmittel zur Umsetzung? Wie viel Zeit wird auf solche Diskussionen bzw. auf den Einsatz von Workarounds verwendet? (Was für ein Einsparungspotenzial bö-

---

[43] Barry Boehm versucht mit COCOMO zumindest Schritte in die Richtung, typische Projektkosten zu berechnen.

ten klare Richtlinien, klare Verantwortlichkeiten, unterstützende Werkzeuge?)

- Was kostet es Sie, wenn Mitarbeiter aufwendig Informationen über das Projekt zusammensuchen müssen? (Was spart ein gemeinsamer Informationspool?)

- Welche Kosten verursacht die Pflege und Wartung eigener Werkzeugschnittstellen oder die manuelle Informationsübernahme? (Welche Einsparungen entstehen, wenn der Werkzeughersteller alle Schnittstellen liefert?)

- Wie viel Kosten entstehen Ihnen, um X Werkzeuge verschiedener Hersteller zu verschiedenen Zeitpunkten in Betrieb zu nehmen? (Welche Einsparungseffekte ließen sich erzielen, wenn es synchronisierte Releases gäbe?)

- Was für wirkliche Aufwände entstehen bei der Pflege eigener „Home Grown"-Lösungen oder scheinbar kostenloser Public-Domain Werkzeuge (zum Beispiel CVS)? (Wie ließe sich die Arbeitskraft produktiv nutzen, wenn professionelle Lösungen komplett und damit einfacher zu warten wären?)

- Welchen (negativen) Eindruck hinterlassen Sie bei einem Kunden, dem Sie nicht die aktuellen Projektdaten auf Knopfdruck oder im Web zur Verfügung stellen können? (Wie könnten Sie die Kundenbindung intensivieren, wenn Sie diese Möglichkeiten durch eine integrierte Lösung hätten?)

- Software-Bingo! Kennen Sie stets die Risiken in ihren Projekten und die Kosten, die mit dem Eintreten eines Risikos verbunden sind? (Software Engineering! Was für einen positiven Effekt hätte ein proaktives Risikomanagement, das auf den realen Projektanforderungen aufsetzt?)

- Was kostet Sie der Verlust wichtiger Mitarbeiter, weil diese frustriert sind und nicht mit State-of-the-Art-Technologien arbeiten? (Welchen positiven Effekt hat eine langfristige Mitarbeiter-Bindung?)

- Welche Kosten entstehen, wenn sich Mitarbeiter komplett selbstständig in neue Gebiete einarbeiten müssen (Handbücher, Fachbücher)? Um wie viel produktiver könnten sie sein, wenn Sie ihre Mannschaft durch Consulting und Training fit bekämen?

13.6.2
Fähigkeiten im Softwarealltag und ihre Verbesserung

Womit wir uns zu beschäftigen haben, sind Fähigkeiten eines Unternehmens oder einer Projektgruppe, im Alltag moderne Softwaresysteme zu bauen (im Vergleich zum Wettbewerb). Durch Assessments können solche Vergleiche herbeigeführt werden.

Betrachten wir einfach mal drei Szenarien. Grundlage ist das Gedankenspiel, dass ein Unternehmen bestimmte Fähigkeiten A im Bereich Softwareentwicklung aufgebaut hat. Der Geschäftsführer stellt sich nun die Frage, ob er durch Einführung einer integrierten Softwarelifecycle-Lösung den Sprung auf die Fähigkeiten B wagen soll und wie er dies am geschicktesten anfangen soll.

Vergleichen Sie dieses Vorhaben einfach mit der Fragestellung, ob ein Unternehmen von CMM-Level 2 auf 3 wechseln soll.

13.6.2.1
Szenario 1: Wir sind zufrieden (scheinbar)!

Das Unternehmen entscheidet sich, auf der Stufe A zu verbleiben, weil die Möglichkeit, Stufe B zu erreichen, als zu teuer abgelehnt wird. Die Entscheider wissen zwar um die Missstände (s. o.), aber die Mitarbeiter haben bisher immer die an sie gestellten Herausforderungen geschafft; Zeit- und Budgetpläne sind nur in geringem Maße nicht eingehalten worden. Allerdings ist auch bekannt, dass die Mitarbeiter auf Grund der bekannten Probleme unzufrieden sind. Die Frustrationsschwelle ist dennoch nicht überschritten.

Hier steht eindeutig die Betrachtung der aktuellen Situation im Vordergrund, das Risiko, das die Zukunft bringt, wird sträflich vernachlässigt.

Abbildung 103 zeigt, dass in aller Regel die Situation für das Unternehmen schlechter wird. Die Gründe hierfür: Der Mitwettbewerb führt neue Verfahren ein, ist mit seinen Produkten schneller am Markt und erzielt eine bessere Qualität: Sein Marktanteil steigt. Gleichzeitig wächst im betrachteten Unternehmen die Frustration der Mitarbeiter. Mitarbeiter kündigen, neue Mitarbeiter können nicht gewonnen werden, weil das Unternehmen technologisch nicht reizvoll ist. Im Nachhinein stellt sich heraus, dass die Entscheidung ohne Zukunftsanalyse getroffen wurde.

Am Rande notiert: Im Bereich New Economy zeichnet sich bereits heute ab, dass nur wenige sehr gute Unternehmen den Markt beherrschen werden, Mitarbeitermotivation ist eines der höchsten Güter dieser Branche, denn Stellen gibt's wie Sand am Meer. Folglich zählt auch, wie man sich persönlich und technologisch weiterentwickeln kann!

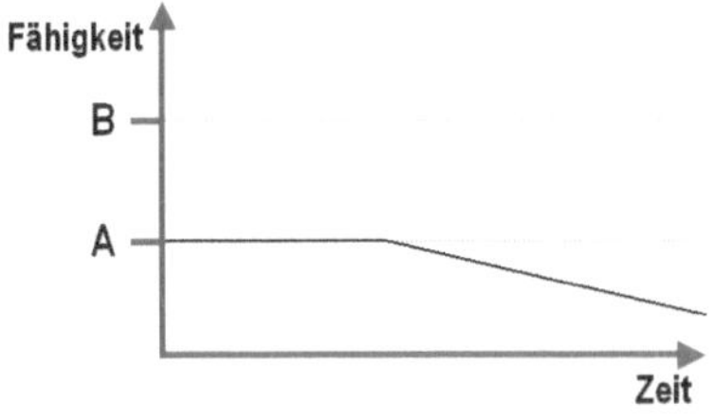

Abbildung 103:
Keine neue
Technologie-
einführung

13.6.2.2
Szenario 2: Entschluss, eine integrierte Lösung komplett einzuführen

Auf Grund eines proaktiven Risikomanagements trifft das Unternehmen also die Entscheidung, neue Werkzeuge und Verfahren komplett einzuführen. Es ergibt sich eine Situation, wie sie in Abbildung 104 gezeigt ist.

Die Produktivität nimmt zunächst mit der Einführung der integrierten Lösung ab, da Mitarbeiter erst geschult werden müssen und die Tool-Landschaft initial implementiert werden muss. Dies ist ein typisches Bild, auf das man sich einstellen muss. Ist die Talsohle erst einmal durchschritten, nimmt die Produktivität der Mitarbeiter schließlich wieder zu.

Einführung von
Methoden und
Werkzeugen er-
fordert initialen
Aufwand

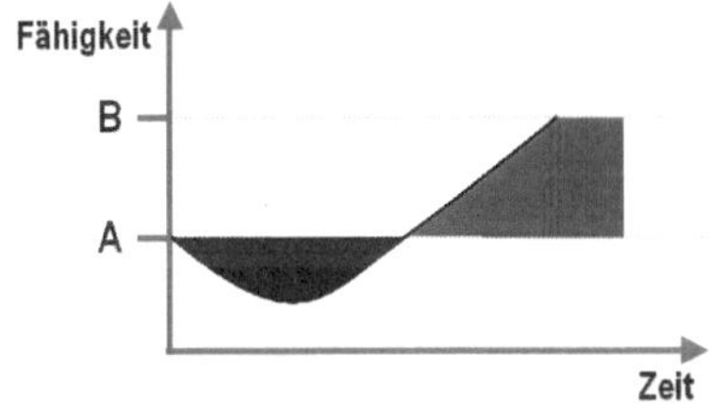

Abbildung 104:
Integrierte
Lösung komplett
eingeführt

Die Zeit, bis zu der sich die Investition rentiert hat, ist damit signifikant davon abhängig, wie schnell man aus dem Tal wieder herauskommt.

Am besten sucht man sich also einen Anbieter aus, bei dem man alles aus einer Hand bekommt: Tool-Know-how und methodisches Herangehen. Gerade Training und Consulting durch erfahrene Berater sind wesentliche Erfolgsfaktoren in der Einführungsphase.

Die Talsohle
schnell durch-
schreiten!

Szenario 3: Sukzessives Einführen einer integrierten Lösung

Wie in Szenario 2 ist das Unternehmen von der Einführung der integrierten Lösung überzeugt, hat aber Zweifel, ob die komplette Einführung auf einen Schlag überhaupt möglich und wirtschaftlich ist.

Risikominimierung durch iterativ inkrementelle Implementierung

Um das Risiko zu minimieren, entscheidet man sich, zwar die komplette Werkzeuglösung aus Kostengründen einzukaufen, aber Werkzeuge und Methoden sukzessive zu etablieren (siehe Abbildung 105).

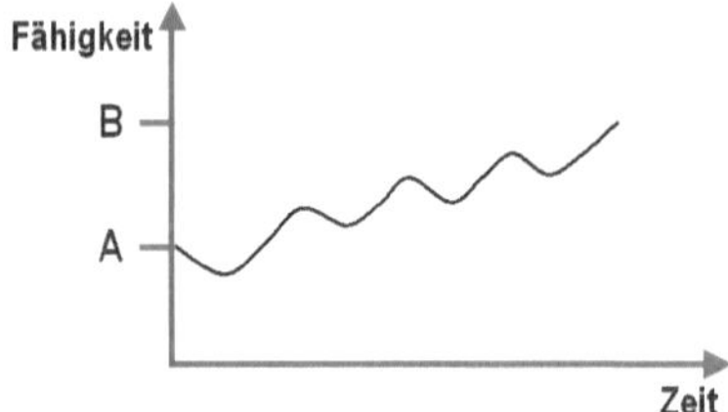

Abbildung 105: Sukzessive Einführung einer integrierten Lösung

In diesem Fall geht die Produktivität des Teams mit jedem neuen Einführungsschritt zunächst leicht zurück und nimmt anschließend wieder zu bis das Ziel (zum Beispiel Erreichen CMM-Level 3) geschafft ist. Auch in diesem Szenario ist begleitendes Consulting dringend anzuraten, um die Täler möglichst flach zu gestalten.

13.6.3 Welches Szenario für welche Unternehmenssituation?

Wer wählt welche Einführungsvariante?

Szenario 1 ist typisch für kleine und mittlere Unternehmen traditioneller Ausrichtung, die auf bewährte Technologie setzen und nicht erkennen, dass ihre Fähigkeiten, Software effektiv zu entwickeln, mit der Zeit drastisch abnehmen. Klassischerweise findet man in solchen Unternehmen auch veraltete Softwareentwicklungswerkzeuge (Windows 3.1, Watcom-Compiler etc.). Entscheider, die sich in diesem Szenario wiederfinden, empfehle ich noch einmal einen Blick auf ihre verdeckten Kosten.

Charakteristisch für Szenario 2 sind große etablierte Unternehmen, egal ob sie für die Old oder New Economy entwickeln. Diese Unternehmen können es sich von den Ressourcen her leisten, direkt ihr avisiertes Gesamtziel in Angriff zu nehmen, um möglichst effektiv einen Sprung nach vorne zu schaffen. Neben diesen Großunternehmen ist in letzter Zeit verstärkt festzustellen, dass auch Internetdienstleister im Bereich Neue Medien (Agenturen) einen solchen Ansatz wählen, weil insbesondere sie unter großem Zeit- und Qualitätsdruck stehen.

Für Szenario 3 gibt es keine Klassifizierung von Unternehmen. Die Ausrichtung auf neue Technologien erfolgt behutsam und risikogesteuert, aber auch mit der Erkenntnis, dass die gewählte Gesamtlösung korrekt ist. Häufig sprechen Ressourcenprobleme für eine sukzessive Einführung, bei der man aber nicht das Gesamtziel aus dem Auge verlieren darf!

13.7
Zusammenfassung

In den heutigen komplexen Softwareprojekten besteht die Notwendigkeit, neben Softwareentwicklungsprozessen auch die damit verbundenen Werkzeuge zur Automatisierung von Abläufen einzusetzen, damit der Prozess nicht zu einem akademischen, nichtanwendbaren Überbau wird [Ben1999, Doe2001, Vor2000].

Komplexe Projekte brauchen Prozesse und Werkzeuge

Die vielfältigen Informationen, die in jedem Projekt auflaufen, werden häufig nicht genutzt, um das Projektmanagement effektiv zu unterstützen bzw. überhaupt erst möglich zu machen. Die Gründe hierfür sind: nichtstandardisierte Sammlung von Daten, fehlende zentralisierte Auswertemöglichkeiten, um aus Informationen Wissen ableiten zu können, und ähnliche Faktoren. Hierdurch verschenken Projektleiter Tag für Tag Potenzial zur Kosten- und Ressourceneinsparung (siehe Abschnitte 13.1, 13.2).

Informationen führen zu Wissen

Generell ist die Landschaft im Bereich komplementärer Softwareentwicklungswerkzeuge recht unübersichtlich. Neben renommierten Herstellern mit interessanten Einzelprodukten finden wir ebenso Nischenanbieter mit punktueller Abdeckung spezieller Disziplinen. Werkzeugentscheidungen sind gleichzusetzen mit Prozessentscheidungen, da man sich mit jedem Werkzeug auch für ein Vorgehen entscheidet, das man mit diesem Werkzeug abbilden möchte. Dementsprechend wichtig ist eine solche Entscheidung für ein Unternehmen und sollte schon aus diesem Grund gewissen Kriterien unterworfen sein (siehe Abschnitt 13.3).

Die richte Auswahl von Werkzeugen ist entscheidend

Die Firma Rational Software ist derzeit die einzige Firma, die einen umfassenden Werkzeugkasten für die Bedürfnisse des gesamten Softwarelebenszyklus bereitstellen kann [IDC2001a]. Damit ist gesichert, dass die zentralen Projektaufgaben und -disziplinen sowohl von der Prozessseite (Rational Unified Process) als auch von der Werkzeugseite konsequent umgesetzt werden und dabei auch OMG-

Rational Suite als einzige durchgängige Lösung

Standards wie die UML oder SPEM berücksichtigt werden (siehe Abschnitt 13.4).

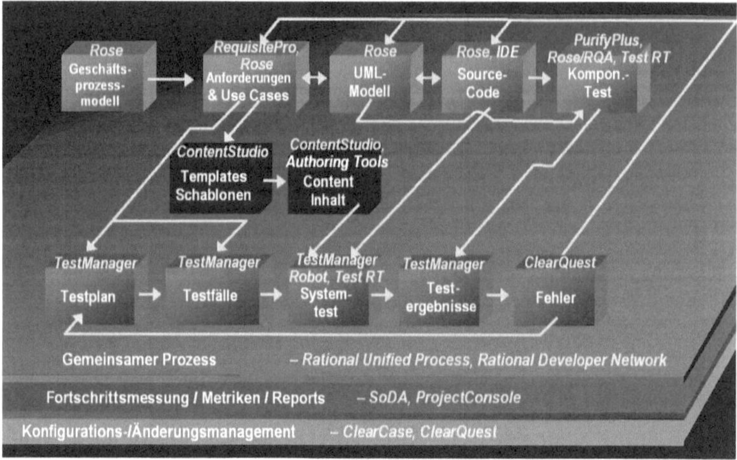

Abbildung 106: Aufgaben und Werkzeuge

Die Prozess- und Werkzeugunterstützung durch die Rational-Produktlinie Rational Suite ist absolut durchgängig und damit Voraussetzung für die standardisierte Aufnahme von Informationen/Daten und ihrer konsequenten Auswertung (siehe Abschnitt 13.5 und insbesondere Rational ProjectConsole, Abschnitt 13.5.1.4). Tabelle 14 greift noch einmal die Darstellung der Workflows aus der Abbildung 79 auf und ergänzt diese um die entsprechenden Werkzeuge aus der Rational Suite. Mit diesem Ansatz ist gesichert, dass die Wiederverwendung und Auswertbarkeit von Daten maximiert wird. Gleichzeitig bekommt der Anwender die Gewähr, dass die einzelnen Werkzeugkomponenten optimal aufeinander abgestimmt sind und er nur einen zentralen Ansprechpartner für Verhandlungen und technische Fragen hat.

	Team	RUP	ProjectConsole	SoDA	RequisitePro	TestManager	ClearQuest	ClearCase LT	Role-Based	Rose	Rose RT	Robot	PurifyPlus	Quality Architect	Vignette CMS
Team Unifying Plat-form															
RUP			x	x	x	x	x	x		x	x	x	x	x	x
ProjectConsole				X	x	x	x	x		x	x	1	1	1	
SoDA					x	x	x	x		x	x	1	1	1	
RequisitePro						x	x	x		x	x	/1	/1	x	
TestManager							x	x		x		x	x	X	
ClearQuest								x		/		x	x		x
ClearCase LT										x	x		/	/	x
Role-Based Solu-tions															
Rose											/	/	x		
Rose RT											/	/	x		/
Robot													x	/	
PurifyPlus														/	
Quality Architect															/
Vignette CMS															
X = Integration vorhanden 1 = Informationen werden über TestManager abgerufen / = Integration (direkt) nicht sinnvoll															

Tabelle 14 zeigt abschließend, welche Integrationen die Rational Suite beinhaltet, welche indirekt existieren und welche vom heutigen Stand der Technik als nicht sinnvoll zu bezeichnen sind. Auffällig ist, dass insbesondere die Komponenten der Kommunikationsplattform sehr gut miteinander integriert sind. Das heißt, die wichtigste Basis, um Wissen aus Informationen zu gewinnen und dieses Wissen auswerten zu können, ist mit dem Suite-Softwarepaket der Firma Rational Software deutlich erfüllt.

Erinnern Sie sich an die Fragen zur Einleitung dieses Kapitels? Fallen Ihnen noch Gründe ein, weshalb ein Projektleiter Ihnen diese Fragen nicht beantworten können sollte? Im Wesentlichen kommt es darauf an, ob sich ein Unternehmen laufend verbessern will oder auf dem Stand der Technik verharrt. Ein Verharren führt häufig dazu, dass Wettbewerbsvorteil schnell verloren gehen. Stattdessen sollte die Einführung neuer Methoden und Werkzeuge vernünftig geplant werden. Auch sollte bei den Überlegungen ein genauer Blick auf möglicherweise verdeckte Kosten geworfen werden.

"Prediction is difficult, especially of the future" ist ein Zitat, das Nils Bohr zugeschrieben wird. Er hat recht – keine Frage. Doch hochintegrierte Werkzeuge können zumindest helfen, den Alltag in Softwareprojekten vorhersehbarer und einschätzbarer zu machen. Versuchen Sie es einfach einmal – verwenden Sie die Informationen aus ihren Projekten, generieren Sie Wissen, nutzen Sie Wissen!

Denn: Wissen ist Macht! [44]

---

[44] ... und Unwissenheit schützt nicht vor Strafe!

Die Autoren

Herausgeber:

Gerhard Versteegen
Säntisstr. 27
81825 München

Tel.   089/420 17 638
Fax   089/420 17 639

E-Mail: g.versteegen@hlmc.de
Web: www.hlmc.de

Diplom-Informatiker Gerhard Versteegen hat in seiner beruflichen Laufbahn bei unterschiedlichen Unternehmen in verschiedenen Management-Positionen gearbeitet. Nach seinem Informatik-Studium war er zunächst mit der Projektleitung größerer Softwareentwicklungsprojekte betraut, bevor er die Leitung eines Kompetenzzentrums für objektorientierte Technologien übernahm.

Seit Mai 2001 ist er Geschäftsführer des Management-Consulting-Unternehmens HLMC in München und Berater für die Evaluierung und Einführung von Softwareentwicklungswerkzeugen.

Koautor

Arif Chughtai
Auwaldstr. 98
79110 Freiburg

Tel.   0179 / 5 28 53 47

E-Mail: mail@arifchughtai.org
Web:www.arifchughtai.org

Diplom-Informatiker (FH) Arif Chughtai war in seiner beruflichen Laufbahn bei unterschiedlichen Unternehmen im Bereich der objektorientierten Softwareentwicklung tätig. Im Mittelpunkt standen dabei Softwaresysteme für die Finanzbranche. Daneben baute er als weiteren beruflichen Schwerpunkt seine Tätigkeit als Trainer für Themen aus der objektorientierten Softwareentwicklung aus. Heute arbeitet er als selbstständiger IT-Consultant mit Fokus auf Training, Coaching und Software Engineering weiterhin mit Ausrichtung objektorientierte Softwareentwicklung. Sein Hauptinteresse gilt Architektur- und Designkonzepten sowie Technologien (insbesondere Patterns sowie Komponenten- und Framework-Technologie), welche zu wiederverwendbarer und flexibler Software führen.

Koautor

Holger Dörnemann
August-Schmidt-Straße 31
45701 Herten

Tel.   0209 / 35 75 65

E-Mail: doernemann@computer.org

Holger Dörnemann ist Diplom-Informatiker und studierte Informatik sowie Theoretische Medizin an den Universitäten Dortmund und Bochum. Bereits während seines Studiums hat er in industriellen und wissenschaftlichen Biotechnologie-Projekten an der Privaten Universität Witten/Herdecke verteilte, heterogene objektorientierte Steuerungssysteme und Simulationssoftware entworfen und realisiert. Nach seinem Studium begann er eine Position als IT-Berater bevor er im gleichen Unternehmen die IT-Leitung übernahm. Seit April 1998 arbeitet er für ein international tätiges Softwareunternehmen und ist heute dort technischer Leiter einer Geschäftsstelle, die den gesamten norddeutschen Raum (PLZ 0-5) betreut. Sein Hauptinteresse gilt der Informatik als treibende, „nichtprogrammierende" Kraft in Softwareprojekten unter besonderem Fokus flankierender QS-Maßnahmen wie Anforderungsmanagement, Architekturdesign etc.

Koautor

Rainer Heinold
Keltenring 15
D-82041 Oberhaching

Tel.   089-62838225

E-Mail: rheinold@rational.com
Web: www.rational-software.de

Rational
the software development company

Rainer Heinold studierte an der Fachhochschule Augsburg Informatik mit dem Schwerpunkt Wirtschaft. Bereits während des Studiums war er als Entwickler und Projektleiter für Softwareprojekte im öffentlichen und kommunalen Umfeld bei einer Unternehmensberatung in München tätig. Von 1996 an kam er über Atria Software, später PureAtria, schließlich zu Rational Software. Über lange Zeit war er verantwortlich für die Produkte des Konfigurations- und Change Managements. Seit Oktober 2000 ist Rainer Heinold technischer Leiter bei Rational Software für den Bereich Siemens.

Koautor

Richard Hubert
Basler Straße 65
D-79100 Freiburg

Tel: 0761 / 40073-0
Fax: 0761 / 40073-73

E-Mail: richard.hubert@io-software.com
Web: www.io-software.com

Dipl.-Ing. MS CH.E. Richard Hubert, 41, ist Gründer und Geschäftsführer der Interactive Objects Software GmbH. Als Chef-Architekt hat er die IT-Abteilungen internationaler Unternehmen bei der Einführung und Umsetzung von IT-Architekturen beraten und ist dafür mehrfach ausgezeichnet worden. Seine Erfahrung als zertifizierter Master Convergent Engineer schildert er in seinem Buch „Convergent Architecture: Building model-driven J2EE systems with UML" (John Wiley, New York, OMG Series 2002, ISBN 0-471-10560-0, www.ConvergentArchitecture.com). Darüber hinaus hält er internationale Seminare zu IT-Architectural Style, Corporate Architectural Style und Model Driven Architecture. Sein 1991 gegründetes Unternehmen Interactive Objects arbeitet aktiv an der „Model Driven Architecture (MDA)" – Standardisierung der Object Management Group (OMG) mit und bietet mit ArcStyler die führende architekturbasierte Plattform für Model Driven Architecture an.

Koautor

Knut Salomon
Karl-Rudolf-Straße 172
D-40215 Düsseldorf

Tel: 0211 / 87672000
Fax;   0211 / 87672027

E-Mail: Knut.Salomon@modulo3.de
Web: www.modulo3.de

Knut Salomon ist geschäftsführender Gesellschafter der modulo3 GmbH. Seit vielen Jahren ist er als Coach, Trainer und Berater in den Bereichen Qualitätssicherung und Projektmanagement in der IT tätig. Dabei gehören die Einführung und Optimierung von IT-Prozessen und der Aufbau von automatisierten Tests in Unternehmen zu seinen Themenschwerpunkten. Auf Konferenzen und Messen ist Herr Salomon als erfolgreicher Redner regelmäßig vertreten.

Koautor

Co-Autor
Oliver Vogel
Dürerstr. 64
79618 Rheinfelden

Tel.   07623-750764

E-Mail: mail@ovogel.de
Web: http://www.ovogel.de

Oliver Vogel ist IT-Berater bei PricewaterhouseCoopers. Zu seinen
Kernkompetenzen zählen Objekt- und Komponenten-Technologien
sowie weiterführende objektorientierte Konzepte wie Entwurfs- und
Architekturmuster. Neben seiner Tätigkeit als Software-Architekt
gibt er Kurse in den genannten Themengebieten. In seiner bisherigen
Berufslaufbahn hat er für verschiedene Kunden aus der Finanzbranche verteilte, heterogene Softwaresysteme entworfen und umgesetzt.
Des Weiteren hat er verschiedene Publikationen zum Thema Softwareentwicklung im allgemeinen und Software-Muster im Speziellen verfasst und auf Konferenzen präsentiert.

Abbildungsverzeichnis

Literaturverzeichnis

[BarRos2000]   Barabas, M.; Rossbach, G.: „Internet 2000 – E-Business-Strategien für die Unternehmensentwicklung, Deutscher InternetKongress Karlsruhe 2000, dpunkt.verlag, 2000.

[Ben1999]   Benesch, H.: Workshop: Projektmanagement, Informatik `99, Paderborn, http://www.uni-paderborn.de/cs/informatik99/vortraege/-benesch.html, 6. Oktober 1999.

[BoeRos1989]   Boehm, B.; Ross, T.: "Software project management: principles and examples." In: Boehm, B. (Hrsg.): Software Risk Management. IEEE Computer Society 1989, S. 85-114.

[Boo1994]   Booch, Grady: Objektorientierte Analyse und Design, Mit praktischen Anwendungsbeispielen, Addison-Wesley, Bonn 1994.

[Bos1996]   Bosch, J. et al.: Object-Oriented Frameworks, Problems and Experiences. Department of Computer Science and Business Administration, University of Karlsrona/Ronneby, Sweden 1996, www.ide.hk-r.se/~ARCS.

[Bro1998]   Brown, W. J. et al.: Anti Patterns. John Wiley & Sons, New York 1998.

[Bus1996]   Buschmann, F. et al.: Pattern – Oriented Software Architecture. A System of Patterns. Wiley, 1996.

[Cyp1998]   Cyperzki, C.: Component Software. Addison-Wesley, Bonn 1998.

[DOD1996]   DOD SRI: Software Reuse Executive Primer. DOD Software Reuse Initiative, Falls Church 1996, http://dii-sw.ncr.disa.mil/ReuseIC/pol-hist/primer/

[Dör2000]   Dörnemann, Holger: Das Ganze im Blick, IT Management. IT-Verlag, 06/2000.

[Dör2001]   Dörnemann, Holger: Software-Bingo oder -Engineering in Zeiten der New-Economy: Sie haben die Wahl!, CEO 1/2001, IT-Verlag.

[Fow1999]   Fowler, Martin: Analysis Patterns. Addison-Wesley, 1999.

[Fra1996]   Frakes, W.; Terry, C.: Software Reuse and Reusability Metrics and Models. 1996.

[Gam1995]   Gamma, R. et al.: Design Patterns. Elements of Reusable Object-Oriented Software. Addison-Wesley, 1995.

[Gri1999a]   Griss, M. L.: Architecting for Large-Scale Systematic Component Reuse. Hewlett-Packard Laboratories, Palo Alto 1999, http://www.hpl.hp.com/reuse/papers/icse99-industrial-griss.html

[Gri1999b]   Griss, M. L.: Domain Engineering and Reuse. Hewlett-Packard Laboratories, Palo Alto 1999, http://www.hpl.hp.com/reuse/papers/ieee99-griss.html

[Hun1997]   Hunter, R.: Gartner View – Once Is Not Enough, CIO Magazine March 1. 1997, www.cio.com/archive/030197_gartner_print.-html

[IDC2001a]   Heiman, D.; Hendrick, K. E.: "Achieving ROI with Rational Suite Integrated Life-Cycle Management". An IDC White-Paper, June 2001.

[IDC2001b]   Heiman, R. V.: "Software Configuration Management Tools Forecast and Analysis", 2001-2005, IDC Bulletin #24811 – June 2001.

[Jac1997]   Jacobson, Ivar et al.: Software Reuse. Addison-Wesley, 1997

[Kri1998]   Kriha, W.; Scheffold, B.: Soziale Strukturen in neuen Softwareprojekten, SYSTOR AG, Zürich 1998.

[Kru1999]   Kruchten, Philippe: The Rational Unified Process (An Introduction). Addison-Wesley, 1999.

[Mat1996]   Mattson, M.: Object-Oriented Frameworks, A survey of methodological issues, Thesis, Department of Computer Science and Business Administration, University of Karlsrona/ Ronneby, Sweden 1996, www.pt.hk-r.se/ ~michaelm/thesis/toc.html

[Mon2000]   Monson-Haefel, R.: Enterprise Java Beans. O`Reilly, 2000.

[Now1997]   Nowack, P.: Frameworks, Representations & Perspectives. Department of Computer Science, University of Allborg, Denmark 1997, e-Mail: nowack@cs.auc.dk

[Pat2000]   Pattison, Ted: Verteilte Anwendungen mit COM+ und Microsoft Visual Basic programmieren. Microsoft Press, 2000.

[Pou1993]   Poulin, J. S., Caruso, J. M.: Determining the Value of a Corporate Reuse Program. IBM, 1993.

[Pre1997]   Pree, W.: Komponentenbasierte Softwareentwicklung mit Frameworks. Dpunkt, 1997.

[Roy1998]   Royce Walker: Software Project Management –
                 A Unified Framework. Addison-Wesley, 1998.

[Sta1995]   Standish Group: Chaos Report, 1995ff.,
                 http://www.pm2go.com/chaos_chronicles/index
                 .asp

[SUN1999]   SUN: The J2EE Application Programming
                 Model 1999,
                 http://java.sun.com/j2ee/bulletin/apm/apm.html

[Ver1999]   Versteegen, Gerhard: Das V-Modell in der Pra-
                 xis“ dpunkt.verlag 1999.

[Ver2000]   Versteegen, Gerhard: Projektmanagement mit
                 dem Rational Unified Process. Springer-Verlag,
                 2000.

[Ver2001]   Versteegen, Gerhard: Change Management in
                 Software-Projekten. Springer-Verlag, 2001.

[VeVeRe1998]   Versteegen, Cornelia, Versteegen, Gerhard,
                 Reinhold, Markus: CASE und OO-Methoden.
                 IT-Research 1998.

[Vor1999]   Vorndamme, J.: Die Auswirkungen rechtlicher
                 Verpflichtungen auf die Softwareentwicklung.
                 Dissertation, 1999, Oldenburger Hochschulrei-
                 he.

[Vor2000]   Vorndamme, J.: Beeinflussung des Software-
                 entwicklungsprozesses durch ausgewählte
                 rechtliche Verpflichtungen. JurPC, Web-Dok.
                 1/2000, Abs. 1-45, Herausgeber: Prof. Dr. Ma-
                 ximilian Herberger,
                 http://www.jurpc.de/aufsatz/20000001.htm

[Wil1997a]   Williamson, M.: Technology. CIO Magazine
                 March 1. 1997,
                 www.cio.com/archive/030197_technology/-
                 _print.-html

[Wil1997b]   Williamson, M.: Software Reuse Introduction.
                  CIO Magazine March 1. 1997,
                  www.cio.com/archive/030197_intro_content.ht
                  ml

[Wil1997c]   Williamson, M.: Software Reuse Cultural Is-
                  sues, CIO Magazine March 1. 1997,
                  www.cio.com/archive/030197_cultural_print.ht
                  ml

[Wil1999]   Wiles, E.: Economical Models of Software Re-
                  use, A survey, comparison and partial valida-
                  tion. v2.1, University of Wales, 1999.

Akronyme

4GL	Fourth Generation Language
API	Application Programming Interface
CASE	Computer Aided Software Engineering
CBD	Component Based Development
CCB	Change Control Board
CMS	Content Management System
CORBA	Common Object Request Broker Architecture
CRM	Customer Relationship Management
EJB	Enterprise Java Beans
ERM	Entity Relationship Modell
HTML	Hypertext Markup Language
IDE	Integrated Development Environement
JSP	Java Server Pages
KM	Konfigurationsmanagement
LOC	Lines of Code
MDA	Model Driven Architecture

MOF	Meta Object Facility
MPE	Meta Programming Interface
OMA	Object Management Architecture
OMG	Object Management Group
OMT	Object Management Technique
OOSE	Object Oriented Software Engineering
PHB	Projekthandbuch
PIM	Platform Independent Model
PM	Projektmanagement
PSM	Platform Specific Model
QM	Qualitätsmanagement
QS	Qualitätssicherung
RDN	Rational Developer Network
ROI	Return on Investment
RQA	Rational Quality Architect
RUP	Rational Unified Process
RNTDS	Restructured Tactical Data Systems
RSEI	Rational Suite Extensibility Interface
RT	Realtime
SA	Strukturierte Analyse
SADT	Strukturierte Analyse und Design Technik
SE	Software- / Systementwurf

SEI	Software Engineering Institute
SPCMM	Software Process Capability Maturity Model
UCM	Unified Change Management
UML	Unified Modeling Language
VB	Visual Basic
VM	Vorgehensmodell
VOB	Versioned Object Base
VU	Virtual User
XML	Extensible Markup Language

Index